V&R

Für meine Söhne und für meine Patensöhne
ANDREAS UND CHRISTOPH
THOMAS UND UDO UND WOLFGANG

GERHARD ISERMANN

Widersprüche in der Bibel

Warum genaues Lesen lohnt

Ein Arbeitsbuch

VANDENHOECK & RUPRECHT
IN GÖTTINGEN

Biblisch-theologische Schwerpunkte

BAND 18

Die Deutsche Bibliothek – CIP-Einheitsaufnahme

Gerhard Isermann: Widersprüche in der Bibel:
Warum genaues Lesen lohnt. Ein Arbeitsbuch / Gerhard Isermann. –
Göttingen: Vandenhoeck und Ruprecht, 2000
(Biblisch-theologische Schwerpunkte; Bd. 18)
ISBN 3-525-61383-0

Umschlagabbildung: *Die vier Evangelisten*,
Aachener Evangeliar der Palastschule Karls des Großen,
Aachen, Anfang 9. Jh., Domschatzkammer Aachen

Umschlag: Michael Rechl, Wanfried

Gesetzt aus Sabon
Satz: Satzspiegel, Nörten-Hardenberg
Druck und Bindearbeit: Hubert & Co., Göttingen

Inhalt

4. Kapitel: Die Auferweckung Jesu

5. Kapitel: Das Ende

6. Kapitel: Das Wesen Gottes

7. Kapitel: Der Kanon

8. Kapitel: Das Wort Gottes

Anhang

Zum Geleit

Auf der ersten Umschlagseite dieses Buches ist ein Bild von den vier Evangelisten wiedergegeben. Es stammt aus dem Aachener Evangeliar der Palastschule Karls des Großen, also aus dem Anfang des 9. Jahrhunderts. Es fällt auf, daß Matthäus, Johannes, Markus und Lukas eifrig bei ihrer Arbeit sind, daß sie sich dabei aber völlig voneinander abgekehrt haben. Sie wenden einander ihre Rückseiten zu. Das ist ein Symbol für die Verschiedenheit ihrer Schriften.

Wir wissen, daß nicht nur diese vier, sondern auch Paulus und die anderen (unbekannten) Verfasser der neutestamentlichen Schriften tatsächlich ihren jeweils eigenen Weg zum Glauben, ihre eigene Prägung durch ihre Gemeinden und auch ihre eigene Theologie hatten. Wir wissen das, weil die sorgfältig und umsichtig vorgehende historisch-kritische Auslegung der Bibel uns gelehrt hat, Unterschiede festzustellen und zu würdigen. Wenn man einmal begriffen hat, daß wir auf diese Weise den Glauben der Verfasser der Bibel entdecken, ist das sehr spannend.

Es ist das Ziel dieses Buches von Gerhard Isermann, an einigen ausgewählten, aber besonders wichtigen Themen in die Kenntnis solcher Unterschiede einzuführen und zugleich zu zeigen, daß Unterschiede, ja sogar Gegensätze in der Bibel die Leserinnen und Leser zu einem besseren Verständnis der Schrift bringen können. Es ist also unsachgemäß zu behaupten, daß Bibelkritik zum Unglauben führe. Gott spricht zu uns durch das Wort von Menschen, von höchst verschiedenen menschlichen Menschen.

Isermann läßt die von ihm herangezogenen Texte mit Hilfe der modernen Bibelkritik oft in einem neuen Licht erscheinen und macht sie verständlicher. Er räumt mit vielen alten Mißverständnissen auf. Und er entdeckt eine große, wie er das nennt, »innerbiblische Toleranz«. Die Sammler der Bibel haben es sich geleistet, unterschiedliche Theologien nebeneinander stehen zu lassen. So zeigt sich bei dieser Sammelarbeit eine weise Kompetenz der damaligen Gemeindebasis.

Was man einer im Glauben kundigen Gemeinde im Gottesdienst vorlesen konnte, kam in den Kanon der akzeptierten Schriften. Was dem Christusglauben widersprach, fiel durch.

So wünsche ich diesem Buch, daß es auch heute hilft, die Kompetenz der Christenmenschen an der Basis zu stärken.

Hannover im Sommer 1999

D. Horst Hirschler, Landesbischof

Widersprüche in der Bibel?[1]

Eine Verständigung mit der Leserin oder dem Leser

Mit diesem Buch möchte ich Menschen ansprechen, die ihre Bibel gern besser verstehen wollen, die aber nicht recht wissen, worauf sie achten sollten. Ich stelle mir vor, daß sie einerseits von dem »heiligen« Buch etwas für ihr Leben erwarteten, daß sie andererseits aber nach einigen Leseversuchen die Lektüre abgebrochen haben, weil vieles in der Bibel heutigen Erkenntnissen widerspricht und weil es auch Widersprüche in dem Buch selber gibt.

Wenn es zu solcher Enttäuschung gekommen ist, könnte das an einer übersteigerten Bibelverehrung liegen, die immer wieder von solchen Personen »inszeniert« wird, die ihrerseits beim Studieren der Schrift gute Erfahrungen gemacht haben, diese aber zu schnell verallgemeinern wollen. So wird öfter im Gottesdienst vor der Verlesung eines Bibelabschnittes in feierlichem Ton gesagt: »Höret Gottes Wort, wie wir es aufgezeichnet finden in ...« Das ist nicht nur viel zu pathetisch formuliert, sondern auch – freundlich gesagt – eine verkürzte Redeweise, die das fatale Mißverständnis provozieren könnte, daß jedes Wort der Bibel zu jeder Zeit für jeden Menschen eine Botschaft Gottes sei. Wer das glauben will, mag das versuchen. Ich vermute aber, daß das nicht gut geht. Dafür vorläufig drei Hinweise:

– Da steht z. B. im 2. Timotheusbrief 4,13: »*Den Mantel, den ich in Troas ließ bei Karpus, bringe mit, wenn du kommst.*« Das ist eine private Bitte des Absenders an den Empfänger des Briefes, aber eine solche Alltäglichkeit geht mich nichts an, soll also wohl auch kein Wort Gottes für mich sein. (Vgl. dazu Kapitel 8)

- Oder wichtiger: Im 3. Buch Mose 24,2 heißt es: »*Gebiete den Israeliten, dass sie zu dir bringen reines Öl aus zerstoßenen Oliven für den Leuchter, dass man beständig Lampen aufsetzen kann.*« Das war eine vernünftige Vorsichtsmaßnahme in einem anderen Land (in dem Oliven wachsen) zu einer anderen Zeit (als es noch kein elektrisches Licht gab), aber solche antike Haushaltsregel ist für mich überholt, kann kein Wort Gottes für heute sein.
- Oder sehr viel ernster: In der Geschichte von der Eroberung Jerichos durch Israel heißt es bei Josua 6,21: »*Sie vollstreckten den Bann an allem, was in der Stadt war, mit der Schärfe des Schwertes, an Mann und Weib, Jung und Alt, Rindern, Schafen und Eseln.*« Das galt als fromme Tat, war aber doch »gemein«. Solchen Tätern wäre m. E. ein Kriegsverbrecherprozeß zu machen. Denn das war Völkermord. Schon damals und ebenso heute steht dagegen, was wir an anderen Stellen der Bibel lesen: »*Du sollst nicht töten!*« (2. Mose 20,13; 5.Mose 5,17) Dieses Gebot Gottes ist allerdings unbedingt gemeint.

Die Bibel ist sehr menschliches Wort (menschlich im positiven wie im negativen Sinn). Sie ist eine doppelte menschliche Bibliothek, eine Sammlung von Schriften der Juden und eine der Christen, die manches Belanglose und Überholte enthält, ja manchmal sogar etwas ganz Falsches. Aber dann finden sich auch Texte, die den Rang von Weltliteratur haben, oder Geschichten, die uns anrühren und zu Herzen gehen.

Und beim Lesen in diesen Bibliotheken kann ich auf Stellen stoßen, die mich so mahnen oder so trösten, daß ich merke: Da wird meine Sache verhandelt! Das geht mich unbedingt an! Das ist Wort Gottes für mich.[2]

Für die Bibelspezialisten, also für die studierten Theologen, für die ich dieses Buch nicht geschrieben habe, ist diese »Menschlichkeit« der Bibelworte seit sehr langer Zeit klar. Schon Martin LUTHER hat bei aller Begeisterung für die Bibel (– Immerhin hat er sich ja die Mühe gemacht, sie ins Deutsche zu übersetzen! –) auch manche Kritik an biblischen Texten geübt. Aber so richtig in Schwung kam der kritische Umgang mit der Bibel erst zur Zeit von LESSING.

Seitdem hat sich die sog. Historisch-Kritische Auslegung (Exegese) der Bibel großartig entwickelt. Im Zusammenspiel mit den weltlichen Textauslegern, also vor allem den Orientalisten und den Altphilologen, sind die Auslegungsmethoden immer mehr verfeinert worden. Und so kennen wir die Schriften der beiden Sammlungen, also des Alten und des Neuen Testaments, immer besser.

Nun ist neuerdings behauptet worden, die Kirche verheimliche ihren Mitgliedern die Ergebnisse dieser Forschungsarbeit. Die Theologie müsse sich darum frei machen von dem Einfluß der Kirchenleitungen.[3] Das ist eine seltsame These. Ich kenne meine Kirche anders und kann mir nicht vorstellen, wie Kirchenleitungen etwas so Konspiratives zustandebringen sollten.

Andererseits wird von manchen Vereinfachern, die ihre Fragen nicht zu Ende denken, behauptet, die ganze Historisch-Kritische Exegese sei vom Übel. Die Bibel sei in jedem Wort von Gott eingegeben (inspiriert), deshalb unfehlbar und um Jesu willen wörtlich zu nehmen. So sei z. B. auch die ganze Welt in sechs Tagen geschaffen worden.[4]

Auf diese Positionen will ich nur beiläufig eingehen und nur in meinen Anmerkungen. Da der Lärm dieser Streitereien scheue Lesende vergrämen könnte, möchte ich allen Bibel-Interessenten Mut machen, erst einmal ihrem eigenen Denken zu trauen und sich selbst ein Urteil zu erarbeiten.

Dieses Buch will für solche eigene Meinungsbildung Informationen bereitstellen. Es ist mein Vorschlag an meine Leserin oder meinen Leser, gerade solche Texte der Bibel genauer anzusehen, die zu wichtigen Themen Widersprüchliches aussagen. An diesen Texten hatte sich nämlich auch die Historisch-Kritische Exegese »entzündet« und entwickelt. Ich rechne auf die Bereitschaft, sich selber eigene Lektüre zuzumuten und eigene Fragen und Antworten zu notieren, die dann mit dem zu vergleichen wären, was dieses Buch als Thesen der Historisch-Kritischen Auslegung referiert.

Wir werden Bibelstücke kennenlernen oder ihnen wiederbegegnen, die jeweils zu einem bestimmten Thema Unterschiedliches sagen. Wir werden sehen, ob diese Gegensätze die wesentlichen Inhalte der Texte betreffen. Dann wäre zu prüfen, um was für eine Art von Gegensätzen es sich handelt. Denn es gibt Unterschiede bei den Unterschieden. Sodann ist zu fragen, wieso die Sammler des Alten und des Neuen Testaments offenbar Toleranz übten gegenüber den Widersprüchen innerhalb der Bibel.

Allerdings konnten die frühen Gemeinden auch nicht alles gebrauchen, was da so erzählt wurde, ihre Toleranz hatte Grenzen. Darum schieden sie z. B. die sog. Apokryphen[5] und die sog. Apostolischen Väter[6] aus ihren Sammlungen (wieder) aus. Darüber wird das vorletzte Kapitel dieses Buches informieren.

Das letzte Kapitel soll dann im Hinblick auf all die verschiedenen Bibeltexte die Frage klären, wieso in ihnen Gottes Wort zu uns sprechen kann.

Ich hoffe, daß diese Arbeit der Leserin oder dem Leser hilft, Wichtiges von Unwichtigem zu unterscheiden. Vermutlich wird es Entlastungen für das Nachdenken über die Inhalte der Bibel geben. Jedenfalls war das meine Erfahrung beim genauen Lesen der »Heiligen« Schrift: Die Historisch-Kritische Exegese erleichtert es, an Gott zu glauben.

Ich habe Texte zusammengestellt zu sechs verschiedenen wichtigen Themenbereichen.[7] Daraus kann man nach eigenem Interesse auswählen und durchaus auch etwas überblättern. Ich schlage allerdings vor, das letzte Kapitel nicht wegzulassen.

Die besprochenen Texte werden in diesem Buch in den Teilen A mit abgedruckt (in der Regel nach der revidierten Übersetzung von Martin Luther), und zwar jeweils in der Reihenfolge ihres Alters. Trotzdem ist es sinnvoll, eine eigene Bibel bei der Lektüre zur Hand zu haben, vielleicht auch verschiedene Übersetzungen.[8] Nach den Bibelstücken folgen jeweils Hinweise zur literarischen Eigenart der Texte und dann zu Einzelfragen des Inhalts. Das Buch will aber nicht ein Kommentar zu allen Detailfragen sein, sondern exemplarisch Lese- und Verstehenshilfen zum Umgang mit der Bibel geben. Ggf. muß man andere Bücher zu Rate ziehen. Dafür werden in den Anmerkungen Hinweise gegeben.[9]

Dann mache ich Vorschläge zur eigenen Arbeit an den Texten, indem ich Fragen stelle (Teile B) und meine eigenen Antworten versuche (Teile C). Das soll selbstverständlich die Möglichkeit nicht ausschließen, sich noch ganz andere Gedanken zu machen.

Am Ende jeden Kapitels versuche ich, Folgerungen zu ziehen (Teile D). Diese bereiten vor, was ich in den beiden letzten Kapiteln versuche, nämlich eine Bündelung der Ergebnisse unter literarischen (Kapitel 7) und unter geistlichen (Kapitel 8) Gesichtspunkten.[10]

Ich versuche, Fremdwörter zu vermeiden, aber ganz ohne Fachwörter ist kein Thema zu verhandeln. Also erkläre ich solche Vokabeln bei ihrem ersten Vorkommen und verweise im übrigen auf das Fachwörterverzeichnis im Anhang.

Ein Register der Bibelstellen und der genannten Personen schließen das Buch ab und auf.[11]

*

Ich habe vielen Menschen zu danken für Anregung und Begleitung bei diesem Buch, Menschen in der Familie, in der Freundschaft, unter Kolleginnen und Kollegen, in der Gemeinde. Ich kann sie nicht alle beim Namen nennen, also hebe ich keine und keinen besonders heraus. Aber beim erneuten Lesen meiner Ausführungen erinnere ich viele lange und kurze gute Gespräche. Sie alle haben, so hoffe ich, geholfen, das Buch verständlich werden zu lassen, gerade auch für solche, die sich an der Bibel probieren wollen, ohne Theologie studiert zu haben.

1. Kapitel
Die Schöpfung

Wozu wir leben

Schon zum Anfang der Bibel gibt es Widersprüche. Was da zu lesen ist, entspricht nicht dem, was wir heute in der Schule über die Entstehung des Kosmos oder über die Entwicklung der Lebewesen zu lernen haben. Aber vor allem ist zu beachten, daß die Bibel selbst zwei Schöpfungstexte anbietet, die sich untereinander widersprechen. Und das ist gut so, weil dadurch gründliche Bibelleser aufmerksam werden müssen.

Der ältere Schöpfungstext steht in der Bibel an zweiter Stelle. Wir bedenken ihn zuerst, um so zu verstehen, warum Jahrhunderte später noch ein zweiter Text, der jetzt im ersten Kapitel steht, verfaßt werden mußte. Indem wir beide Abschnitte genau vergleichen, werden wir erkennen, in welchen Fragen sie sich bestätigen und bei welchen Aussagen sie auseinandergehen. Und wir werden überlegen müssen, warum die »Redakteure« der Bibel die ältere Schöpfungsgeschichte nicht einfach auslöschten, sondern beide Texte nebeneinander stehen ließen.

Dabei erhalten wir sozusagen nebenbei eine Antwort auf die Frage, ob unser Schulwissen von heute die Geltung der Bibel als Weisung Gottes einschränkt.

Daß wir mit diesem Thema unser Arbeiten an den biblischen Widersprüchen beginnen, liegt nicht nur daran, daß die Schöpfungstexte nun mal am Anfang der Bibel stehen, sondern auch daran, daß mit ihrer Auslegung die sog. Historisch-Kritische Bibelauslegung begonnen hat.

Daß da am Bibelanfang zwei Schöpfungstexte direkt nebeneinander stehen, hat seinen literarischen Grund: Die fünf Bücher Mose (hebräisch: die Thorá; griechisch: der Pentateúch) sind – vereinfacht dargestellt – aus vier verschiedenen größeren Traditionsstücken zusammengearbeitet worden. Dazu kamen noch kleinere Texteinheiten.

Man kann die verschiedenen Schichten an sprachlichen Unterschieden, aber auch an Bezügen auf die Zeitgeschichte erkennen. Man stelle sich vor, ein deutscher Redakteur hätte aus Texten von Martin Luther, Johann Wolfgang von Goethe, Wilhelm Raabe und Franz Kafka ein Buch über den Sinn des Lebens zusammengeschrieben – kunstvoll verflochten. Kenner der deutschen Sprachentwicklung und Freunde dieser Autoren würden die verschiedenen Abschnitte doch ziemlich sicher auseinandersortieren können. So ging es auch den Experten des Hebräischen und der Bibel bei den fünf Büchern Mose.[12]

Die ältere »Quelle«, von der unser Text ① stammt, verwendet z. B., wenn er von Gott spricht, immer den Namen »Jahwe« (Luther übersetzt das mit »HERR« – wegen der besseren Unterscheidung von dem sonstigen Wort »Herr« in großen Buchstaben gedruckt). Darum hat dieser Komplex den Namen »Jahwist« erhalten (abgekürzt: J). Entstanden ist diese Schicht in ihren ältesten Teilen zur Zeit der ersten Könige Israels, David und Salomo, also etwa ab 950 vor Christus. Ungefähr 200 Jahre später hat wohl die Arbeit der sog. »Elohisten« (abgekürzt: E) begonnen, die z. B. für Gott nur die Vokabel »elohím« verwenden. Das Schöpfungsbekenntnis aus dem ersten Kapitel der Bibel, unser Text ②, stammt von der sog. Priesterschrift (abgekürzt: P), die etwa 400 Jahre jünger ist als J. Und dann gibt es noch das Deuteronomium (abgekürzt: D) von etwa 600 vor Christus.

Die Entwicklung der sog. Quellenscheidung ist ein spannendes Kapitel der Literaturgeschichte[13], kann uns aber hier nicht länger beschäftigen. Für unser Thema der Schöpfung ist es nur wichtig zu erfahren, daß die beiden Abschnitte aus den Zeiten um 950 und um 550 vor Christus stammen und später von einem Redakteur (wissenschaftlich Redaktor genannt, abgekürzt: R) oder mehreren Redakteuren zusammengefügt wurden.

Die Menschen sind nicht allein

① *1. Mose 2,4b–25*

4b Es war zu der Zeit, da Gott der HERR Erde und Himmel
machte. 5 Und alle die Sträucher auf dem Felde waren noch nicht
auf Erden, und all das Kraut auf dem Felde war noch nicht gewachsen; denn Gott der HERR hatte noch nicht regnen lassen auf
Erden, und kein Mensch war da, der das Land bebaute; 6 aber
ein Nebel stieg auf von der Erde und feuchtete alles Land.

7 Da machte Gott der HERR den Menschen aus Erde vom
Acker und blies ihm den Odem des Lebens in seine Nase. Und
so ward der Mensch ein lebendiges Wesen. 8 Und Gott der HERR
pflanzte einen Garten in Eden gegen Osten hin und setzte den
Menschen hinein, den er gemacht hatte. 9 Und Gott der HERR
ließ aufwachsen aus der Erde allerlei Bäume, verlockend anzusehen und gut zu essen, und den Baum des Lebens mitten im
Garten und den Baum der Erkenntnis des Guten und Bösen …

15 Und Gott der HERR nahm den Menschen und setzte ihn in
den Garten Eden, dass er ihn bebaute und bewahrte. 16 Und Gott
der HERR gebot dem Menschen und sprach: Du darfst essen von
allen Bäumen im Garten, 17 aber von dem Baum der Erkenntnis
des Guten und Bösen sollst du nicht essen; denn an dem Tage,
da du von ihm isst, musst du des Todes sterben.

18 Und Gott der HERR sprach: Es ist nicht gut, dass der Mensch
allein sei; ich will ihm eine Gehilfin machen, die um ihn sei.

19 Und Gott der HERR machte aus Erde alle die Tiere auf dem
Felde und alle die Vögel unter dem Himmel und brachte sie zu
dem Menschen, dass er sähe, wie er sie nennte; denn wie der
Mensch jedes Tier nennen würde, so sollte es heißen. 20 Und der
Mensch gab einem jeden Vieh und Vogel unter dem Himmel
und Tier auf dem Felde seinen Namen; aber für den Menschen
ward keine Gehilfin gefunden, die um ihn wäre.

21 Da ließ Gott der HERR einen tiefen Schlaf fallen auf den
Menschen, und er schlief ein. Und er nahm eine seiner Rippen
und schloss die Stelle mit Fleisch. 22 Und Gott der HERR baute
eine Frau aus der Rippe, die er von dem Menschen nahm, und
brachte sie zu ihm. 23 Da sprach der Mensch: Das ist doch Bein

von meinem Bein und Fleisch von meinem Fleisch; man wird sie Männin nennen, weil sie vom Manne genommen ist. [24] Darum wird ein Mann seinen Vater und seine Mutter verlassen und seiner Frau anhangen, und sie werden sein *ein* Fleisch. [25] Und sie waren beide nackt, der Mensch und seine Frau, und schämten sich nicht.

Die Schöpfungsgeschichte von J scheint nun ihrerseits eine Vorgeschichte zu haben. Beim einfachen Durchlesen fällt auf, daß die Verse 10 bis 14 nicht so richtig in den Zusammenhang passen, während sich Vers 15 gut an Vers 9 anschließt. Außerdem ist ein großer Strom, der sich noch aufteilen kann in vier weitere Ströme, ein bißchen viel Wasser für einen einzigen Garten. Man nimmt an, daß es sich hier um einen ursprünglich selbständigen Text handelt, der die damaligen Kenntnisse von großen Wassern zusammengefaßt hatte und der während der mündlichen Überlieferung in unsere Geschichte mithineinerzählt worden ist. Euphrat und Tigris scheinen etwas besser bekannt zu sein. In ihrem Osten war also der Garten Eden zu ahnen. Über das andere Wasser gab es keine genauere Kunde. Und so kann man spekulieren: War das Mittelmeer gemeint, das Rote Meer oder der Nil? Die Frage bleibt offen.

Auch die Erzählung von den Bäumen im Garten enthält literarische Unstimmigkeiten. Während es in der anschließenden Sündenfallgeschichte heißt: »*... aber von den Früchten des Baumes mitten im Garten hat Gott gesagt: Esset nicht davon ...*« (1. Mose 3,3), ist in Kapitel 2,9 von zwei Bäumen mitten im Garten die Rede. Kapitel 3,22 macht es noch deutlicher: »*Siehe der Mensch ist geworden wie unsereiner und weiß, was gut und böse ist. Nun aber, dass er nur nicht ausstrecke seine Hand und breche auch von dem Baum des Lebens und esse und lebe ewiglich!*« Danach ist offenbar auch der Genuß vom Baum des Lebens verboten.

Es muß also vor der endgültigen Abfassung des Textes zwei Baumgeschichten gegeben haben, die zuerst getrennt und dann ineinander erzählt worden sind.

»**ādām**« ist kein Name für eine historische Persönlichkeit. Das Wort heißt »Mensch«. Und wer sich ein Bild machen will, was der Jahwist vor Augen hatte beim Erzählen, der sollte nicht an Nachbildungen vom Urmenschen im Museum denken, sondern lieber in den Spiegel sehen. Von dem typischen Menschen ist die Rede, also auch von uns.

Das **Land**, das noch kein Mensch bebauen konnte, heißt hebräisch »adāmāh«. Die Vokabel stammt aus derselben Wortfamilie wie »ādām«. Der ist also ein »Erdenwesen«. Schon dieses Wortspiel sagt, daß der Mensch vergänglich ist. Dazu erzählt Vers 7, daß »ādām« aus »adāmāh« gemacht sei. Und nach dem Sündenfall heißt es (3,19): »... *bis du wieder zu Erde werdest, davon du genommen bist* ...« Das ist der Erfahrungsgrund: Tote werden wieder zu Erde. Und weil das alle wissen, daß nicht jeder Körper lebt, erzählt J einen zweiten Akt des Schaffens:

Der Mensch braucht **Odem.** Damit der »Apparat« läuft, muß er gestartet werden. An das Wort vom Odem haben sich später komplizierte philosophische Überlegungen angeschlossen. Dem Menschen sei etwas Göttliches eingehaucht. Er habe deshalb eine unsterbliche Seele. Das dürfte unseren Text aber überanstrengen. Wir können nicht spätere und andere Philosophie in alte biblische Texte hineindrücken. Der Jahwist meint nicht, daß Gott atmen müsse. Und er sagt auch nicht, daß etwas Unvergängliches im Menschen überdauere, wenn er wieder zu Erde wird. Es geht schlicht um das Lebendig-Sein des Menschen.

Jahwe **macht** den Menschen. Die verwendete hebräische Vokabel jāzár meint eher ein künstlerisches Gestalten als eine technische Herstellung. Jedenfalls ist an Handarbeit gedacht.

Der **Garten** dient dem Unterhalt des Menschen. Darin wächst auf Bäumen, was er zum Leben braucht. Man sollte weder an eine Art Botanischen Garten denken, in dem die ganze Flora versammelt ist, noch an feudale Luxusgärten, wo wächst, was der Mensch gerade mag und wie er es mag (z. B. aufgereiht und beschnitten). Übrigens sei beachtet, daß über die Obstsorten im Garten nichts mitgeteilt wird. Der Jahwist läßt unserer kulinarischen Phantasie freien Raum.[14]

»**ḗdän**« ist sowohl (nach V. 8) der Name einer Landschaft als auch (nach V. 15) der Name des Gartens. Gab es auch hier in der vorliterarischen Fassung des Textes zwei Varianten? Die Geschichte von diesem Garten hat die Phantasie der Späteren beflügelt, nicht immer zum Besseren, wie die Vorstellung eines Schlaraffenlandes beweist. Wichtig ist für J, daß der Mensch in dem Garten in der Nähe Gottes geborgen war und daß er für ihn zu sorgen hatte. Das liegt eigentlich schon in dem Wort »Garten«. Wer seine Mitwelt so versteht, weiß, daß er sie »bewahren« soll (V. 15).

Worum geht es beim **Baum der Erkenntnis des Guten und Bösen**? Davon zu essen wäre für die Menschen schädlich. Es würde sie töten oder doch sterblich machen. Warum? Vielleicht sind noch alte Tabu-Vorstellungen vom Anfang der Erzähltradition wirksam. Es gibt erfahrungsgemäß gefährliche Bäume (Blitzschlag, Giftfrüchte?). Es ist zu berichten, daß die Ausleger für das Wortpaar »gut und böse« im Hebräischen die allgemeine Bedeutung »alles« ermittelt haben. Wer »gut und böse« erkennen will, möchte alles wissen. In unserem Zusammenhang darf nicht übersehen werden, wohin dieser Wunsch führt. Für den Jahwisten bedeutet er, daß die Menschen sein wollen wie Gott (1. Mose 3,5). Es geht hier also nicht um irgendein moralphilosophisches Wissen und auch nicht um ein spezielles Handeln des Menschen (schon gar nicht darum, daß die Menschen den Geschlechtsverkehr ausprobiert hätten), vielmehr wird die Hybris kritisiert, alles zu können, also wie Gott sein zu wollen, der Hochmut, selber darüber bestimmen zu wollen, was gut ist.

Die **Tiere** scheinen das Alleinsein des Menschen beenden zu sollen. Von daher ist auch die Einteilung in Gruppen zu verstehen (Verse 19 f.): 1. das zahme Vieh, das den Menschen am nächsten ist, 2. das jagdbare Wild und 3. die Vögel (und keine Kategorie für sonstige Tiere). Es geht also in dieser Schöpfungsgeschichte nicht um eine Gesamterfassung der Fauna aus zoologischem Interesse. Zwar sind dem Menschen die Tiere nah. Er gibt ihnen Namen. Aber eine »Hilfe« findet er unter ihnen nicht. (Wenn Luther »Gehilfin« übersetzt, dann ist das eine Einschränkung der Bedeutung, bei ihm ein Vorgriff auf den Fortgang der Geschichte.)

Hier soll wohl weniger darüber spekuliert werden, ob Jahwe vielleicht erst beim zweiten Versuch einer Ergänzung des Menschen erfolgreich war, als er die Frau schuf. Es wird vielmehr die Erfahrung ausgesprochen, daß Tiere dem Menschen nützlich sind, wenn sie auch nicht umfassend Partner sein können.

Adam wird also verstanden als ein Wesen, das sich selbst nicht genug ist. Das zeigt sich am Problem der **Sprache.** Indem Gott dem Menschen Namen für die Tiere abverlangt, lehrt er ihn sprechen. Aber das Wichtigste fehlt noch: die Zwiesprache.

So schafft Jahwe die **Frau.** Sie ist für den Jahwisten die Krone der Schöpfung. Jetzt ist es gut. In Vers 23 scheint »ādām« geradezu zu jubeln. Seine Worte haben im Hebräischen richtigen Rhythmus. Und die Benennung ist ein liebevolles Wortspiel. »Mann« heißt hebräisch »isch«, und »Frau« heißt »ischāh«. (Luther macht das Wortspiel nach: »Mann« und »Männin«.) Beide Worte sind übrigens keine Namen, sondern wie »ādām« Gattungsbezeichnungen. Also wird von allen Menschen gesprochen, die für einander bestimmt sind als Hilfe, »die dem Menschen entspricht«.[15] Die Erzählung von der Erschaffung der Frau gehört zur Gattung der Ätiologie (begründende Rede), die volkstümlich einen bestimmten Sachverhalt erzählend erklären will. Warum z. B. ist der Unterleib des Menschen nicht auch durch Rippen geschützt? Vielleicht sind die ihm genommen worden? Für wen? Doch das bleibt ein Nebenmotiv. Für J ist das Hauptmotiv die Zusammengehörigkeit von »isch« und »ischāh«. Beide sind von Gott gemacht. Beide sind aus *einem* Fleisch und werden *ein* Fleisch (vgl. V. 24).[16] Auch bei der Erschaffung der Frau ist Jahwe direkt tätig, aber das Wie wird nicht erzählt. Die hebräische Vokabel »banāh« meint üblicherweise ein Bauen oder Umbauen, jedenfalls auch etwas Gestaltendes.

Das hebräische Wort für **Fleisch,** »bāsār«, drückt nicht nur die Körperhaftigkeit des Menschen aus, so daß Einheit des Fleisches nur der Geschlechtsverkehr wäre, sondern das ganze Menschsein, das den Körper miteinschließt.

Die **Nacktheit** der Menschen ist vor dem Sündenfall kein Problem. Daß der Geschlechtsverkehr der Sündenfall wäre und die Nacktheit dadurch Anlaß zur Scham, ist offenbar ein unausrottbares Mißverständnis. In der anschließenden Geschichte vom Sündenfall ist nach 1. Mose 3,5 die Ursünde das Wie-Gott-sein-Wollen. Dieser Hochmut ist eine falsche Haltung gegenüber Gott, aus der sich immer wieder ein Fehlverhalten gegenüber Menschen ergibt.[17]

Einige Jahrhunderte später sprachen im Exil in Babylonien israelitische Priester ganz anders über die Schöpfung und schrieben das schließlich auf:

Die Schöpfung ist sehr gut

② *1. Mose 1,1–2,4a*

1 Am Anfang schuf Gott Himmel und Erde. 2 Und die Erde war
wüst und leer, und es war finster auf der Tiefe; und der Geist
Gottes schwebte über dem Wasser. 3 Und Gott sprach: Es werde
Licht! Und es ward Licht. 4 Und Gott sah, dass das Licht gut war.
Da schied Gott das Licht von der Finsternis 5 und nannte das
Licht Tag und die Finsternis Nacht. Da ward aus Abend und
Morgen der erste Tag.

6 Und Gott sprach: Es werde eine Feste zwischen den Wassern, die da scheide zwischen den Wassern. 7 Da machte Gott
die Feste und schied das Wasser unter der Feste von dem Wasser
über der Feste. Und es geschah so. 8 Und Gott nannte die Feste
Himmel. Da ward aus Abend und Morgen der zweite Tag.

9 Und Gott sprach: Es sammle sich das Wasser unter dem
Himmel an besondere Orte, dass man das Trockene sehe. Und
es geschah so. 10 Und Gott nannte das Trockene Erde, und die
Sammlung der Wasser nannte er Meer. Und Gott sah, dass es
gut war. 11 Und Gott sprach: Es lasse die Erde aufgehen Gras und
Kraut, das Samen bringe, und fruchtbare Bäume auf Erden, die
ein jeder nach seiner Art Früchte tragen, in denen ihr Same ist.
Und es geschah so. 12 Und die Erde ließ aufgehen Gras und Kraut,
das Samen bringt, ein jedes nach seiner Art, und Bäume, die da
Früchte tragen, in denen ihr Same ist, ein jeder nach seiner Art.
Und Gott sah, dass es gut war. 13 Da ward aus Abend und Morgen der dritte Tag.

14 Und Gott sprach: Es werden Lichter an der Feste des Himmels, die da scheiden Tag und Nacht und geben Zeichen, Zeiten,
Tage und Jahre und 15 seien Lichter an der Feste des Himmels,
dass sie scheinen auf die Erde. Und es geschah so. 16 Und Gott
machte zwei große Lichter: ein großes Licht, das den Tag regiere,

und ein kleines Licht, das die Nacht regiere, dazu auch die Sterne. 17 Und Gott setzte sie an die Feste des Himmels, dass sie
schienen auf die Erde 18 und den Tag und die Nacht regierten
und schieden Licht und Finsternis. Und Gott sah, dass es gut war.
19 Da ward aus Abend und Morgen der vierte Tag.

20 Und Gott sprach: Es wimmle das Wasser von lebendigem
Getier, und Vögel sollen fliegen auf Erden unter der Feste des
Himmels. 21 Und Gott schuf große Walfische und alles Getier,
das da lebt und webt, davon das Wasser wimmelt, ein jedes nach
seiner Art, und alle gefiederten Vögel, einen jeden nach seiner
Art. Und Gott sah, dass es gut war. 22 Und Gott segnete sie und
sprach: Seid fruchtbar und mehret euch und erfüllet das Wasser
im Meer, und die Vögel sollen sich mehren auf Erden. 23 Da ward
aus Abend und Morgen der fünfte Tag.

24 Und Gott sprach: Die Erde bringe hervor lebendiges Getier,
ein jedes nach seiner Art: Vieh, Gewürm und Tiere des Feldes,
ein jedes nach seiner Art. Und es geschah so. 25 Und Gott machte
die Tiere des Feldes, ein jedes nach seiner Art, und das Vieh nach
seiner Art und alles Gewürm des Erdbodens nach seiner Art. Und
Gott sah, dass es gut war. 26 Und Gott sprach: Lasset uns Menschen machen, ein Bild, das uns gleich sei, die da herrschen über
die Fische im Meer und über die Vögel unter dem Himmel und
über das Vieh und über alle Tiere des Feldes und über alles
Gewürm, das auf Erden kriecht. 27 Und Gott schuf den Menschen
zu seinem Bilde, zum Bilde Gottes schuf er ihn und schuf sie als
Mann und Frau. 28 Und Gott segnete sie und sprach zu ihnen:
Seid fruchtbar und mehret euch und füllet die Erde und machet
sie euch untertan und herrschet über die Fische im Meer und
über die Vögel unter dem Himmel und über das Vieh und über
alles Getier, das auf Erden kriecht. 29 Und Gott sprach: Sehet da,
ich habe euch gegeben alle Pflanzen, die Samen bringen, auf der
ganzen Erde, und alle Bäume mit Früchten, die Samen bringen,
zu eurer Speise. 30 Aber allen Tieren auf Erden und allen Vögeln
unter dem Himmel und allem Gewürm, das auf Erden lebt, habe
ich alles grüne Kraut zur Nahrung gegeben. Und es geschah so.
31 Und Gott sah an alles, was er gemacht hatte, und siehe, es war
sehr gut. Da ward aus Abend und Morgen der sechste Tag.

2,1 So wurden vollendet Himmel und Erde mit ihrem ganzen
Heer. 2 Und so vollendete Gott am siebenten Tage seine Werke,

die er machte, und ruhte am siebenten Tage von allen seinen Werken, die er gemacht hatte. [3] Und Gott segnete den siebenten Tag und heiligte ihn, weil er an ihm ruhte von allen seinen Werken, die Gott geschaffen und gemacht hatte. [4a] So sind Himmel und Erde geworden, als sie geschaffen wurden.

Der Schöpfungstext der Priesterschrift ist keine »Erzählung« wie der Text zuvor, sondern ein »Lehrstück« wie ein Glaubensbekenntnis, bei dem man jedes Wort auf die Goldwaage legen können soll. Wir sehen eine strenge Einteilung im Sieben-Tage-Schema, da gibt es feste Einleitungs- und Schlußformeln für die Tagewerke. Wegen solcher Eigenschaften schreibt man diese »Quellen«-Schrift, aus der unser Text kommt, priesterlichen Kreisen mit ihrem beruflichen Interesse an Formeln zu. Daher also der Name.

Seit der Zeit des Jahwisten sind ca. 400 Jahre vergangen. Die glanzvolle Zeit der Könige David und Salomo liegt weit zurück. Jetzt geht es Israel nicht gut. Es ist von Babylon besiegt. Seine Elite ist in das Zweistromland deportiert. Die Heimatlosen dürfen zwar ihren Glauben behalten, aber sie müssen sich jetzt in einer ganz anderen Situation zurechtfinden und bewähren und mit der Religion ihrer Unterdrücker auseinandersetzen, mit einem polytheistischen Sternenglauben.

Warum steht dieser jüngere Text vor dem älteren am Anfang der Thora und damit der Bibel? Vielleicht gerade wegen seines Stils. Außerdem hätte die Redaktion den Zusammenhang der beiden jahwistischen Kapitel 2 und 3 zerreißen müssen, wenn die Reihenfolge der Schöpfungskapitel umgekehrt wäre.

Die erste Zeile in der Bibel ist wie eine Überschrift formuliert. Im **Anfang** meint zunächst den Beginn der Schöpfung, greift aber doch weiter und umfaßt alles, was nach den sieben Tagen dieses Kapitels noch geschehen soll. Es gibt nichts Seiendes, das nicht hier seinen Grund und Anfang hat.

Für das **Schaffen** hat P eine besondere Vokabel reserviert: »bārā́«. Subjekt dieses Verbums ist bei P immer Gott. Nie steht bei diesem Wort ein Hinweis auf ein Material, aus dem Gott schafft. So spricht man später gern von einer Schöpfung aus dem Nichts (creatio ex nihilo). Aber diese Begriffssprache ist lateinisch, nicht hebräisch, und paßt nicht hierher.

Für **Gott** hat P dieselbe Vokabel wie E: »elohím«. Dieses Wort hat eine Pluralendung und kann auch durchaus pluralisch gemeint sein. Vgl. 2. Mose 20,3: *»Du sollst nicht andere Götter* (»elohím«) *haben neben mir.«* Hier ist der Sinn aber singularisch. Der eine Gott wird geglaubt als einer, der durch das Wort wirkt. Später bezeichnete man gern Gott als die erste Ursache (prima causa) alles Seins, aber solche Philosophie hat im Text der Priesterschrift keinen Anhalt. Eine Ursache spricht nicht. Hier wird nur der Glaube bekannt: Alles, was es gibt, hat er gegeben – durch sein Wort.

»tōhuwabṓhu«, also das, was vor der Schöpfung geahnt wird, übersetzt Luther als »wüst und leer«. »Öde und nichtig« sagen neuere Kommentare. Damit soll nicht etwas beschrieben sein, was schon eine eigene Wertigkeit hätte, wenn auch eine armselige, und womit der Schöpfer hätte weiterarbeiten können, sondern es soll in beschreibender Weise der absolute Gegensatz zu einer Schöpfung angesagt sein. Dasselbe ist gewollt mit den Wörtern **Finsternis** und **Tiefe.** Das letzte heißt hebräisch »tehṓm« und bezeichnet immer eine Wassertiefe. Dieses Element hat hier also im Unterschied zu Text ① eine bedrohliche Nebenbedeutung.[18]

Die Wendung vom **Geist Gottes** ist umstritten. Es gibt zwei Hauptlinien der Auslegung. Luther übersetzt das Wort »rúach« mit »Geist« und »elohím« mit »Gott«. Es ist zu referieren, daß einige Exegeten[19] alle Teilsätze von Vers 2 inhaltlich parallel verstehen wollen und deshalb »rúach« mit »Sturm« und »elohím« adjektivisch mit »gewaltig« übersetzen. Damit wäre auch dieser Teilsatz eine (dritte) Aussage über das Chaos. Sprachlich gibt es dafür Parallelen. Man müßte dann aber der Quelle P, die soviel Wert legt auf jedes einzelne Wort, unterstellen, daß sie den Sinn einer Vokabel nach fünf anderen hebräischen Wörtern schon wieder ändert. Dem kann ich nicht zustimmen. Darum verstehe ich die Aussage so: Die Nichtgeschaffenheit (ausgedrückt durch die Vokabeln Wüste, Leere. Finsternis und Tiefe) wird überlagert von dem Geist Gottes. Es ist noch in der »Schwebe«, ob etwas wird und was wohl wird, bis Gott spricht: Es werde!

Das **Wirken** Gottes wird bei P mit verschiedenen Verben bezeichnet. Da ist zunächst sein »Sprechen« vor Beginn jeden Tagewerks. (Deshalb beginnt das Johannesevangelium, das an das erste Kapitel der Bibel erinnern will, mit der Wendung: »*Im Anfang war das Wort.*« Vgl. Text ⑦) Aber im einzelnen wird dann variiert: Gott »schied« das Licht von der Finsternis (V. 4), das Wasser unter und über dem Firmament (V. 7). Gott »machte« das Firmament (V. 7), zwei Lichter (V. 16), die Tiere des Feldes und das Vieh und alles Gewürm (V. 25). Gott »setzte« Sonne, Mond und Sterne an das Firmament (V. 17). Gott »schuf« Fische und Vögel (V. 21) und Mann und Frau (V. 27). Damit wird die eigene abstrakte Begrifflichkeit von P, die den ganzen Text gliedert (Gott sprach); unterwandert von konkreten Vorstellungen, die vermutlich älteren Fassungen des Materials entstammen. P läßt das getrost nebeneinander stehen.

Gut ist, was geschaffen ist, und das letzte »Zeugnis« heißt in Vers 31 sogar: sehr gut. Das gilt als Urteil Gottes, nicht als ein Echo des gerade geschaffenen Menschen oder von P. Dabei kann mit »gut« nicht eine ethische Qualität gemeint sein, da ja auch Dingliches so gewertet wird. Gemeint ist eine Brauchbarkeit im Sinne der Schöpfungsabsicht, aber es ist, da ja der Mensch das Ziel der Schöpfung ist, eine Brauchbarkeit für den Menschen.

Das **Licht** wird am ersten Tag geschaffen, die Gestirne erst am vierten. Man sollte das nicht als einen Fehler in der Disposition des Textes diskutieren, sondern besser als die Fähigkeit loben, von konkreten Lichtquellen auf das Licht selbst zu abstrahieren. Es werden eben zuerst die wichtigsten allgemeinen Voraussetzungen des Lebens benannt: Licht und Zeit (Tage) und Raum (was zwischen den Wassern ist).

Die **Feste** (V. 7) ist wie eine Halbkugel (Modell Käseglocke) gedacht, die das Wasser über dem Himmel und unter der Erde ausgrenzt. Es sei denn, daß sich wie bei der Sintflut die Fenster des Himmels öffnen (1. Mose 7,11). Diese Halbkugel eignet sich auch zum Befestigen der Gestirne (V. 17). Das deutsche Fremdwort »Firmament« gibt diese Vorstellung gut wieder.

Die **Erde** (hebräisch: »åräz« ist also das, was nach dem Abfluß des Wassers überbleibt. Sie ist von Gott auf diese Weise geschaffen. Und sie nimmt seine Befehle entgegen (V. 11). Sie läßt wachsen.[20]

Der **Mensch** wird am selben Tag geschaffen wie die Tiere, wenn auch mit einer Selbstaufforderung Gottes (V. 26). Da ist also Nähe und Distanz von Mensch und Tier zugleich vorausgesetzt. Luthers Übersetzung »Menschen« ist nicht korrekt. Im Hebräischen steht hier ein Singular (»ādā́m«, ein Mensch): »Laßt uns einen Menschen machen.« Aber es ist wohl der typische Mensch gemeint. Und Gott schafft ihn – in völliger Gleichwertigkeit – als Mann und Frau.

»**Lasset uns machen**« ist ein Plural. Daß es neben »elohím« noch andere Götter geben könne, mit denen er sich berät, oder minderrangige Assistenten wie Engel, paßt überhaupt nicht zu der sonstigen Gottessicht von P und auch nicht zu diesem Text. Eine Redeform, wie sie möchte-gern-große Potentaten später pflegten: »Wir, Kaiser Wilhelm, von Gottes Gnaden« (Mehrzahl der Großartigkeit / plural majestaticus), paßt auch nicht zu wirklicher Größe, wie P sie glaubt. Und diese Redeform gibt es im Hebräischen auch nicht. Wohl aber gibt es die Stilform der Selbstberatung: »Was sollen wir denn nun tun?« (Mehrzahl der Erwägung / plural deliberationis). Der Gebrauch einer solchen Wendung an dieser Stelle hebt das folgende als besonders wichtig hervor.

»**Ein Bild, das uns gleich sei**« (V. 26): Die Gottesebenbildlichkeit des Menschen wird gleich mit zwei Vokabeln ausgedrückt. Die erste (»sáläm«) bezeichnet konkret eine Plastik, die zweite (»demúth«) abstrakt die Gleichheit. Wahrscheinlich soll die Doppelung Mißverständnissen vorbeugen: Zwar soll der Mensch einerseits eine Person sein wie Gott, aber offenbar ist das Visuelle nicht das Entscheidende. Und andererseits: Zwar soll der Mensch Gott gleichen, aber nicht nur ein Gedankenbild sein. D. h., Gott will ein reales Gegenüber haben zum Reden und Hören. Der Mensch ist Gottes Ebenbild, weil und indem er Gottes Beauftragter in Person ist. Dahinter steht vielleicht die Praxis von großen zeitgenössischen Herrschern, ihren Statthaltern, die sie in entlegene Provinzen schickten, ein Abbild ihrer selbst mitzugeben. Wo dieses aufgerichtet war, galt der Wille des Herren.

Damit ist dem »typischen« Menschen, also jeder und jedem, eine Würde zugesprochen, die unabhängig ist von irgendwelchen individuellen Fähigkeiten und nicht gefährdet durch irgendwelche individuellen Mängel.

Fruchtbarkeit war schon den Tieren zugesprochen (V. 22) und nun auch den Menschen (V. 28) , und zwar mit derselben Vokabel. Daraus ist nicht abzuleiten, daß die Sexualität etwas Tierisches im Menschen sei. Auch die Fruchtbarkeit des Menschen muß doch seiner Gottesebenbildlichkeit entsprechen, also etwas Personales sein und verantwortet werden. Wer Gottes Partner ist, soll auch partnerschaftlich leben. Die Fruchtbarkeit kann also nichts Zwanghaftes bedeuten, sondern ist Gabe und Segen. Leben bedeutet für P Fülle, und das ist nicht nur quantitativ gemeint. Daß aber Fülle auch ein Problem werden könnte, daß die Erde überfüllt sein könnte, ist für Israel in Babylonien noch nicht erkennbar. Das würde aber nach der Theologie von P mit in die Verantwortlichkeit der Menschen gestellt sein.

Denn er soll **herrschen,** aber nach Gottes Willen und nicht nach eigener Willkür. Das hebräische Wort »radâh« hat eine sehr herbe Bedeutung. Es heißt wörtlich »niedertreten«. Das kann aber nach Vers 29 z. B. nicht einmal erlauben, daß der Mensch Tiere töten dürfte, um sie zu verzehren. P denkt hier vegetarisch.[21] Jedoch ist es eine Urerfahrung der Menschheit, daß Tiere gefährlich sein können. Das klingt hier an. Tierliebe und Tierschutz setzen zunächst einmal die Sicherheit der Menschen voraus. Doch kann die Gefährdung durch Raubtiere kein Alibi sein für Tierquälerei. Das ergibt sich wiederum durch die Nähe von Vers 26. Wer Gottes Ebenbild sein soll, wird nicht tyrannisch herrschen können.

Der **Sabbat,** also der Ruhetag am Ende der Woche, war für die priesterlichen Kreise im babylonischen Exil von hoher religiöser, aber auch von nationaler Bedeutung. Half er doch den Deportierten, die eigene Identität zu wahren. Und dazu gab es in der Geschichte der Juden noch viele Wiederholungen. Indem allerdings die Begründung des Sabbat in das Schöpfungsbekenntnis eingeordnet wird, ist die universale Bedeutung des Ruhetages für alle Menschen (und alle Geschöpfe) angesagt.

Daß Gott am siebten Tag ruht, bedeutet nicht, daß er ermattet ist und regenerieren muß. Nach Kapitel 2,1–3 ist der Sabbat eher bestimmt von Distanz zur Arbeit, ein Mittel zur Betrachtung des Geschaffenen. Heiligen des Ruhetages durch die Menschen heißt demgemäß Freiheit von der Mühe des Lebens und Freiheit für das Nachdenken über seinen Sinn. Darin liegt der Segen Gottes für diesen Tag. Wenn in Vers 28 der Segen in körperlicher Fruchtbarkeit gesehen wird, so hier in der geistigen.

Die **Schöpfungswoche** hat sechs Werktage und einen Ruhetag. Dabei denkt P selbstverständlich an Zeiteinheiten wie unsere Kalendertage zu 24 Stunden. Es ist abwegig, sich größere Zeitspannen vorzustellen, als sie in Vers 4 angesprochen sind, wo der Tag die helle Zeit ist und die Nacht die dunkle.[22] P stellt sich vor, daß Gott in einer Modellwoche alles hat schaffen können, was werden sollte.

B Fragen

Die Leserin oder der Leser wird nun gebeten, sich zu den folgenden Fragen stichwortweise Antworten zu notieren, jeweils wenn möglich für die Texte ① und ② getrennt (so auch in den folgenden Kapiteln).

1.1 In welcher Reihenfolge verläuft die Schöpfung?

1.2 Welches Szenario gibt es vor der Schöpfung?

1.3 Was ist der Schöpfung entgegen und muß überwunden werden?

1.4 In welchem Zeitraum verläuft die Schöpfung?

1.5 Wo geschieht die Schöpfung?

1.6 Was ist falsch in den beiden Texten? / Welche Einzelheiten widersprechen unserer wissenschaftlichen Erkenntnis?

1.7 Was ist mißverständlich in den beiden Texten?

1.8 Worin unterscheiden sich die beiden Texte?

2.1 Welche Stellung hat der Mensch?

2.2 Welche Aufgaben hat der Mensch?

2.3 Wie ist das Verhältnis von Mann und Frau?

2.4 Wie ist das Verhältnis zu Gott?

2.5 Wie wird Gott dargestellt?

2.6 Worin stimmen beide Texte überein?

C Antwortversuche

Die Leserin oder der Leser wird nun gebeten, die eigenen Antworten mit den Antwortversuchen dieses Buches zu vergleichen.

Zu 1.1:
① Adam, Garten (Bäume), Feldtiere, Vögel, Sprache, Frau;
Verse 10–14: Ströme, Bodenschätze;
② Licht (Tag), Firmament (Himmel), Erde und Meer, Gras und Kraut, Bäume, Sonne und Mond und Sterne, Wassertiere, Vögel, Vieh, Gewürm, Feldtiere, Mann und Frau, Herrschaft, Nahrung, Sabbat.

Zu 1.2:
① trockenes Gelände ohne Pflanzen;
② wüste, leere, finstere Wassertiefe.

Zu 1.3:
① Trockenheit;
② Wassermassen.

Zu 1.4:
① Fehlanzeige;
② eine Woche.

Zu 1.5:
① östlich von Eden;
② Fehlanzeige.

Zu 1.6:
① die Reihenfolge (der Mann als erstes, die Frau als letztes Geschöpf); daß die Erde vorausgesetzt, also nicht geschaffen sei; daß die Erde eine Fläche sei, die Unvollständigkeit der Fauna (Fehlen von Fischen usw.); daß die Frau aus einem Körperteil des Mannes entstanden sei.
② die Vorstellung eines Firmaments, das die Wasserflut zurückhält; die Vorstellung, daß die Erde als Scheibe auf dem Wasser liegt; die Annahme, daß die Gestirne am Firmament befestigt seien; die Beschränkung auf Pflanzen, die Samen tragen; die Zeitspanne einer Woche.

Zu 1.7:
① daß mit dem Baumverbot der Mensch dumm gehalten werden solle; daß sexuelle Praxis verboten sei.
② daß Gott so aussähe wie die Menschen; daß die Herrschaft der Menschen über die Erde ein Recht auf Ausbeutung bedeute.

Zu 1.8:
Man kann den Fortschritt des Wissens im Verlauf der 400 Jahre zwischen der Arbeit von J und P erkennen. Der jüngere Text hat fast die richtige Reihenfolge, hat weniger Fehler und deutlich mehr Einzelthemen. Dazu gehört als Sondergut das Sabbat-Thema.
Die Texte widersprechen sich in naturkundlichen Fragen.

Zu 2.1:
① und ② unter Gott, über den anderen Geschöpfen;

Zu 2.2:
① bebauen und bewahren des Gartens, beachten des Speiseverbots, benennen der Tiere, ein-Fleisch-sein;
② herrschen über die Tiere als Bild Gottes, fruchtbar sein, heiligen des Sabbats.

Zu 2.3:
① Frau als Krone der Schöpfung, als Hilfe (die ihm entspricht), als Bein von seinem Bein: also gleichwertig; Geschlechtlichkeit ohne Scham;
② Mensch, geschaffen als Mann und Frau: also gleichwertig; Fruchtbarkeit als Schöpfungsqualität.

Zu 2.4:
① und ② Gott schützt und ernährt und setzt die Norm.

Zu 2.5:
① als Handarbeiter, der mit den Menschen spricht;
② als Planer und durchs Wort Wirkender (vgl. dazu unser Kapitel 6).

Zu 2.6:
① und ② Die Texte stimmen überein in allen angesprochenen Glaubensfragen.
(Z. B.: ① Da machte Gott der HERR den Menschen (2,7) / ② Gott schuf den Menschen zu seinem Bild (1,27).

Und: ① Es ist nicht gut, daß der Mensch allein sei (2,18) / ② Gott schuf sie als Mann und Frau (1,27).

Und: ① Du darfst essen von allen Bäumen (2,16) / ② Ich habe euch gegeben alle Pflanzen zu eurer Speise (1,29).

Und: ① Gott setzte den Menschen in den Garten, daß er ihn bebaute und bewahrte (2,15). ② Macht euch die Erde untertan und herrscht (1,28).)

D Folgerungen

1. Die Toleranz der Redaktoren

Die Schöpfungstexte widersprechen sich. Aber bei genauer Betrachtung erweist sich, daß die Widersprüche nur Fragen des naturkundlichen Wissens der alten Autoren betreffen. Die Priesterschrift ist in diesem Bereich deutlich weiter als der Jahwist. Die Redaktoren, die die fünf Bücher Mose zusammengefügt haben, müssen diese Unterschiede gesehen haben. Das ist aus der Souveränität zu schließen, mit der sie literarisch gearbeitet haben. Aber offensichtlich war ihnen diese Differenz ihrer Zeugen nicht wichtig. Sie konnten nebeneinander stehen lassen, was nicht völlig übereinstimmte. Da wiederholte sich in dieser Phase der Bibelentstehung, was zuvor schon bei den sog. Quellenschriften zu beobachten war, bei denen ja auch schon gewisse Spannungen und Unausgewogenheiten eine komplizierte Vorgeschichte verrieten.[23] So ist bereits in den ersten beiden Kapiteln eine Haltung von innerbiblischer Toleranz zu entdecken. Und wir halten auch für die weiteren Kapitel fest:

Was biblische Texte widersprüchlich formulieren und was die Sammler der Bibel nebeneinander stehen lassen, ist offenbar für den Glauben nicht wichtig, wohl aber das, worin sie übereinstimmen.

2. Das Wesen der Widersprüche

Es gibt Unterschiede bei den Unterschieden. Was oben in den Fragen von 1.1 bis 1.8 angesprochen war, ergab sich ausschließende (kontradiktorische) Sätze. Man kann z. B. nicht den Zeitpunkt für die Erschaffung des Mannes in beiden Texten identifizieren.[24] Anders ist es bei den Fragen, die auf den Sinn des Lebens und die Norm für das Leben zielen. Es ist nicht dasselbe, ob P sagt, daß der Mensch den Tieren Namen gab, oder ob P vom Herrschen des Menschen spricht. Aber beide denken in dieselbe Richtung. Die Unterschiede in diesem Bereich sind nur Variationen im Ausdruck. In der Tendenz stimmen beide Zeugen überein. Und deshalb kommen beide am Anfang der Bibel nebeneinander zu Wort.

3. Der Glaube an den Schöpfer

Das war nun den Autoren der alten Texte (J und P und R) wichtig für ihren Glauben:

Wir Menschen sind nicht ein Zufallsprodukt ohne jeden Sinn, sondern wir sind von Gott geschaffen. Wir Menschen sind nicht irgendwelchen heimtückischen Mächten ausgeliefert, sondern wir werden von Gott behütet und dürfen Glück erfahren. Wir Menschen sind nicht einsam auf der Welt, sondern wir haben andere Menschen, die uns entsprechen. Wir Menschen dürfen unsere Mitwelt nicht verachten, sondern wir haben den Auftrag, sie zu bewahren. Wir Menschen dürfen nicht hochmütigerweise sein wollen wie Gott. Wir brauchen nur Menschen zu sein, die ihre Grenze kennen, die Gott die Ehre geben und ihren Schöpfer loben. (Vgl. dazu die sog. Schöpfungspsalmen, z. B. Psalm 8, 104, 148) Daß zum Menschsein auch ganz andere Erfahrungen gehören, daß die Abkehr von Gott, die Sünde, auch die Beziehung der Menschen untereinander verdirbt, steht auf einem anderen Blatt, nämlich im nächsten Kapitel der Bibel. (Vgl. dazu unseren Text ㉛)

4. Die Entwicklung der Naturerkenntnis

Die Kenntnis der Menschen über die Natur und über sich selbst ist ständig fortgeschritten. Es ist nicht das Verdienst unserer Generation, daß wir mehr wissen (können) als der

Jahwist. Wer aber heute Probleme hätte mit der Glaubwürdigkeit der Bibel wegen ihrer naturkundlichen Naivität, der sollte bedenken, daß schon die biblischen Schriftsteller selber in diesen Aussagen keine Botschaft Gottes für den Glauben der Menschen gesehen haben. Es wird von heutigen Bibel-Interessenten also auch kein Opfer ihres Verstandes (sacrificium intelléctūs) gefordert. Man muß seinen Verstand nicht abschalten, um glauben zu können.

2. Kapitel
Die Gottessohnschaft Jesu

Wie Jesus zu Gott gehört

Daß Jesus von Nazareth ein bedeutender Mensch gewesen sei, anerkennen auch viele Menschen, die nicht »an ihn glauben«. Daß er Gottes Sohn sei, geboren von der Jungfrau Maria, stellen viele in Zweifel, während das Bekenntnis zur Gottessohnschaft Jesu für andere wiederum sozusagen der »Test« für das Christsein ist.

Aber wo »getestet« wird, muß man zurückfragen dürfen, welche Fassung des Bekenntnisses der Tester zum Maßstab des Tests macht. Das Neue Testament bietet nämlich vier verschiedene Auffassungen (in fünf Texten) nebeneinander, die sich in bestimmten Details widersprechen. Sollten diese Punkte vielleicht weniger wichtig sein als die Übereinstimmungen? Prüfen wir das an den folgenden Abschnitten, die alle bekennen, daß Jesus so zu Gott gehört wie ein Sohn zu seinem Vater, und die dabei sagen, daß menschliche Begriffe nicht ausreichen, um Jesu Funktion zu benennen.

Auch diese Texte betrachten wir in der Reihenfolge ihres Alters.

Gottes Sohn durch Auferstehung

③ *Römerbrief 1,1–7*

[1] Paulus, Sklave Christi Jesu, berufener Apostel, ausgesondert,
um dem Evangelium zu dienen, [2] das er vorher angekündigt hat
durch seine Propheten in heiligen Schriften
[3] über seinen Sohn, der
- entstanden ist
aus Davidsamen
in Hinsicht auf das Fleisch
- [4] bestellt als Sohn Gottes in Kraft
in Hinsicht auf den Geist der Heiligkeit
aus Totenauferstehung,
über Jesus Christus, unseren Herrn.
[5] Durch ihn haben wir Gnade und Apostelamt bekommen,
um dem Gehorsam aus Glauben zu dienen in allen Völkern unter
seinem Namen. [6] Zu ihnen gehört auch ihr, Berufene Jesu Christi.
[7] An alle, die in Rom sind, Gottes Geliebte, berufene Heilige.
Gnade für euch und Friede von Gott unserem Vater und dem
Herrn Jesus Christus.

(Übersetzung von Gerhard Isermann)

Der Brief des Apostels Paulus an die Römer ist eine der wichtigsten Schriften im Neuen Testament. Er hatte große Wirkung in der Geschichte der Kirche. Er löste die Reformation aus, und er war auch bedeutsam für die Erneuerung von Theologie und Kirche nach dem Ersten Weltkrieg.[25]

Unter den Briefen des Neuen Testaments nimmt er insofern eine Sonderstellung ein, als er nicht nur der längste Brief ist, sondern auch eine Art »Programmschrift«. Paulus entwickelt darin seine Konzeption vom Glauben und rechnet sicher damit, daß der Brief (mindestens teilweise) in der Gemeinde vorgelesen wird. (Vgl. 15,15–16,16)

Paulus war noch nicht in Rom, kennt aber wohl eine Reihe von Christen dort, denen er woanders begegnet war. Es ist das Jahr 56.[26] Paulus befindet sich in Korinth. Er plant eine kurze Reise nach

Jerusalem, um dort eine Geldspende abzuliefern. Dann aber will er nach Rom, in die Welthauptstadt, um dort seine Position zu vertreten und mit der Unterstützung der römischen Gemeinde nach Spanien zu reisen (vgl. Röm 15,24), weil er auch dort das Evangelium verkündigen will. Es kam anders. Paulus wurde in Jerusalem verhaftet, als Gefangener nach Rom geschickt, und dort ist er vermutlich umgekommen. So ist der Römerbrief sein letzter (uns erhaltener) in Freiheit geschriebener Brief. Man kann ihn als sein Vermächtnis verstehen.

Paulus hat in allen seinen Briefen bestimmte Einleitungs- und Abschlußformeln benutzt, wie wir heute das ja auch kennen. Die Einleitung des Römerbriefes ist aber gewaltig ausgeweitet. Man sehe sich zum Vergleich den Philipperbrief an: »*Paulus und Timotheus, Knechte Christi Jesu, an alle Heiligen in Christus Jesus in Philippi samt den Bischöfen und Diakonen. Gnade sei mit euch und Friede von Gott, unserm Vater, und dem Herrn Jesus Christus!*« Da haben wir also die Absender (Paulus und Timotheus), die Adresse (die Gemeinde in Philippi) und den Gruß (Gnade ... und Friede ...). Im Römerbrief baut Paulus in diesen Briefkopf nicht nur seine (Kurz-)Biographie ein, sondern auch noch sozusagen unter »Betr.:« sein Thema. Dazu verwendet er, wie die meisten Ausleger vermuten, Formeln, die er selber, als er Christ wurde, »gelernt« hat und die wohl auch seine Adressaten kennen. Diese Sätze (V. 3 und 4, in unserem Text eingerückt) sind ein Kurzbekenntnis zu Jesus, das offenbar eine ältere Christusauffassung enthält, anders als Paulus sie selber vertritt.

Paulus hat zwei Namen, einen hebräischen »Scha'úl« (Saulus), und einen griechisch-römischen »Paúlos«. Das war für Menschen, die im römischen Weltreich unterwegs waren, so üblich. Jedenfalls wurde er nicht in seiner Bekehrung vom Saulus zum Paulus, wie oft noch sprichwörtlich und falsch behauptet wird.[27]

Daß er sich als **Knecht** (wörtlich: »Sklave«) bezeichnet, ordnet ihn zunächst unter alle Christen ein. Alle unterstehen ohne Bedingungen ihrem Herrn (V.5: »Gehorsam«; V.7: »Herr«). Aber das Wort ist schon zu einer »Dienst«bezeichnung geworden für besondere Beauftragte, für die Missionare der Gemeinden. Indem sich Paulus dann noch als **Apostel** (griechisch für »Gesandter«) bezeichnet, erhebt er einen zusätzlichen Anspruch auf eine leitende Funktion. Der ist aber zu seiner Zeit nicht unbestritten, und so muß Paulus ihn gegenüber der ihm unbekannten Gemeinde in Rom begründen. In der frühen Christenheit ist der Apostelbegriff nicht streng definiert. Einerseits bezeichnet er die Gruppe der Zwölf, andererseits können auch andere Boten der Gemeinden so bezeichnet werden, aber doch immer solche mit einer gewissen Prominenz. Für Paulus ist es wichtig, daß er sich versteht als einer, der von Jesus direkt beauftragt ist durch dessen Erscheinen vor Damaskus (vgl. Apostelgeschichte 9 und Galaterbrief 1,11–24).

Evangelium heißt »gute Botschaft« und ist eine Kurzformel geworden für den gesamten Inhalt der christlichen Verkündigung. Erst später wurden dann die Bücher »Evangelien« genannt, die von Jesus von Nazareth erzählten, der die Voraussetzung dieser Verkündigung ist.

Heilige Schriften (Luther übersetzt ungenau im Singular) sind die Schriften des Alten Testaments.

Christus ist nicht ein Name, sondern ein Hoheitstitel, die griechische Wiedergabe des hebräischen »Messias« (d. h. der Gesalbte).

Da klingt schon an, was dann in dem eingefügten alten **Bekenntnis** zur Davidssohnschaft und zur Gottessohnschaft formuliert ist. Für das Verständnis der Verse 3 und 4 ist es wichtig, den parallelen Aufbau zu erkennen. Im Urtext ist zwischen den Satzstücken »von seinem Sohn« und »von Jesus Christus unserem Herrn« (von Luther zusammengezogen) ein dreiteiliges Zwei-Strophen-Stück (also eine Art Gedicht) eingefügt, was allerdings den Satzbau sehr strapaziert.[28]

Fleisch (griechisch: »sarx«) ist hier wie im Alten Testament das Wort »bāsấr« (vgl. unseren Text ①) nicht nur das Gewebe auf den Knochen oder nur die Leiblichkeit des Menschen, sondern seine ganze Existenz (mit Seele und Geist), aber unter dem Gesichtspunkt der Vergänglichkeit.

Dementsprechend ist **Geist** (griechisch: »pneúma«) hier nicht der Intellekt des Menschen und auch nicht ein Gespensterwesen, sondern eine Wirkungsform Gottes im ganzen Menschen.

Zum Thema **Auferstehung** vgl. unser Kapitel 4. Wie hier die Auferstehung gedacht ist, läßt sich der kurzen Formel nicht entnehmen. Sonst meint Paulus die Neuschaffung des ganzen Menschen in anderer Körperlichkeit mit persönlicher Identität.

Der **Gruß** des Paulus in Vers 7 sagt den Frieden mit Gott durch seine Gnade an, nicht nur eine friedliche Stimmung im Gemüt der Angeredeten oder in der Atmosphäre der Gemeinde, obwohl sich das eine aus dem anderen ergeben kann.

Die **Gottessohnschaft Jesu** ist in diesem vorpaulinischen Bekenntnis offenbar so gedacht, daß sie erst seit der Auferstehung am Ostertag bestand und eben dadurch begründet wurde. Einige Ausleger wehren sich gegen diese Konsequenz und verweisen darauf, daß Paulus sonst doch ganz anders von Jesus spreche. (Z. B. scheint in Röm 8,32–34 Jesu Gottessohnschaft schon vor Ostern gedacht zu sein.) Aber dabei wird übersehen, daß wir hier keinen paulinischen Originalton hören, sondern daß der Apostel sozusagen ein älteres Lied »mitsingt«. Außerdem gibt es im Römerbrief keine ausgeführte Christuslehre. Das war Paulus nicht so wichtig.

Auch wenn Paulus anderswo für sich selber eine andere Datierung für die Gottessohnschaft angegeben hätte, müßten wir doch festhalten, daß er in seinem Bekenntnis-Zitat in den Versen 3 f. eine ältere Sicht des Glaubens toleriert.

Gottes Sohn durch Adoption

④ *Markusevangelium 1,9–11*

Parallelen: Matthäusevangelium 3,13–17 / Lukasevangelium 3,21 f.

[9] Und es geschah in jenen Tagen: Es kam Jesus von Nazaret in Galiäa und ward getauft im Jordan von Johannes. [10] Und gleich als er aufstieg aus dem Wasser, sah er zerreißen die Himmel und den Geist wie eine Taube herniedersteigen zu ihm, [11] und eine Stimme aus den Himmeln: Du bist mein Sohn, mein geliebter, dich habe ich erkoren.

(Übersetzung von Ernst Lohmeyer)[29]

Das Markusevangelium ist das älteste im Neuen Testament. Die drei ersten Evangelien (Matthäus, Markus und Lukas) stimmen in vielen Details überein. Da Matthäus und Lukas immer dann denselben Wortlaut haben, wenn sie auch mit Markus übereinstimmen, nicht aber bei Abschnitten, die es bei Markus nicht gibt, und da fast alles aus Markus in den andern beiden Evangelien enthalten ist, wird gefolgert, daß Markus von den anderen beiden übernommen worden ist.[30]

Das Markusevangelium dürfte vor dem Jahre 70 fertig geworden sein. Es gibt eine frühe Tradition, nach der Markus ein Mitarbeiter des Petrus war, dessen Predigten und Erzählungen er festgehalten hätte. Aber das ist nicht sicher.

Johannes der Täufer ist vermutlich ein religiöser Einzelgänger, der im Stil seines Auftretens und im Inhalt seiner Rede als Bußprediger an alttestamentliche Propheten erinnert. Zwar gibt es später eine Täuferbewegung, die vielleicht von manchen Christen als eine Konkurrenz empfunden wird. Aber die Schriften des Neuen Testaments sprechen mit hohem Respekt von Johannes. Er ist eine Figur des Übergangs vom Alten zum Neuen Testament.

Seine **Taufe** ist ein einmaliger Akt der Buße, ein Versuch, die verdiente Strafe Gottes durch das symbolische Sterben im Wasser abzuwenden. Die Einmaligkeit der Handlung unterscheidet Johannes von den Essenern, die auch ein asketisches Leben in der Wüste führten, aber die regelmäßige Waschungen praktizierten.

Warum Jesus sich taufen läßt, interessiert Markus nicht. Er will nur berichten, was aus diesem Anlaß geschieht.[31]

Himmel steht bei Markus im Plural. Im Unterschied zur Priesterschrift (vgl. unsern Text ②) ist z. Zt. des Neuen Testaments die Vorstellung weit verbreitet, daß sich mehrere Himmelsgewölbe über der Erde auftürmen. Diese Himmel, heißt es nun, spalten sich (Luther: »tat sich auf«).

Was dann geschieht, ist offenbar eine **Erscheinung,** die nur Jesus sieht, so wie die Stimme vom Himmel nur ihn anspricht. Jesus sieht den Geist, er sieht nicht eine **Taube.** Die Wendung von der Taube ist ein Minigleichnis. Der Geist (offenbar auch etwas Sichtbares?) kommt wie eine Taube herab. Der Vergleichspunkt ist das Herunterkommen, das ja bei Tauben besonders eindrucksvoll und punktgenau erfolgt. Daß sich an diesen Vogel (ornithologisch durchaus fragwürdig) manch falsche symbolische Gedanken knüpfen und er zum Bild des Friedens wird, ist nicht Markus anzulasten.

Die Wendung »**Du bist mein Sohn, dich habe ich erkoren**« (Luther: »an dir habe ich Wohlgefallen«) ist ein Zitat aus dem israelitischen Ritual für die Einsetzung eines Königs. Die Könige galten als adoptierte Söhne Gottes. So heißt es in dem Königspsalm 2,6 f.: *»Ich aber habe meinen König eingesetzt auf meinem heiligen Berg Zion* (d. h. in Jerusalem): *Kundtun will ich den Ratschluss des HERRN. Er hat zu mir gesagt: ›Du bist mein Sohn, heute habe ich dich gezeugt.‹«* Markus hat die Vorstellung, daß die Gottessohnschaft Jesu mit der Taufe im Jordan beginnt und durch eine Einsetzung zustandekommt, also wie beim israelitischen König als eine Adoption anzusehen ist. Dabei ist »Sohn Gottes« keine physisch-biologische Auskunft, sondern eine Funktionsaussage. Der Sohn ist der mit Gottes Geist ausgerüstete Mittler, der den Menschen mit Vollmacht den Willen Gottes anzusagen hat. Und der Zusatz »geliebter« Sohn bedeutet soviel wie »einziger«. Jesu Sendung ist einmalig.[32]

Vergleichen wir nun, wie dieselbe Geschichte bei den anderen Synoptikern aussieht:

Matthäus schreibt sein Evangelium für Judenchristen, die außerhalb Israels im Einflußbereich des Hellenismus lebten, sich also mit Spätformen des griechischen Götterglaubens auseinandersetzen mußten.

In seiner Taufgeschichte (Mt 3,13–17) gibt es gegenüber Markus einige sprachliche Glättungen. Matthäus fügt mit den Versen 14 f. ein Gespräch zwischen Johannes und Jesus ein, mit dem die Rangfrage zwischen beiden geklärt wird. (Offenbar war das inzwischen in der Gemeinde ein Problem geworden.) Vor allem aber ändert der Autor die Adoptionsformel *»Du bist mein Sohn«*) um in eine Art Vorstellungssatz (*»Dies ist mein Sohn«*). Bei Matthäus sehen und hören alle Umstehenden, was geschieht. Ihnen wird erklärt, wer Jesus ist. Warum hat Matthäus diese Änderung vorgenommen?

Die Antwort ergibt sich aus der Tatsache, daß Matthäus schon vorher von der Gottessohnschaft Jesu geschrieben hat (vgl. unseren Text ⑤ Mt (1,18–25). Wer schon vor seiner Geburt Sohn Gottes war, kann das nicht noch einmal in der Taufe werden.

Dann müßte man aber doch auch bei Lukas eine ähnliche Änderung erwarten (vgl. Lk 3,2l). Nach unserem Text ⑥ hat doch auch Lukas eine Gottessohnschaft vor der Geburt erzählt (Lk 1,26–38). Die Erklärung für diesen Unterschied zwischen den beiden Bearbeitern des Markus ergibt sich aus der Tatsache, daß Lukas und sein »Publikum« Heidenchristen sind, die von einer Adoptionstheorie für den israelitischen König nichts wissen. Dafür ist man in diesen Kreisen mehr an mirakelhaften Geschichten interessiert als Menschen aus jüdischer Tradition. Und darum ist die Taube bei Lukas nicht mehr nur ein Vergleich, sondern leibhaftig zu sehen als Gestalt des Heiligen Geistes, was die Kunstgeschichte auf sehr fragwürdige Weise belebt hat.

Gottes Sohn durch ein Wunder des Geistes

⑤ *Matthäusevangelium 1,18–25*

18 Mit der Abstammung Jesu Christi verhielt es sich so: Nach
der Verlobung seiner Mutter Maria mit Joseph stellte es sich,
bevor sie zusammengekommen waren, heraus, daß sie vom Heiligen Geist schwanger war. 19 Ihr Mann Joseph aber, rechtschaf-
fen, wie er war, wollte sie nicht öffentlich in Schande bringen und
entschloß sich daher, sich in aller Stille von ihr zu trennen. 20
Doch, wie er das noch erwog, siehe, da erschien ihm ein Engel
des Herrn im Traum und sagte: »Joseph, Sohn Davids, schrick
nicht davor zurück, Maria als deine Frau zu dir zu nehmen! Denn
das Leben, das in ihr erzeugt ist, stammt vom Heiligen Geist. 21
Sie wird einen Sohn gebären, dem du den Namen Jesus geben
sollst, denn: Er wird sein Volk von ihren Sünden erretten. 22 Dies
alles ist geschehen, damit das Wort des Herrn in Erfüllung gehe,
wie es durch den Propheten ausgesprochen worden ist: 23 Siehe,
die Jungfrau wird schwanger werden und einen Sohn gebären,
und man wird ihm den Namen Immanuel geben, das heißt über-

setzt: Gott ist mit uns. [24] Als Joseph vom Schlaf erwacht war, tat er so, wie ihn der Engel des Herrn geheißen hatte: Er nahm seine Frau zu sich, [25] er hatte keinen Umgang mit ihr, bis sie einen Sohn gebar, und er gab ihm den Namen Jesus.

(Übersetzung von Ulrich Wilckens)[33]

Das Matthäusevangelium ist also eine erweiterte Auflage des Markusevangeliums, geschrieben für Christen, die aus jüdischer Tradition stammen, aber im griechisch-sprachigen Ausland leben. Das ist in unserem Text z. B. daran zu erkennen, daß die wörtliche Bedeutung des Namens Jesu vorausgesetzt werden kann (V.21) und daß – wie sehr oft bei Matthäus – ein sog. »Schriftbeweis« geführt wird (V.22), also ein Text aus dem Alten Testament auf Jesus bezogen wird.

Geschrieben ist das Evangelium wohl um 90, ob von dem Jünger Matthäus, bleibt unsicher.

Unser Text ist eine Legende (vgl. dazu unser Kapitel 8).

Die **Entstehung** Jesu (griechisch: »génesis«) ist das Thema des Abschnitts und nicht nur die »Geburt«, wie Luther zu eng übersetzt. Es wird ja gerade Wesentliches berichtet von dem, was vor der Geburt geschieht. Da es sich um ein Verbum aus dem selben Wortstamm handelt, muß in Vers 20 eigentlich übersetzt werden: »was in ihr entstanden ist«.

Maria ist **schwanger.** Das heißt in biblischer Nüchternheit wörtlich: »Sie hat etwas im Bauch.« Sie ist schon »verlobt« (Luther: »vertraut«), was eine verbindliche Ehezusage meint. Demnach wäre Geschlechtsverkehr mit einem anderen Mann ein Bruch des Ehevertrages. Also darf Josef Maria verstoßen. (Luther übersetzt falsch: »wollte sie verlassen«.) Daß er das verheimlichen will, um Maria nicht anzuprangern, wird ihm als Gerechtigkeit ausgelegt.

Aber ein **Engel** klärt die Situation. Engel (griechisch: »ángelos«) heißt Bote. Im Unterschied zu anderen antiken Texten haben in der Bibel die Engel kaum eine Eigenständigkeit. Sie sind gedacht als Personalisierungen ihrer Funktion. Der Bote kommt und vergeht mit seiner Botschaft. Daß es solche Wesen gäbe, ist in der Antike allgemeine Vorstellung, die in anderen Religionen eine viel größere Bedeutung hat. Eine Pointe hat die Botschaft des Engels für Josef allerdings nur, wenn die Schwangerschaft der Maria nicht durch einen Geschlechtsakt begonnen hat, auch nicht durch einen göttlichen. Der Engel bzw. Matthäus behauptet also, Jesus sei Gottes Sohn durch das Wunder einer vaterlosen Schwangerschaft. Darin unterscheidet sich die Erzählung des Matthäus von vielen Geschichten seiner Umwelt, nach denen sich Götter und Göttinnen mit menschlichen Frauen oder Männern verbinden und Halbgötter in die Welt setzen. Das konnte man denken, weil in diesen Mythen Gottheiten und Menschen als Verwandte angesehen wurden.[34]

Mit seiner Erzählung von der vaterlosen Schwangerschaft übt Matthäus implizit Kritik an den Geschichten aus der religiösen Nachbarschaft von der Lust der Götter. Zugleich schützt er die Rede von der Gottessohnschaft Jesu vor dem heidnischen Mißverständnis.

Josef ist nach Matthäus also eine Art »Ziehvater« für Jesus. Dazu paßt allerdings nicht das Söhneregister[35] aus dem Abschnitt davor, das von Abraham bis zu Josef läuft, das unter anderem die Verbindung von Jesus zu David herstellt (die für Text ③ so wichtig war), aber auch zu den sog. Erzvätern mit ihren jeweiligen Verheißungen. In Vers 1,16 heißt es: *»Jakob zeugte Josef, den Mann der Maria, von der geboren ist Jesus, der da heißt Christus.«* Die Verfasser dieses Registers, das Matthäus offenbar übernommen hat, gehen also von der Annahme aus, daß Josef der Vater Jesu war. Und Matthäus muß etwas mühsam (und nicht sehr überzeugend) einen Übergang zu seiner Engelsgeschichte bauen.

Träume gelten in der Bibel als eine Möglichkeit neben anderen für eine Offenbarung Gottes, aber sie haben keine Echtheitsgarantie. Ob eine Erkenntnis richtig ist, entscheidet sich immer, ob geträumt oder bewußt gewonnen, am Inhalt.

Der **Name** Jesu, hebräisch »Jeschúa«, heißt wörtlich »Jahwe ist Heil«. Was Matthäus anfügt, ist seine Auslegung dazu: *»Denn er wird sein Volk retten von ihren Sünden.«*

Sünde ist für Matthäus offenbar nicht nur ein Fehlverhalten eines einzelnen Menschen, sondern oft auch eine Gemeinschafts»leistung«, die das ganze Volk verantworten muß: die praktische Absage an den Bund und an seine Regeln.

Der **Prophet** ist Jesaja, der im Urtext (7,14) allerdings nicht von einer »Jungfrau« spricht, sondern von einer »jungen Frau« (hebräisch: »almáh«, eine Frau, die noch kein Kind hat, ob Jungfrau oder nicht). Erst in der griechischen Übersetzung des hebräischen Alten Testaments, in der sog. Septuaginta[36], wird daraus eine Jungfrau (griechisch: »parthénos«). Und diese Übersetzung hat vermutlich die Idee von einer Jungfrauengeburt begünstigt.

Josef **berührt** Maria nicht. Wörtlich müßte übersetzt werden: Er erkennt sie nicht, d. h., es gibt keinen Geschlechtsverkehr zwischen den beiden. Dann heißt es aber weiter: *»bis sie einen Sohn gebar«*. Daraus ist zu schließen, daß es danach anders sein wird, sonst hätte diese Wendung keinen Sinn. Dazu paßt, daß die Bibel unbefangen von Geschwistern Jesu berichtet (vgl. Markus 6,3[37]). Wieso die vatikanische Theologie angesichts dessen von einer ewigen Jungfrauenschaft Marias sprechen kann, bleibt unverständlich.

Gottes Sohn durch ein Wunder des Höchsten

⑥ *Lukasevangelium 1,26–38*

26 Und im sechsten Monat wurde der Engel Gabriel von Gott
gesandt in eine Stadt in Galiläa, die heißt Nazareth, 27 zu einer
Jungfrau, die vertraut war einem Mann mit Namen Josef vom
Hause David; und die Jungfrau hieß Maria. 28 Und der Engel kam
zu ihr hinein und sprach: Sei gegrüßt, du Begnadete! Der Herr
ist mit dir! 29 Sie aber erschrak über die Rede und dachte: Welch
ein Gruß ist das? 30 Und der Engel sprach zu ihr: Fürchte dich
nicht, Maria, du hast Gnade bei Gott gefunden. 31 Siehe, du wirst
schwanger werden und einen Sohn gebären, und du sollst ihm
den Namen Jesus geben. 32 Der wird groß sein und Sohn des
Höchsten genannt werden; und Gott der Herr wird ihm den
Thron seines Vaters David geben, 33 und er wird König sein über
das Haus Jakob in Ewigkeit, und sein Reich wird kein Ende haben.
34 Da sprach Maria zu dem Engel: Wie soll das zugehen, da ich
doch von keinem Mann weiß? 35 Der Engel antwortete und

sprach zu ihr: Der Heilige Geist wird über dich kommen, und die Kraft des Höchsten wird dich überschatten; darum wird auch das Heilige, das geboren wird, Gottes Sohn genannt werden. [36] Und siehe, Elisabeth, deine Verwandte, ist auch schwanger mit einem Sohn, in ihrem Alter, und ist jetzt im sechsten Monat, von der man sagt, daß sie unfruchtbar sei. [37] Denn bei Gott ist kein Ding unmöglich. [38] Maria aber sprach: Siehe, ich bin des Herrn Magd; mir geschehe, wie du gesagt hast. Und der Engel schied von ihr.

Auch das Lukasevangelium ist eine erweiterte Auflage des Markusevangeliums, aber durch einen anderen Bearbeiter. Lukas, der nach seinem eigenen Vorwort viele andere Quellen ausgewertet hat, kennt offenbar das Matthäusevangelium nicht, wohl aber Stoffe, die auch Matthäus benutzt hatte.

Das Lukasevangelium dürfte wie das Matthäusevangelium um 90 entstanden sein. Geschrieben ist es sicher für Heidenchristen von einem Heidenchristen. Lukas gilt als Begleiter des Apostels Paulus, ist vielleicht Arzt, jedenfalls schreibt er das beste Griechisch im Neuen Testament.

Für das Thema Jungfrauengeburt hat er eine eigene Darstellung. Der Text ist eine Legende (vgl. unser Kapitel 8).

Der **Engel** hat bei Lukas einen Namen und erscheint nicht nur im Traum. Lukas ist eben stärker hellenistisch geprägt und ist weniger zurückhaltend bei wunderbaren Geschichten. »Gabriel« heißt »Starker Gottes«.

Maria wird bei Lukas ausdrücklich als Jungfrau bezeichnet, während Matthäus sie »Mutter Jesu« nannte. Lukas bringt also die Jungfrauengeburt begrifflich auf den Punkt.

Josef ist hier noch mehr eine Randfigur, obwohl auch bei Lukas (3,23 ff.) ein Väterregister[38] von Josef ausgeht und bis zu Adam führt. Durch die Wendung »Jesus ... wurde gehalten für einen Sohn Josefs« macht Lukas sein Register passend, wenn man eine Pflegevaterschaft in der Logik eines Väterregisters akzeptieren mag. Aber »entstanden aus dem Samen Davids« (vgl. Text ③) ist Jesus dann nicht. (Vgl. auch Lk 2,48: *»Siehe, dein Vater und ich haben dich mit Schmerzen gesucht.«*) Auch bei Lukas werden also ältere Traditionen erkennbar, nach denen Josef der Vater Jesu war.

Der **Herr** (griechisch »kýrios«) ist sonst ein Hoheitstitel Jesu, wird hier aber in Anlehnung an die griechische Übersetzung des Alten Testaments von Gott gebraucht. In Korrespondenz dazu bezeichnet sich Maria als Sklavin (vgl. dazu die Erklärungen zu unserem Text ③, in dem sich Paulus als Sklave bezeichnet). Das ist nicht nur eine Demutsbezeugung (aus der später eine fatale Modellfunktion für das Rollenverständnis christlicher Frauen wird), sondern auch ein Titel für eine »dienst«liche Funktion, die Maria in der frühen Christenheit zugeschrieben wird. Maria ist für Lukas eine Zeugin für die Gottverbundenheit ihres Sohnes.

Der **Heilige Geist** »überkommt« oder »überschattet« Maria. Das sind allgemeine Wendungen, mit denen der Arzt (?) Lukas alle gynäkologischen Frager enttäuscht. Jedenfalls ist es auch bei diesem Text verfehlt, den Geist in einer väterlichen Rolle zu sehen und von einer Zeugung durch den Geist zu reden. Das hebräische Wort für Geist »rúach« ist weiblich und das griechische Wort »pneúma« ist sächlich. Also sind polytheistische Vorstellungen von einem sexuell tätigen Geist schon aus grammatikalischen Gründen fehl am Platz. Vielmehr bekennt die ganze Bibel Gott als den Schöpfer der Sexualität, nicht als ein von ihr geprägtes Geschöpf. Der Engel sagt Maria, daß ein Wunder an ihr geschehen soll.

Ähnlich ist es mit **Elisabeth**. Die Mutter des Täufers gilt als unfruchtbar. Auch an ihr, sagt der Engel, ist ein Wunder geschehen. Nun ist sie im hohen Alter noch schwanger geworden. Die Parallelität stimmt nur, wenn man auf die Wunderhaftigkeit der Vorgänge sieht. Wäre es bei Maria um eine göttliche Zeugung gegangen, hätte der Hinweis des Engels auf Elisabeth keinen Sinn.

Matthäus und Lukas vertreten in diesen Texten eine Theorie zur Gottessohnschaft Jesu, die später in der Dogmengeschichte große Bedeutung erhalten hat. Aber beide haben an anderer Stelle Hinweise auf die Vaterschaft Josefs und scheinen solche Gedanken nicht für ketzerisch zu halten, obwohl sie eigentlich im Widerspruch zu ihren Entstehungsgeschichten stehen. Ich verstehe dies als ein weiteres Indiz für innerbiblische Toleranz.

Gottes Sohn von Anfang an

⑦ *Johannesevangelium 1,1–14*

1 Im Anfang war das Wort,
und das Wort war bei Gott,
und das Wort war Gott.
2 Dieses war im Anfang bei Gott.
3 Durch dieses wurde alles,
und nicht eins von dem, was geworden ist, wurde ohne dies.
4 In ihm war Leben,
und das Leben war das Licht der Menschen.
5 Das Licht scheint in der Finsternis,
und die Finsternis bekam es nicht in ihre Gewalt.

6 Es kam ein Mensch, gesandt von Gott; sein Name ist
Johannes. 7 Dieser kam zum Zeugnis, um vom Licht zu
zeugen, damit durch ihn alle glauben. 8 Nicht er war das
Licht, sondern er kam, um vom Licht zu zeugen.

9 Vorhanden war das wahrhaftige Licht;
das jeden Menschen erleuchtet, der in die Welt hineinkommt.
10 Er war in der Welt,
und die Welt wurde durch ihn,
und die Welt erkannte ihn nicht.
11 In sein Eigentum kam er,
und die ihm Eigenen nahmen ihn nicht auf.
12 Allen aber, die ihn annahmen,
gab er Vollmacht, Kinder Gottes zu werden,
denen, die an seinen Namen glauben,

13 die nicht aus Blut und nicht aus dem Willen des Fleisches
und nicht aus dem Willen eines Mannes, sondern aus
Gott geboren wurden.

14 Und das Wort wurde Fleisch
und hatte sein Zelt bei uns,
und wir sahen seine Herrlichkeit,
eine Herrlichkeit, wie sie der einzige Sohn vom Vater bekommt,
voll von Gnade und Wahrheit.

(Übersetzung von Adolf Schlatter)[39]

Das Johannesevangelium erweist sich auch bei nur flüchtigem Lesen gegenüber den Synoptikern als ein ganz neuer Typ von Jesusbuch. Vieles von dem, was die anderen berichten, setzt das Johannesevangelium einfach voraus. Es hat aber durchaus andere Kategorien der Deutung. Die Sprache zeigt, daß sich dieses Evangelium schon in der Gedankenwelt der späteren Gnősis[40] auskennt, deren ausformulierte Texte und Systeme allerdings jünger sind. Sie ist die neue Konkurrenz-Religion der jungen Christenheit, die in manchem ähnlich aussah wie sie, aber doch fatal andere Tendenzen hatte. Sie konnte sich allerdings auch mit jüdischen und mit christlichen Elementen auf die kurioseste Weise mischen.

Nach der Gnősis (griechisch für »Erkenntnis«) ist diese Welt ein Gefängnis der Seelen, die sich aus einer oberen Welt nach unten verirrt haben und in die menschlichen Körper eingekerkert sind. Eine Heimkehr nach oben kann aber nur gelingen durch die Hilfe eines göttlichen Boten, der sich bei seiner Rettungsaktion tarnen muß, um den Wächtern der verschiedenen Sphären zu entkommen. Er wird zum Schein Mensch. Er vermittelt den gefangenen Seelen die richtige Erkenntnis und hilft ihnen so zum Wiederaufstieg in die obere Welt des Lichts.

Das Johannesevangelium benutzt das Vokabular dieser Heimweh-Religion, bestreitet ihr aber ihre Sicht Gottes und ihre Bewertung der Welt.

Das vierte Evangelium dürfte nach den Synoptikern geschrieben sein, vielleicht um 100. Über die Verfasserfrage gibt es Streit unter den Gelehrten. Ist Johannes einer der Zwölf oder ein gleichnamiger Ältester in Kleinasien oder ein unbekannter Schüler eines Apostels? Johannes war ein Allerweltsname.

Der sog. Prolog, also unser Text ⑦ ist ein griechisches Gedicht mit festen Rhythmen und mit kunstvollen Verkettungen der Zeilen. (Vgl. bei Luther: Im Anfang war das *Wort*. Und das *Wort* war bei *Gott*, und *Gott* war das *Wort*.)

Nur die Verse 6–8, 13 und 14b fallen sachlich und sprachlich aus dem Rahmen. Sie sind in das Lied eingeschobene Kommentare (und darum in unserem Text eingerückt).

Im Anfang: Der Bezug auf 1. Mose 1,1 (unser Text ②) ist unübersehbar. Dort wird gesagt, daß Gott durch sein Wort alles geschaffen hat, was es gibt. Von diesem Wort soll nun im Johannesevangelium die Rede sein. Mit ihm wird Jesus von Nazareth identifiziert.

Das **Wort** (griechisch: »lógos«) ist eine Vokabel mit großer Variationsbreite der Bedeutungen. So ist es nicht verwunderlich, daß in diese Bibelstelle viele Wunschvorstellungen einge»legt« wurden, statt den Vers auszulegen, wofür GOETHE im Faust nur ein, aber wohl das prominenteste schlechte Beispiel ist.[41] Das Johannesevangelium kann das Wort so hoch tatsächlich schätzen.

Unsere Auslegung muß davon ausgehen, daß das vierte Evangelium einerseits in der gedanklichen Verbindung zum Alten Testament steht und andererseits der Gnosis eine Antwort geben will. Sicher kommt die Vokabel »lógos« im Alten Testament nicht vor, aber sie eignet sich für den Prolog zur christlichen Deutung der Schöpfung. Damit wird »lógos« zu einem weiteren Hoheitstitel Jesu (neben z. B. Menschensohn, Messias, Herr, Gottessohn usw.). So ist Jesus nach Johannes schon vor seiner menschlichen Existenz (also präexistent) lebendig und tätig.

In der Religion der Gnosis ist der Logos die gestaltgewordene Vernunft, die dem in der Welt Gefangenen die Rückkehr zu Gott ermöglicht. Es gibt in jener Zeit in allen Regionen und in allen alten Religionen ein Gefühl der Fremdheit und nicht selten eine Sehnsucht, über die Welt der irdischen begrenzten Existenz hinauszugelangen. Dieser Weltflucht und dieser Absage an die Leiblichkeit widerspricht bei Johannes das »Wort«. Es hat alles geschaffen, und siehe, es war sehr gut. Und also hat Gott die Welt geliebt, heißt es später bei Johannes (3,16). Aber vor allem steht für diesen Einspruch bei Johannes der berühmte Vers 14:

Das Wort wurde Fleisch (griechisch: »sarx«). Während die Gnosis lehrte, daß die Erlösergestalten nur zum Schein Menschlichkeit annähmen[42], formuliert Johannes, wie es krasser kaum geht: Der Logos wurde Fleisch, wurde tatsächlich Mensch wie wir, aber Mensch eben im Sinn der Hinfälligkeit menschlichen Wesens. Mit diesem »Inkarnations«glauben (lateinisch: »cáro, cárnis« das Fleisch) unterscheidet sich die Christenheit von allen anderen Religionen.

Nun behauptet das Johannesevangelium, daß in diesem Fleisch die Jünger Jesu seine **Herrlichkeit** (griechisch: »dóxa«) gesehen hätten. Diese ist nicht trotz oder hinter dem Fleisch Jesu zu entdecken, so als trüge er einen Heiligenschein oder einen Goldrand, sondern gerade in seinem Menschsein. Darin offenbart Jesus Gott, darin ist er sein Sohn, darin redet er als sein Wort, daß er Mensch ist. Gott wurde Mensch, damit wir Menschen sein oder werden können. Wir brauchen nicht Übermenschen oder Halbgötter zu werden, um Gott zu gefallen.

Das ist seine **Gnade und Wahrheit.** Dieser Doppelbegriff bezeichnet Gottes Verläßlichkeit und kommt so auch schon im Alten Testament vor (hebräisch: »chắsäd« und »ämắt«, vgl. 2. Mose 34,6). Da wird erzählt, daß Mose Gott gern sehen will, ehe er ihm mit dem ganzen Volk folgt. Dieser Wunsch wird ihm verweigert. *»Mein Angesicht kannst du nicht sehen, denn kein Mensch wird leben, der mich sieht.«* (2. Mose 33,20) Aber Mose kann Gott hören und seine Gebote in steinerne Tafeln hauen, und er kann hinter ihm hersehen. Und Mose rief: *»Gott, barmherzig und gnädig und geduldig und von großer Gnade und Treue.«* Nun aber, sagt Johannes, können die Glaubenden bekennen: Wir sahen seine »dóxa«. Und wie sie seine Herrlichkeit sehen, das beschreibt nachfolgend das ganze Evangelium.

Das ist der Hauptgedankengang dieses Textes. Einzelnes ist noch nachzutragen:

»**Bei Gott sein**« und »**Gott sein**« sind nicht ganz dieselben Aussagen. Man darf aber aus der Differenz keine raffinierte Gottes-Theorie ableiten mit Spekulationen über das Verhältnis von Jesus und Gott, weil das diesem (poetischen) Texttyp nicht entspricht. Die Worte sind nicht begrenzend (definitiv), sondern annähernd (affinitiv) gemeint. Der Autor des Gedichtes versucht, sich Unsagbarem zu nähern.

Leben und Licht sind Leitmotive für das ganze Evangelium. Jesus sagt später: *»Das Leben bin ich.«* (11,25) Und: *»Das Licht bin ich.«* (8,12) Auch damit ist wieder der gnostischen Sehnsucht nach einem göttlichen Leben und nach einem himmlischen Licht ein Contra gesagt. »Gott läßt unten arbeiten.«[43]

Johannes der Täufer wird erwähnt, seine Geschichte aber aus den Synoptikern vorausgesetzt. Daß er nicht das Licht war, scheint heutigen Lesenden unwichtig. Für die junge Gemeinde war das ein Problem geworden. Es gab Täuferanhänger, die eigene Gemeinden bildeten (vgl. Apostelgeschichte 18,25 und 19,3).

Welt (griechisch: »kósmos«) meint nicht den Weltenraum, den man damals nicht so kannte wie wir, sondern die Menschen und ihre Verhältnisse. Vers 10 spricht also die tragische Situation an, daß sich die Menschen dem Werben Jesu zumeist verschließen.

Kind Gottes kann man durch den Glauben werden, dadurch, daß man sich »aufnehmen« läßt. Im Griechischen steht für Kind ein anderes Wort (»téknon«) als für Sohn (»hyiós«). Die Gottessohnschaft Jesu wird eben als etwas Besonderes gesehen, obwohl sie die Kindschaft aller schafft. Durch das Adjektiv »einziger« (Luther mißverständlich: »eingeborener«) wird dies noch unterstrichen. So soll die Wesenseinheit und die Nähe des Sohnes zum Vater zum Ausdruck kommen. Was Jesus sagt, ist nicht irgendein Wort, sondern es ist legitimiert aus der Tiefe ihrer Beziehung.[44]

Was Luther mit »wohnen« übersetzt, heißt wörtlich »**zelten**«. Damit wird wieder auf das Alte Testament angespielt. In 2. Mose 33,7 heißt es, daß Mose für seine Gespräche mit Gott ein Zelt (Luther seltsamerweise: »Stiftshütte«) aufgeschlagen hatte, das Zelt der Begegnung, zu dem nicht jeder kommen konnte. Jetzt aber, sagt Johannes, ist die Gottesbegegnung nicht mehr beschränkt, jetzt zeltet er unter uns.

B Fragen

1.1 An wen wenden sich die Texte?

1.2 Von wann an wird die Gottessohnschaft Jesu datiert?

1.3 Wodurch entsteht die Gottessohnschaft Jesu?

1.4 Welche Rolle hat Maria?

1.5 Welche Rolle hat Josef?

1.6 Welche Rolle hat der Engel?

1.7 Was ist mißverständlich?

1.8 Worin widersprechen sich die Texte?

2.1 Worin sehen die Autoren den Sinn der Gottessohnschaft Jesu?

2.2 Was sagen die Texte über das Evangelium?

2.3 Worin stimmen die Texte überein?

C Antwortversuche

Zu 1.1:
③ an Christen in Rom;
④ an die zweite Generation von Christen überall;
⑤ an Judenchristen im hellenistischen Ausland;
⑥ an Heidenchristen;
⑦ an Christen, die mit der Gnosis sympathisieren.

Zu 1.2:
③ seit Ostern;
④ seit der Taufe Jesu;
⑤ seit Beginn der Schwangerschaft;
⑥ seit Beginn der Schwangerschaft;
⑦ seit Anfang.

Zu 1.3:
③ durch die Auferstehung;
④ durch eine Adoption;
⑤ durch ein Wunder;
⑥ durch ein Wunder;
⑦ Fehlanzeige.

Zu 1.4:
③ Fehlanzeige;
④ Fehlanzeige;
⑤ Zeugin;
⑥ Zeugin;
⑦ Fehlanzeige.

Zu 1.5:
③ Fehlanzeige;
④ Fehlanzeige;

⑤ Ziehvater;
⑥ Ziehvater;
⑦ Fehlanzeige.

Zu 1.6:
③ Fehlanzeige;
④ Fehlanzeige;
⑤ Bote;
⑥ Bote;
⑦ Fehlanzeige.

Zu 1.7:
④ Das Bild vom geöffneten Himmel könnte nahelegen, Gott »geographisch-kosmisch« auf einer höheren Ebene anzusiedeln.
⑤ und ⑥ Die Rede von der vaterlosen Schwangerschaft könnte die Geschlechtlichkeit des Menschen diskreditieren und Unvollständigkeit bei den Genen vermuten lassen.

Zu 1.8:
③ bis ⑦ in der Datierung des Beginns der Gottessohnschaft Jesu und in der Erklärung ihres Zustandekommens.

Zu 2.1:
③ Bestätigung von Jesu Botschaft und Funktion nach seinem Tod;
④ Bestätigung von Jesu Funktion vor seinem öffentlichen Auftreten;
⑤ und ⑥ Bestätigung von Jesu körperhafter Vertretung Gottes;
⑦ Ausdruck der Wesenseinheit von Gott und Jesus.

Zu 2.2:
③ Das Evangelium gilt trotz des Todes am Kreuz.
④ Das Evangelium überwindet die Sünde.
⑤ und ⑥ Das Evangelium bringt die Nähe Gottes.
⑦ Das Evangelium zeigt die Herrlichkeit Gottes.

Zu 2.3:
③ bis ⑦ Die Texte stimmen in allen Glaubensfragen überein. (Z. B. ③ Jesus ist bestellt als Sohn Gottes in Kraft in Hinsicht auf den Geist der Heiligkeit aus Totenauferstehung (Röm 1,4) / ④ Er sah den Geist herniedersteigen zu ihm und hörte eine Stimme: Du bist mein Sohn, dich habe ich erkoren (Mk 1,11) / ⑤ Das Leben, das in ihr erzeugt ist, stammt vom Heiligen Geist (Mt 1,20) / ⑥ Der Hei-

lige Geist wird über dich kommen, darum wird, das geboren wird, Gottes Sohn genannt werden. (Lk 1,35) / ⑦ Das Wort war bei Gott. Und das Wort wurde Fleisch. Und wir sahen seine Herrlichkeit, wie sie der einzige Sohn vom Vater bekommt. (Joh 1,14).

Und: ③ Durch ihn haben wir Gnade und Apostelamt bekommen (Röm 1,5) / ⑤ Er wird sein Volk von ihren Sünden erretten (Mt 1,21) / ⑥ Sein Reich wird kein Ende haben (Lk 1,33).)

D Folgerungen

1. Die Toleranz der Sammler

Die Texte zur Gottessohnschaft Jesu im Neuen Testament widersprechen sich. Die Unterschiede lassen sich tabellarisch erfassen:

Text	Datierung seit	Entstehung durch
Rm 1,3–7	Ostern	Erhöhung
Mk 1,9–11	Taufe	Adoption
Mt 1,18–25	Schwangerschaft	Wunder
Lk 1,26–38	Schwangerschaft	Wunder
Jh. 1,1–14	Präexistenz	–

Wer verantwortlich war für die Sammlung der neutestamentlichen Schriften (vgl. unser Kapitel 7) hat diese Unterschiede nebeneinander gelten lassen. Die Sichtung der Texte ergab, daß sie vor allem durch unterschiedliche Adressatengruppen zustande gekommen sein dürften. Die Urgemeinde, die zweite Generation, Judenchristen im hellenistischen Ausland, Heidenchristen, Gnosissympathisanten: für alle sollte die Gottessohnschaft Jesu seine Vollmacht erklären. Wie im einzelnen diese Gottessohnschaft gedacht oder auch nur geahnt wurde und seit wann sie datiert wurde, das schien den Theologen des »Kanon« nicht so wichtig. Das Neue Testament als Norm des Glaubens konnte auch gelten lassen, daß jemand nur (?) die Gottessohnschaft Jesu durch und seit der Auferstehung glaubte.

2. *Das Wesen der Widersprüche*

Wie sind die Gegensätze bei Datierung und Entstehung zu bewerten? Wenn auch die Differenzen vor allem situationsbedingt sind, so ist doch auch eine theologische Entwicklung aus der Tabelle abzulesen. Je später geschrieben wurde, um so früher im Leben Jesu wird die Gottessohnschaft angesetzt, um so wunderbarer wird die Aussage und um so komplizierter wird die Theologie. Im Unterschied zu dem Altersabstand zwischen den beiden Schöpfungsgeschichten (Texte ① und ②), der einen Fortschritt nicht nur in der Naturerkenntnis bedeutete, sondern auch in der theologischen Formulierungskunst, scheint hier die Zeit mehr für die Tendenz zur Verherrlichung Jesu als zur Verstehbarkeit zu arbeiten. Und wenn man weiß, was für Texte nach Abschluß des Kanons (vgl. Text Ⓔ in Kapitel 7) noch entstanden sind, wird man eine berechtigte Skepsis haben dürfen gegenüber der Behauptung eines theologischen Fortschreitens. Dennoch gibt es im Neuen Testament einen Zusammenklang. Wenn in der vorpaulinischen Formel die Gottessohnschaft Jesu aus der Auferstehung abgeleitet wird, dann ist das eine Legitimation Jesu für seine Leitung der Gemeinde, die seine Worte bewahrt hat bzw. durch inspirierte Propheten neue Worte des Erhöhten erhält und befolgt. Und wenn Jesus in seiner Taufe als Sohn Gottes adoptiert wird, ist sein Anspruch, öffentlich gehört zu werden, angemeldet. Von nun an ist er nicht nur ein unbekannter Zimmermann. Wenn Jesus seit Beginn der Schwangerschaft seiner Mutter als Sohn Gottes verstanden wird, ist damit angesagt, daß er Gottes Botschaft auch mit seiner körperlichen Existenz vertritt von der Krippe bis zum Kreuz. Und wenn Jesus präexistenter Sohn Gottes ist, wird seine Legitimation total.

Man kann diese Unterschiede nicht einfach als Übersetzungen desselben Gedankens verstehen, aber vielleicht als Variationen derselben Melodie.[45]

3. Der Glaube an den Sohn

Warum ist die Rede von einer Gottessohnschaft Jesu so wichtig? Andere Aussagen über seine Bedeutung sind ja im Neuen Testament nicht so intensiv ausgestaltet und für verschiedene Menschengruppen durchdekliniert. Dazu ist im Sinn der Bibel zuerst bewußt zu machen, daß alle diese Wörter, mit denen von Gott geredet wird (Vater, Sohn, Geist), eigentlich unangemessene Ausdrücke sind. Da wird Vokabular, das aus der Erfahrung dieser Welt gewonnen ist, auf jemanden bezogen, der diese Welt geschaffen haben soll. Mit Mitteln des Sagens soll vom Unsagbaren gehandelt werden. Müßte man da nicht mit Wittgenstein sagen: »Wovon man nicht sprechen kann, darüber sollte man schweigen«[46]? Nur dürfte doch vielleicht angemerkt werden, daß da etwas sein könnte, worüber zu schweigen wäre? Das Neue Testament jedenfalls meint, daß es noch falscher sein könnte zu schweigen, als unzureichend zu sprechen.

Wenn nun also von der historischen Gestalt des Jesus von Nazareth gesagt wird, er sei der Sohn Gottes, dann soll – sicher mit unzureichendem Vokabular – bekannt werden, dieser Jesus sei vom Geist Gottes bewegt, sei so wenig von Gott getrennt und kenne Gott deshalb so gut (wie einen Vater), daß er legitimiert sei, seinen Willen mitzuteilen. Das werde er tun mit seinen Worten und mit seinem ganzen Leben. Und das sei zu bekennen, welchen Zeitpunkt für den Beginn seiner Gottessohnschaft die Gemeinde auch in den Blick nähme: die Ewigkeit, den Mutterleib, die Taufe oder das Kreuz.

3. Kapitel
Das Kreuz Jesu

Wozu Jesus starb

Warum ist das Symbol der Christenheit ein Kreuz – ein Hinrichtungsgerät? Warum ist in der Kirche soviel die Rede von Leiden und Tod? Muß man nicht die Kinder vor solchen negativen Einflüssen abschirmen?

Solche Einsprüche gegen Leben und Lehre der Kirche sind öfter zu hören, obwohl das im blutigsten Jahrhundert der Weltgeschichte schon etwas eigenartig scheint. Ist jetzt das Verdrängen des Todes eine Meisterschaft in Deutschland?

Aber dies ist schon wahr: Das Sterben ist etwas Erschreckendes. Und der Tod gefährdet den Sinn des Lebens. Wir dürfen nicht abstumpfen, nicht resignieren. Hilft Glauben etwas dagegen? Die Jünger Jesu hatten das gehofft. Nun ist er selber hingerichtet. Sein Tod ist eine Katastrophe. Alle religiösen und alle politischen und sozialen Erwartungen scheinen erledigt. Schließlich steht ja in der Thora: *»... ein Aufgehängter ist verflucht bei Gott.«* (5. Mose 21,23)

Dann kommt die Erfahrung der Auferweckung (vgl. unser Kapitel 4). Jetzt beginnen die Jünger, alles in einem neuen Licht zu sehen. Aber wie ist nun das Sterben Jesu zu verstehen? Ist es eine »göttliche Panne«, die durch Ostern gleich wieder repariert ist? Soll man den Karfreitag schnellstens vergessen? Die Jünger kommen ins Grübeln. Sie forschen in ihren heiligen Schriften nach, und es gibt eine Serie von unterschiedlichen, ja gegensätzlichen Antworten und Deutungen des Kreuzes, die kaum alle verbindlich sein können.

Auch diese Texte bedenken wir in der Reihenfolge ihres Alters. Da bei den neutestamentlichen Deutungen eine bestimmte Prophetenstelle eine erkenntnisleitende Rolle hatte, steht sie an erster Stelle.[47]

A Texte und Erklärungen

Die Treue des Propheten bis in den Tod

⑧ *Jesaja 52,13–53,12*

[Jahwe:]

13 Siehe, mein Knecht wird Erfolg haben,
wird hoch und erhaben und sehr groß sein.
14 So wie viele sich über ihn entsetzten
so entstellt, nicht menschlich war sein Aussehen
und seine Gestalt von der von Menschen verschieden –,
15 so werden viele Völker sich erregen,
über ihm werden Könige den Mund verschließen;
denn was ihnen nie gesagt wurde, haben sie gesehen,
und was sie nie hörten, haben sie vernommen.

[Zeitzeugen:]

53,1 Wer hätte geglaubt, was uns jetzt kund ward!
und der Arm Jahwes – über was für einem hat er sich enthüllt?
2 Er wuchs ja auf wie ein Sproß für sich allein vor uns
und wie eine Wurzel aus dürrem Land.
Nicht Wohlgestalt hatte er und nicht Schönheit, daß wir ihn angeschaut,
und keine Ansehnlichkeit, daß wir ihn begehrt hätten.
3 Verachtet und verlassen von Menschen,
ein Mann der Schmerzen, mit Krankheit vertraut;
wie einer vor dem man das Gesicht verhüllt,
war er verachtet, wir achteten ihn nicht.
4 Fürwahr, unsere Krankheiten – er trug sie,
und unsere Schmerzen – er schleppte sie.

Wir aber achteten ihn für einen Getroffenen,
einen von Gott Geschlagenen und Gebeugten.
5 Er aber war durchbohrt von unseren Freveln,
zerschlagen von unseren Sünden;
Züchtigung zu unserem Heil lag auf ihm,
und durch seine Strieme ward uns Heilung.
6 Wir alle irrten umher wie Schafe,
ein jeder kümmerte sich um seinen Weg.
Aber Jahwe ließ ihn treffen
unser aller Sünde.
7 Bedrängt war er, er aber beugte sich
und tat seinen Mund nicht auf;
wie ein Schaf, das zur Schlachtung gebracht wird,
und wie ein Mutterschaf, das vor seinen Scherern stumm ist,
und tat seinen Mund nicht auf.
8 Aus Bedrückung und Gericht wurde er weggerafft,
und sein Geschick – wer befaßt sich damit?
Denn er wurde abgeschnitten vom Land der Lebenden,
wegen des Frevels seines Volks wurde er geschlagen zum Tode.
9 Und man gab bei Frevlern sein Grab
und bei Übeltätern seine Grabstätte,
obwohl er kein Unrecht getan
und in seinem Munde kein Trug war.
10 Aber Jahwe, dessen Plan es war, ihn zu schlagen,
heilte den, der sein Leben als Schuldausgleich einsetzte.
11 Wegen der Mühsal seines Lebens wird er Licht sehen,
wird er sich sättigen an seiner Erkenntnis.

[Jahwe:]
Gerecht macht mein Knecht die Vielen,
und ihre Sünden – er schleppt sie.
12 Darum geb ich ihm Anteil unter den Vielen,
und mit Zahlreichen wird er Beute teilen
dafür, daß er sein Leben dem Tod preisgegeben hat
und zu den Frevlern gerechnet wurde.
Er aber trug die Schuld der Vielen
und trat für die Frevler ein.

(Übersetzung von Hans-Georg Hermisson)[48]

Das Jesajabuch ist so, wie wir es aus der Bibel kennen, eine Zusammenfassung der Schriften von mindestens drei Propheten, deren Schriften unter diesem Namen gesammelt wurden. Demgemäß werden sie nach den griechischen Worten für »Erster« (»prṓtos«), »Zweiter« (»deúteros«) und »Dritter« (»trítos«) Protojesaja (oder nur: Jesaja), Deuterojesaja und Tritojesaja genannt. Die drei Propheten lebten, wie aus ihren Texten hervorgeht, zu ganz verschiedenen Zeiten. Der älteste Jesaja wirkte in Jerusalem (ab 736) unter den Königen Usija, Jotam, Ahas und Hiskia und predigte vor allem das kommende Gericht Gottes. Deuterojesaja (Kapitel 40–55) lebte während der Babylonischen Gefangenschaft (587–539) wohl in Babylon und sagte die Rückkehr der Deportierten nach Jerusalem an (Jes 40,1: »Tröstet, tröstet mein Volk!«). Die Texte von Tritojesaja haben die Exilserfahrung hinter sich und bedenken Probleme des Wiederaufbaus. Sie sind möglicherweise das Werk einer Gruppe von Redaktoren.

Im Buch des Deuterojesaja heben sich eine Reihe von Texten von den anderen ab. Sie sprechen über einen »Knecht Gottes«, und sie haben gebundene Form. Darum werden sie Gottes-Knecht-Lieder genannt: 42,1–4; 49,1–6; 50,4–9; 52,13–53,12.

Das vierte Gottes-Knecht-Lied, unser Text, hat eine besonders kunstvolle Form. Am Anfang und am Ende steht je ein Spruch Jahwes (Verse 52,13–15 und 53,11b–12), in dem Jahwe im Ich-Stil über seinen Knecht spricht. Dazwischen reden im Wir-Stil Menschen, die sich allerdings nicht richtig zu erkennen geben. (Darum werden sie hier nur allgemein als »Zeitzeugen« tituliert.) Zur besseren Verständlichkeit sind im Text ⑧ in eckigen Klammern Hinweise auf die Sprecher eingefügt, die natürlich nicht im Urtext stehen.

Wer der **Gottesknecht** sei, ist umstritten. Einerseits legt Jesaja 49,3 *(»Du bist mein Knecht, Israel«)* nahe, das Volk Israel für den Knecht zu halten. Andererseits steht zwei Verse später: *»Und nun spricht der HERR, der mich von Mutterleib an zu seinem Knecht bereitet hat …«* Also ist der Knecht ein einzelner Mensch und nach dieser Stelle nicht irgendein anderer Prophet, sondern Deuterojesaja selbst. Wir werden die Frage noch einmal aufzunehmen haben, wenn wir das Gottes-Knecht-Lied im ganzen bedacht haben. Wenden wir uns zuerst dem Mittelteil zu:

Das **Bild des Boten Gottes** ist ganz negativ gezeichnet. Die Verwunderung ist allgemein. Wer kann solch einem Schwächling glauben, daß er in Gottes Namen spricht?

Der **Arm des Herrn** ist ein Bild für die Kraft Jahwes (vgl. zu »Jahwe« die Erklärung zu Text ①). Da das ganze Lied geformt ist nach der im Hebräischen üblichen Verdoppelung der Sätze (parallelismus membrorum), muß also auch diese Wendung von der Kraft Jahwes ein Erstaunen ausdrücken: Wer kann in diesem kraftlosen Menschen einen Boten Jahwes erkennen?

In immer neuen Wendungen wird dessen **Schwäche** beschrieben: Krankheit, Schmerzen, Verachtung, Häßlichkeit. Er gleicht nicht einem starken Baum, sondern einem dünnen Trieb, der nicht ausreichend verwurzelt ist.

Nun haben die »**Wir**«, die hier zu Wort kommen – vielleicht die späteren Anhänger des Propheten – aber etwas Neues gemerkt.

Der Gottesknecht leidet offenbar **stellvertretend** für sie. Und das hängt mit seinem Auftrag zusammen. Nach Jesaja 50,4–7 ist der Prophet mißhandelt worden, weil er in Gottes Namen geredet hat, nach Jesaja 53,8–9 wurde er deswegen sogar getötet und verscharrt. Was für einen Auftrag hat er denn befolgt? Was ist daran so gefährlich?

Seine **Botschaft** ist die Treue Gottes, die er allerdings in einer ungewohnten Weise anzusagen hat. Das Exil ist die Strafe Gottes für die Sünde des Volkes. Aber Gott hält diesem die Treue und wird es nach Jerusalem zurückführen. Das ist eine harte Lektion für Israel. Dort hatte sich nämlich ein »Dogma« herausgebildet mit dem Inhalt: vom Wohlverhalten zum Wohlbefinden.

Das bedeutet: Wem es schlecht geht, der wird für eine Sünde von Gott bestraft, von dem hat Gott sich abgekehrt. Wer so denkt, der muß das Elend Israels in Babylon für das Ende des Bundes mit Gott halten, für den ist aber auch der kranke Prophet ein Bestrafter (»Wir achteten ihn für einen von Gott Geschlagenen«), der demgemäß kein Wort Gottes vermitteln kann. Daß sich gerade auch im Leiden Treue bewähren könne, ist schwer zu akzeptieren.

Aber der Gottesknecht hat seinen Herrn verstanden, und darum rebelliert er nicht, nicht gegen Gott und nicht gegen die Menschen, die ihn angreifen, die er aber doch gewinnen will. Er ist ein Beispiel für gewaltlosen Widerstand.[49]

Darum ist es wichtig, das **Doppelbild von den Schafen** in Vers 7 richtig zu verstehen. Wieder haben wir hier eine Satzverdoppelung vor uns. Sowohl das Schaf vor dem Schlachter wie das Mutterschaf vor dem Scherer ist still. So auch der Prophet. Der Vergleichspunkt ist das Sich-Fügen. Übrigens hat Luther hier falsch übersetzt. Auch in dem ersten Teil des Doppelsatzes wird von einem Schaf (hebräisch: »säh«) gesprochen und nicht von einem Lamm (hebräisch: »thāláh«). Andere übersetzen im zweiten Teil des Vergleichs Mutterschaf (hebräisch: »rāchḗl«) mit »Lamm«[50] und beweisen damit, daß hier unbedingt so oder so eine Passa-Lamm-Theologie in den Propheten hineingelesen werden soll. (Vgl. dazu Text ⑬) Das ganze Gottes-Knecht-Lied enthält aber überhaupt keine kultischen Opfergedanken. Der Tod des Gottesknechts ist ein Treuetod. Der Bote stirbt für seine Botschaft.

Aber eben damit erleidet er etwas, was eigentlich denen hätte gelten müssen, die sich gegen den Willen Gottes gesperrt hatten. So »trug er unsere Schmerzen«. Aber das haben die »Wir« nun gelernt.

Offenbar will Jahwe diese Art der **Tilgung einer Schuld**.[51] Das hebräische Wort »aschā́m« (Vers 10) meint die Folge einer Verfehlung, die Haftung für ein Unheil, die einer übernehmen muß, nicht ein »Schuldopfer« (Luther). Es ist eine existentielle Verpflichtung. Verständlich, daß Menschen, deren Sozialisation vom Opferkult bestimmt war, ihre kultischen Begriffe auf dieses Sterben des Gottesknechts anwenden wollen (Verkultung), aber eine Verabsolutierung dieses Denkansatzes macht Menschen ohne eine solche Prägung das Verständnis fast unmöglich.

Zudem ist es sehr problematisch, das Sterben des Propheten als einen **Sühnetod** zu deuten. Die deutsche Vokabel »Sühne« ist sehr nebulös. Nach dem Duden-Herkunftswörterbuch[52] ist seine ursprüngliche Bedeutung »Versöhnung / Schlichtung / Friede«. Heute aber bedeute es vor allem »Wiedergutmachung / Bußleistung / Strafe«. Was also ursprünglich ein Begriff war zur Kennzeichnung einer personalen Beziehung zwischen Mensch und Mensch oder zwischen Gott und Mensch[53], das wurde zur Kennzeichnung einer Sachbeziehung (Wiedergutmachen kann man nur Sachschäden, und auch die nicht immer.) oder zum Ausdruck dessen, daß der Mensch (oder sogar auch Gott?) unter einer absoluten Norm stünde, um deretwillen gesühnt werden müßte. Dieses Denken paßt nicht zu unserem Text. Hier wird nicht eine Norm erfüllt. Hier ist die Rede von einem freien Entschluß Gottes, der seinen Knecht zerbrechen läßt, damit Israel gerettet wird, was der Knecht bejaht. Dadurch erkennen die »Wir« ihre Schuld.

Fragen wir also, was durch den Tod des Gottesknechts verändert wird, so heißt die Antwort nicht, daß Gott nun besänftigt sei oder daß ein bestimmtes Maß der Wiedergutmachung nun erfüllt sei, sondern daß die »Wir« durch Gott versöhnt sind. Was bedeutet das für den Knecht Gottes? Er wird **geheilt,** Licht wird er sehen und Erkenntnis haben (Luther: »leben«, »gelingen«, »Fülle«). Nach dem Glauben der »Wir« muß aus der Treue des Knechtes und aus der Treue Gottes zu ihm viel Gutes folgen.

Diese erstaunlichen Aussagen lassen sich eigentlich nur machen, wenn man eine Auferweckung des getöteten Propheten denken mag. Aber dieser Gedanke wird hier nicht formuliert. Doch wird dieser Ansatz im Neuen Testament starke Folgen haben.

Und nun zu dem Rahmen des Liedes, zu den Aussagen Jahwes: Was wird gelingen? (V. 52,13) Nimmt man auch die anderen Gottes-Knecht-Lieder dazu, so muß man den **Weg des Knechtes** aus der Erniedrigung zur Erhöhung einzeichnen in die Erwartung einer Wende im Schicksal Israels, die aller Welt bekannt wird. Da der Knecht nicht nur sozusagen privat ein Mann der Schmerzen ist wie z. B. Hiob, sondern weil er sein Schicksal aus »dienstlichen« Gründen trägt, ist die Wende ein Heil für alle.

Das **Besprengen** in Luthers Übersetzung ist wörtlich richtig, aber ohne Sinn. Gemeint ist: Er wird viele Völker in Staunen versetzen (bzw. erregen). Es geht um eine weltweite Wirkung. Derselbe Gedanke steht auch im zweiten Rahmenstück.

Die **Vielen** (V. 53,11) sind sicher zunächst die Menschen in Israel, aber was der Knecht bewirkt, gilt auch den Menschen in den anderen Völkern.

Dann ist die »**Beute**«, also der Lohn des Gottesknechts, das Gelingen, das Aufgenommen-Werden seiner Botschaft, er hatte sein Leben für die Vielen, für alle, eingesetzt, er hatte für sie gebeten. Das soll nun in Erfüllung gehen.

Jahwe hatte nach Jesaja 49,3 an Israel den **Auftrag** gegeben, ihn vor den Völkern zu verherrlichen. Die heilsamen Offenbarungen seines Willens sollten allen Menschen zugute kommen. Aber Israel hatte versagt. Jahwe hatte es als »Licht der Völker« (Jes 49,6) gedacht, daß es sei sein »Heil bis an die Enden der Erde«. Der Gottesknecht von Deuterojesaja nimmt diese Aussage auf. Doch seine Friedenspredigt wird nicht akzeptiert, weder von Israel noch von dessen Feinden. Weil er aber in der Konsequenz seiner Verkündigung klaglos stirbt, will Jahwe es ihm gelingen lassen. Mindestens in seinem Volk soll er die Fülle haben.

Der **Begriff des Gottesknechts** ist also schillernd. Je nach dem Zusammenhang kann das Volk Israel gemeint sein oder der Prophet. Exegetisch ist das nicht generell zu entscheiden. Soll das so sein?

Vielleicht ist ja die spätere starke Wirkung dieses Gottes-Knecht-Liedes gerade darin begründet, daß hier im Alten Testament bestimmte Gedanken nur angedacht werden.

Unsere Sünde der Grund des Todes Jesu

⑨ *1. Korintherbrief 15,3–5*

3 Dies nämlich ist die Erstüberlieferung, die ich euch so weitergegeben habe, wie ich sie selbst empfangen habe:

- Christus ist für unsere Sünden gestorben,
  nach den Schriften;
  4 und ist begraben worden.
- Und er ist auferweckt worden am dritten Tage,
  nach den Schriften,
  und ist Kephas erschienen und dann den Zwölfen.

(Übersetzung von Ulrich Wilckens)[54]

Nach Apostelgeschichte 18,1–17 hat Paulus die Gemeinde in Korinth gegründet (wohl gegen Ende des Jahres 50). Aus den Stellen 1. Korinther 5,9 und 2. Korinther 2,4 ist zu schließen, daß Paulus mit den Korinthern eine lebhafte Korrespondenz hatte, nicht immer nur aus guten Gründen. Es gab viel Streit in dieser Gemeinde und viele Unklarheiten in der Lebensführung und in der Theologie.

Den 1. Korintherbrief hat Paulus wohl im Jahr 55 in Ephesus geschrieben.

Mit Kapitel 15 beginnt Paulus ein neues Thema, auf das wir in unserem nächsten Kapitel ausführlich eingehen. Zu seiner eigenen Legitimation, über das Thema »Auferstehung« reden zu können, zitiert Paulus zunächst, was er selber gelernt hat, um daran seine eigenen Erfahrungen anzuschließen.

Auch im Deutschen ist die gebundene Form des Textes zu erkennen. Da der 1. Korintherbrief schon eines der ältesten Stücke im Neuen Testament ist, da Paulus darin etwas zitiert, was er selber (in Damaskus?) gelernt hat, und da sich dieses Lehrstück bei seinen »Lehrern« erst ausgebildet haben mußte, dürfte dieses kleine vorpaulinische Glaubensbekenntnis in seiner Entstehung sehr nah an die erlebten Ereignisse heranreichen. Das hohe Alter wird auch durch einen unpaulinischen Sprachgebrauch belegt.[55]

Von den zwei Hauptaussagen dieses Bekenntnisses ist für unser Thema jetzt nur der erste Teil wichtig. Über den Tod Jesu werden drei Aussagen gemacht.

Der Grund des Todes sind **unsere Sünden**. Und: Der Tod Jesu entspricht den **Schriften**. (Luthers Übersetzung im Singular ist ungenau.) Und: Die Bestätigung für den Tod ist das **Begräbnis**.

(Dazu die Aussagen zur Auferweckung[56]: Sie geschieht auch nach den Schriften. Und: Die Bestätigung ist das Erscheinen vor Kephas und den Zwölfen. Vgl. dazu unser nächstes Kapitel.)

Während der »Beweis« aus den Schriften für den zweiten Satz aus mehreren Stellen des Alten Testaments geführt werden kann (Hosea 6,2; Jona 2,1; 2. Könige 20,5), ist für die Deutung des Sterbens nur Jesaja 53 heranzuziehen. Von den 13 griechischen Wörtern dieses Satzteils haben außer den Bindewörtern und der Wendung »nach den Schriften« alle anderen ihre Entsprechung in dem Gottes-Knecht-Lied. Dabei ist der Hoheitstitel »Christus« natürlich als Gegenstück für »Knecht Gottes« zu werten.

Der älteste neutestamentliche Text, der das Sterben Jesu deutet,
- beruft sich also auf Jesaja 53,
- begründet das Sterben mit der Überwindung unserer Sünden[57],
- ist motiviert durch die Erfahrung der Auferstehung.

Zwischenfrage

Wie ist es zu dieser »Anwendung« von Jesaja 53 auf das Sterben Jesu gekommen? Es ist zu referieren, daß es zwei theologische Richtungen gibt. Die einen[58] sagen, daß erst nach der Katastrophe des Kreuzes und nach dem Wunder von Ostern die junge Christenheit an die Aufarbeitung ihrer Trauer ging und dabei den Text aus Deuterojesaja entdeckte. Die anderen[59] erklären, daß Jesus selber mit hoher Wahrscheinlichkeit sein Geschick nach Jesaja 53 verstanden hat. Diese Deutung durch Jesus selber hätten die Jünger nach seinem Tod vergessen oder verdrängt und sich erst nach Ostern dessen wieder erinnert. Für diese Sicht spricht, daß Jesus offenbar seinen Tod kommen sieht.

Er hat durch seine Heilungen am Sabbat die Todesstrafe wegen Sabbat-Schändung provoziert. Er ist verwarnt worden, hat sich aber als »unbelehrbar« erwiesen. (Vgl. Mk 2,23–28: *»Der Sabbat ist um des Menschen willen gemacht und nicht der Mensch um des Sabbats willen.«*) Mit der sog. Tempelreinigung hat er den Streit zugespitzt (Mk 11,15–18). Außerdem hat Jesus sein Leiden und Sterben seinen Jüngern angekündigt. Die aber lehnen eine solche Entwicklung ab, und Petrus muß sich deshalb den Vorwurf anhören: *»Geh weg von mir, Satan!«* (Mt 16,23) Eine solch harte Kritik kann kaum nachträglich in der Gemeinde erfunden worden sein.

Im übrigen ist nicht alles, was Jesus erwartete, auch eingetroffen. Nach Matthäus 23,37 rechnet er mit seiner Steinigung und nach Markus 10,39 damit, daß auch seine Jünger mit ihm umgebracht werden. Darin hat er geirrt. Auch so etwas kann sich die spätere Gemeinde kaum ausgedacht haben. Außerdem ist die Einsetzung des Herrenmahls nur von seiner Erwartung des Todes her zu verstehen.

Die Treue des Herrn bis in den Tod

⑩ *1. Korintherbrief 11,23–26*

23 Denn ich habe von dem Herrn empfangen, was ich euch
weitergegeben habe:
- Der Herr Jesus, in der Nacht, da er verraten ward,
- nahm er das Brot, 24 dankte und brach's und sprach:
Das ist mein Leib, der für euch gegeben wird;
das tut zu meinem Gedächtnis.
- 25 Desgleichen nahm er auch den Kelch nach dem Mahl
und sprach:
Dieser Kelch ist der neue Bund in meinem Blut;
das tut, sooft ihr daraus trinkt, zu meinem Gedächtnis.
26 Denn sooft ihr von diesem Brot esst und aus dem Kelch
trinkt, verkündigt ihr den Tod des Herrn, bis er kommt.

Auch mit diesem Text gibt Paulus ein Stück gelernter Tradition weiter, wie er mit dem ersten Satz von Vers 23 mitteilt. Vers 26 ist dann eine Art Kommentar des Apostels zu seinem Zitat. Da die Überlieferung der Synoptiker (Mk 14,22–24; Mt 26,26–28; Lk 22,19–20) eine hohe Übereinstimmung mit Paulus zeigt, ist auch bei ihnen anzunehmen, daß es sich um Formulierungen handelt, die sie der Tradition entnommen haben.

Jesus feiert mit seinen Jüngern am Abend vor seinem Tod das **Passafest.** So steht es bei Paulus und bei den Synoptikern. Nach dem Johannesevangelium müßte anders datiert werden. Nach Johannes 18,28 wollen die Ankläger Jesu nicht das römische Gericht betreten, um sich nicht kultisch zu verunreinigen, weil sie abends das Passa feiern wollen. Also geschieht alles für diesen Evangelisten 24 Stunden früher. Und es gilt für ihn: »Während im Tempel die Passalämmer zu

Hunderten und Tausenden geschlachtet wurden, starb vor den Toren der Stadt unerkannt das wahre Passalamm.«[60] Danach hätte also Jesus sein letztes Mahl mit seinen Jüngern einen Tag vor dem Passa gefeiert. Das wäre so, als wenn bei uns jemand zum Abend vor Heiligabend zu einem festlichen Essen einladen würde: extrem ungewöhnlich. Der Widerspruch des Johannesevangeliums erklärt sich aus dem theologischen Interesse, Jesus als Passalamm zu verstehen (vgl. Joh 1,29, Text ⑬: »*Siehe, das ist Gottes Lamm.*«).

Alle historische Wahrscheinlichkeit spricht gegen die johanneische Datierung.[61]

Für den Ablauf des Passamahls gab es ein festes Ritual. Die Passalämmer werden vor dem Fest für alle jüdischen Familien im Tempel geschlachtet und zubereitet. Das Essen (in einer Wohnung in Jerusalem) fängt an mit einer Vorspeise, es folgt ein liturgischer Teil. Das Hauptmahl beginnt mit einem Gebet des Hausvaters über dem ungesäuerten Brot. Dann wird der Lammbraten gegessen mit dem Brot und mit Bitterkräutern. Und es wird Wein getrunken. (Bei einfachem Essen trinkt man Wasser.) Es folgt ein Gebet über einem Becher Wein zum Abschluß der Hauptmahlzeit. Mit weiteren Gebeten klingt die Feier aus.

Die sog. **Einsetzungsworte**, die in der christlichen Überlieferung dicht beieinander stehen, werden bei dem Passamahl deutlich von einander getrennt gesprochen sein. Das »Brotwort« wird Jesus beim Gebet über dem ungesäuerten Brot gesprochen haben und das »Weinwort« beim Gebet über dem Becher am Ende der Hauptmahlzeit.

Wie kam es zu diesen »Deuteworten«? Das Passafest ist eine Erinnerung an die Befreiung Israels aus der ägyptischen Gefangenschaft. In 2. Mose 12 wird Anlaß und Art der Feier behandelt. In Vers 26 f. steht: »*Und wenn eure Kinder zu euch sagen werden: Was habt ihr da für einen Brauch?, sollt ihr sagen: Es ist das Passaopfer des HERRN.*« Und so ist es zum Ritual geworden, daß alle sonderbaren Einzelheiten dieses Festes immer wieder erklärt werden im Hinblick auf die Hilfe Gottes in der Vergangenheit des Volkes. Jesu Worte sind nun eine neue Art der Deutung. Er benutzt die gegebene Tradition des Passamahls, nicht um von alten Zeiten, sondern von der nahen Zukunft zu reden, nicht von der Rettung am Schilfmeer, sondern von der Rettung am Kreuz.

Jesus spricht dazu ein **Doppelgleichnis**, wie er das auch sonst tat. Der Vergleichspunkt ist beim Brot das Gebrochen-Werden des Leibes und beim Wein das Vergossen-Werden des Blutes.[62] Es spricht sehr viel dafür, daß Jesus mit der neuen Sinngebung der Mahlzeit deutlich machte, daß er sich als der Knecht Gottes nach Jesaja 53 verstehe. Es gibt eine ganze Reihe von sprachlichen Anklängen an das Lied vom Gottesknecht. Was Luther mit »verraten ward« übersetzt, heißt wörtlich »dahingegeben wurde«. Diese Passiv-Form ist in der Sprache der Bibel zumeist eine Aussage über Gott, dessen Namen man nicht mißbrauchen will. Also: »in der Nacht, da Gott ihn dahingab« (vgl. Jes 53,4 und 10). »Für euch« (bei Markus steht »für viele«) entspricht den »Vielen« (Jes 53,12).[63]

Indem Jesus seinen »Gästen« Brot und Wein jeweils mit einer neuen Deutung gibt, wird aus dem Sprechen eines Gleichnisses eine **Gleichnishandlung.**[64] Er geht in den Tod, und er widmet ihnen sein Sterben. Und wenn sein Tod nach Gottes Willen in der Treue zu seiner Botschaft seinen Sinn hat, dann übermittelt eben dieses Essen und Trinken seinen Jüngern die Versöhnung mit Gott. So verstehen jedenfalls die Christen später das letzte Mahl mit ihrem Herrn als die Stiftung einer neuen gottesdienstlichen Mahlzeit, des von ihnen so genannten »Herrenmahles«. Die Verkündigung des Todes des Herrn ist für Paulus die Quintessenz beim Herrenmahl, nicht weil er besondere Lust hätte an Schrecklichem, sondern weil uns dieser Tod beweist, wie ernst Gott seine Versöhnung meint. Daraus entwickelt Paulus dann seine »Theologie des Kreuzes«.

Jesus als Ort der Versöhnung

⑪ *Römerbrief 3,24–26*

24 ... Erlösung in Christus Jesus. 25 Den hat Gott bekannt
gemacht als Basis der Versöhnung, die durch Glauben (angenommen wird) in seinem Sterben, um seine Gerechtigkeit zu
zeigen, die durch Vergebung der Sünden (geschenkt wird), die
früher vollbracht wurden, 26 als Gott noch Geduld hatte, um
seine Gerechtigkeit jetzt zu zeigen, damit er selber gerecht ist
und den gerecht spricht, der aus dem Glauben (lebt).

(Übersetzung von Gerhard Isermann)

Zum Römerbrief allgemein s. zu Text ③

Der Apostel schreibt in seinem Grundsatzbrief von der neuen Gerechtigkeit, die vor Gott gilt. In bisher unbekannter Radikalität erklärt er, daß alle Menschen Sünder sind, daß aber auch allen aus Gnade die Sünde vergeben werden kann.

Einige Ausleger vermuten, daß auch in den Versen unseres Textes von Paulus ein älteres Traditionsstück zitiert wird, das er mit Stichworten seiner Rechtfertigungslehre ergänzt hätte. Das ist aber hier nicht so gut zu erkennen wie bei den obigen Beispielen. Jedenfalls ist der Urtext so stark von Substantiven mit Präpositionen überbesetzt (– es gibt nur ein konjugiertes Verbum –), daß die Übersetzung, um verständlich zu sein, Verben (in Klammern) ergänzen muß.

Die **Erlösung**[65] ist in diesem Text kultisch verstanden. Was in der revidierten Lutherbibel mit »Sühne« übersetzt ist, heißt griechisch »hilastḗrion« und hebräisch »kappṓräth« und meint einen Gegenstand aus dem sog. »Zelt der Begegnung« (Luther: Stiftshütte), das in der Nomadenzeit ein mobiles Gotteshaus war. Später befand sich dieser Gegenstand im Allerheiligsten des Tempels in Jerusalem.

Er gehörte zur sog. **Bundeslade**, einer »Schatztruhe«, in der Israel seinen größten Wert, die Zehn Gebote Gottes, verwahrte.

Sie war mit einer reich verzierten **Plattform** abgedeckt, die als Basis für die Gegenwart Jahwes gedacht war. Die ursprüngliche Übersetzung Luthers (Gnadenthron) fixiert unsere Vorstellung viel zu sehr auf ein – wenn auch majestätisches – Sitzmöbel. Die Beschreibung in 2. Mose 25,10–22 läßt offen, wie die göttliche Gegenwart gedacht ist: schwebend über der »kappṓräth« und zwischen den Cherubim (Figuren von Wächterengeln) an der Bundeslade (vgl. auch 3. Mose 16,2)?[66] Dort wollte Jahwe mit Moses im Zelt der Begegnung bzw. mit dem Hohenpriester im Allerheiligsten des Tempels sprechen.

Für diese Begegnungen hatten sich im Lauf der Jahrhunderte immer kompliziertere Rituale entwickelt. Schließlich durfte nur einmal im Jahr am »Versöhnungstag« (»jom kippúr«) nur der Hohepriester in das Allerheiligste gehen nach ausführlicher kultischer Reinigung. Ihm waren verschiedene Handlungen an der Bundeslade mit dem Blut von Opfertieren vorgeschrieben.

Was will nun Paulus mit seinem Hinweis auf die Plattform auf der Bundeslade mitteilen? Da »hilastḗrion« auch abgeschwächt »Sühnemittel« bedeuten kann, wollen einige Ausleger wie auch die Revision der Übersetzung Luthers den direkten Bezug auf den israelitischen Kult vermeiden. Aber sie verderben die konkrete Pointe. Daß hier etwas »hingestellt« und damit »bekannt gemacht« ist (wie eine Festplatte oder ein Postament) und daß hier mit Blut hantiert wird, steht im Text und zeigt, daß Paulus zur Deutung des Sterbens Jesu kultisches Bildmaterial verwenden will.[67] Es geht nicht um Sühne abstrakt, was immer das auch wäre.

Aber was sagt der Apostel denn nun Neues? Wenn jetzt Christus von Gott an den Platz gestellt ist, der durch das »hilastḗrion«, durch die Deckplatte der Bundeslade, für Gott frei gehalten wurde, dann ist Christus jetzt die Basis der Versöhnung. Dann ist aber für Paulus auch eine Entgrenzung geschehen. Versöhnung geschieht nun nicht mehr nur am Versöhnungstag. »Jom kippúr« ist immer. Es bedarf keiner Manipulationen mehr mit dem Blut. Auf Golgatha ist genug Blut geflossen. Nur durch den Glauben an Jesus wird die Versöhnung verstanden und angenommen. Blut ist für Paulus ein bildhafter Ausdruck für das Sterben Jesu, durch das er seine Treue besiegelt.

Da mag noch soviel an Theorien zur Sühnewirkung im Alten Testament und im zeitgenössischen Judentum nachgewiesen werden[68], alles, was davon außerhalb der Wirksamkeit Gottes und außerhalb der Treue seines Knechtes zu denken wäre, ist für Paulus belanglos, ja gefährdet sogar die Erkenntnis des Glaubens: Jesus ist der »Ort« der Nähe Gottes, die Basis der Versöhnung, der Begegnung mit dem, der uns unbedingt angeht.

Ein Opfer ein für allemal

⑫ *Hebräerbrief 9,11–15*

11 Christus aber, der als Hoherpriester der zukünftigen Güter
kam, ging durch das größere und vollkommenere Zelt, das nicht
mit Händen gemacht, das heißt nicht von dieser Schöpfung ist,
12 auch nicht durch das Blut von Böcken und Rindern, sondern
durch das eigene Blut einmal in das Heiligtum hinein und hat
eine ewige Erlösung erlangt. 13 Denn wenn das Blut der Böcke
und Stiere und die Asche der Kuh, mit der man die unrein Gewordenen besprengt, zur Reinheit des Fleisches heiligt, 14 wieviel mehr wird das Blut des Christus, der durch ewigen Geist sich
selbst ohne Makel Gott darbrachte, unser Gewissen von toten
Werken reinigen, damit wir dem lebendigen Gott dienen. 15 Und
deshalb ist er der Mittler eines neuen Bundes, damit ein Tod zur
Erlösung von den Übertretungen, die beim ersten Bund geschehen waren, stattfinde und dadurch die Berufenen die Verheißung
des ewigen Erbes empfangen.

(Übersetzung von Adolf Schlatter)[69]

Der Hebräerbrief ist in die Sammlung neutestamentlicher Schriften geraten, weil er zunächst als ein weiterer Paulusbrief galt. Das ist er aber nicht, und das behauptet er auch nicht. Er hat eine ganz andere Theologie und einen ganz anderen Sprachstil als die paulinischen Schriften. Der Verfasser ist unbekannt. Nach 13,23 ist er aber vertraut mit dem Paulusschüler Timotheus. Die starke Prägung der Gedankenwelt dieses Briefes durch das Alte Testament läßt vermuten, daß sich der Brief an Judenchristen richtet. Da er aber in sehr gutem Griechisch geschrieben ist, müssen diese Judenchristen als Gemeinde oder als Gruppe außerhalb Palästinas zu Hause sein. Wo diese leben, kann nur geraten werden. Wegen 13,24 wird an Rom gedacht. Da der Brief vor 100 in Rom bekannt war, könnte er um 90 geschrieben sein. Genaueres läßt sich nicht ausmachen.

Martin LUTHER hat den Hebräerbrief wie den Jakobusbrief nicht gemocht. Darum hat er beide in seiner Bibelübersetzung an das Ende der Briefe gestellt (anders im griechischen Urtext, in der Einheitsübersetzung, in der »Guten Nachricht« und bei BRUNS).

Der **Hohepriester** hat nach alttestamentlicher Vorschrift (3. Mose 16) zum Versöhnungstag bestimmte kultische Pflichten zu erfüllen, nur einmal im Jahr und nur er. Der Hebräerbrief nimmt diese Kultfunktion zur Deutung des Sterbens Jesu auf. Er stellt sich und seiner Gemeinde vor, im Himmel gebe es ein Heiligtum, in dem in Analogie zu dem »Zelt der Begegnung« (vgl. zu Text ⑪) aus der Wanderzeit Israels bzw. zum salomonischen Tempel Gottesdienst gehalten werde. Dort fungiere Christus als der Hohepriester. Dabei sind allerdings wichtige Unterschiede zu beachten.

Während der Hohepriester Israels am Versöhnungstag mit Hilfe des **Blutes der Opfertiere** das Volk mit Gott versöhnt und dies immer wieder tun muß, hat Christus durch sein eigenes Blut (nicht durch die Materie »Blut«, sondern durch sein Sterben) ein für allemal eine ewige Erlösung (griechisch: »lýtrōsis«) erworben.

Das läßt sich verstehen als Hinweis auf die Treue Jesu, der für seine Botschaft in den Tod gegangen ist. Angesichts späterer nachbiblischer Texte, die mit dem Blut Jesu als Substanz magische Vorstellungen verbinden (vgl. die Sage vom heiligen Gral als sehr spätes Produkt dieses Aberglaubens), muß aber auch eingeräumt werden, daß man den Hebräerbrief auch so (miß)verstehen kann. Die Wendung »durch ewigen Geist« und der Hinweis auf die »Reinigung des Gewissens« verbieten allerdings eine solche Deutung.

Die Asche von der roten Kuh ist nach 4. Mose 19,1–10 ein Mittel, kultische Reinheit zu gewinnen. Es berührt sympathisch, daß der Hebräerbrief, der ja soviel vom Kultus hält, sich doch über diese rituelle Sonderbarkeit zu mokieren scheint.

Das **verheißene ewige Erbe** wird nicht konkret beschrieben. Gemeint ist die Gemeinschaft mit Gott, die auch als ein neuer Bund bezeichnet werden kann. Das Neue an diesem neuen Verhältnis ist auch, daß die Voraussetzung allen Opferdenkens und Opferhandelns nicht mehr gegeben ist, nämlich die Vorstellung, daß der Mensch Gott besänftigen müsse (und könne), z. B. dadurch, daß er sich von irgend etwas besonders Wertvollem trennt. Daß unsere religiöse Sozialisation frei ist von solchen Angstvorstellungen, ist auch eine Wirkung der Predigt Jesu, der die Nähe Gottes ansagte – ohne irgendeine Normerfüllung durch die Menschen.

Ein unschuldiges Opfer

⑬ *Johannesevangelium 1,29–31*

29 Am nächsten Tag sieht Johannes, dass Jesus zu ihm kommt,
und spricht: Siehe, das ist Gottes Lamm, das der Welt Sünde
trägt. 30 Dieser ist's, von dem ich gesagt habe: Nach mir kommt
ein Mann, der vor mir gewesen ist, denn er war eher als ich. 31
Und ich kannte ihn nicht. Aber damit er Israel offenbart werde,
darum bin ich gekommen, zu taufen mit Wasser.

Zum Johannesevangelium allgemein s. zu Text ⑦.

Wenn man diesen Abschnitt mit den synoptischen Taufgeschichten vergleicht (s. Text ④), könnte man ihn als Kommentar verstehen. Jedenfalls setzt das Johannesevangelium die Synoptiker voraus.

Das **Szenario** wird nicht erklärt. Jesus kommt offenbar nur vorbei, um von Johannes gedeutet zu werden. Und auch die Existenz des Täufers bleibt unkonkret. Er ist offenbar nur zum Deuten da. Daß der historische Johannes eine eigenständige Persönlichkeit war, daß es Probleme gab zwischen seinen und Jesu Anhängern, daß Johannes eine starke politische Wirkung hatte, das alles interessiert den vierten Evangelisten nicht. Seine Geschichten sind nicht vom Geruch und Geschmack des Landes belebt oder belastet. Der Autor kommt (wie seine Leserschaft) wohl nicht vom Land am Jordan.

So ist auch die Aussage, Jesus sei das **Lamm Gottes**, seltsam fremd. Warum hätten die Synoptiker so etwas vergessen sollen, wenn der Täufer das tatsächlich gesagt hätte? Zu Text ⑩ war schon auf den Widerspruch in der Datierung von Jesu letzter Mahlzeit zwischen dem Johannesevangelium und den Synoptikern hingewiesen worden. Es geht diesem Evangelisten weniger um die historische Richtigkeit als um die richtige Theorie zur Historie. Er will Jesu Tod als ein kultisches Opfer verstehen.

Was ist dem Autor dieses Evangeliums so wichtig an dem Titel »Lamm Gottes«? Ein Hinweis könnte die Beobachtung sein, daß nach der Bezeichnung als »Gottes Lamm, das der Welt Sünde trägt« ein Vers folgt, der fast wörtlich mit Vers 15 übereinstimmt: »... der vor mir gewesen ist; denn er war eher als ich«. Beim ersten Mal folgt diese Aussage dem berühmten »Das Wort ward Fleisch« (vgl. dazu Text ⑦). Wenn unsere dortige Auslegung richtig war, wenn es dem Johannesevangelium dort also um die Abwehr gnostischen Denkens geht, wenn die Tatsächlichkeit der irdischen Existenz des Sohnes Gottes festgehalten werden soll, dann muß dieser Gedanke auch unseren Zusammenhang bestimmen: Der Gottessohn ist vergängliches Leben geworden, obwohl er eher war als ich, sagt der Täufer in Vers 15. Und: Er wird wie ein Passa-Lamm sterben, obwohl er eher war als ich, sagt der Täufer in Vers 30.

Daß dies eine Absage an gnostisches Denken ist, geht aus einer Stelle im gnostischen Philippusevangelium hervor:

Ⓐ »Jesus hat alle (Gestalten) heimlich angenommen. Denn er zeigte sich nicht so, wie er war; sondern er zeigte sich so, wie (sie) ihn (würden) sehen können. D(iesen al)len (aber) zeigte er sich: Er zeigte sich den Großen als Großer. Er zei(gte sich den) Kleinen als Kleiner. Er z(eigte sich den) Engeln als Engel und den Menschen als Mensch. Deswegen verbarg sich sein Logos vor jedem, .. Verachtet nicht das Lamm! Denn ohne es gibt es keine Möglichkeit, den König zu sehen.«[70]

Das ist typisch für eine Vermischung von Christentum und Gnosis. Dieser Jesus spielt nur mit seinen verschiedenen Leiblichkeiten. Und auch die »Lammhaftigkeit« ist nur eine Tarnung, damit die Menschen den Weg zum »König« zurückfinden können.

Gegen alle doketistische Tarnungstheorie und gegen alle Scheinmenschlichkeit Jesu setzt das Johannesevangelium seinen radikalen Realismus ein und redet deshalb (für unseren Geschmack oft allzu realistisch) vom Blut und Fleisch (vgl. Joh 6,50–56), weil ihm die Versöhnung mit Gott nicht zu einem mysteriösen religiösen Theater verkommen soll. Und so ist das Lamm nicht eine Tarnkappe des Erlösers, sondern er stirbt leibhaftig als Opferlamm.

Daß später die Bezeichnung »Lamm« zu einem Hoheitstitel wird, beweist die Offenbarung des Johannes (5,6–14; oder auch 7,14, wo allerdings der Bildwert des Wortes vom Blut arg strapaziert wird).

Zusammenfassung:

Wenn Jesaja 53 so oder so eine solch prägende Wirkung für das Neue Testament hatte, wird man fragen dürfen, woher denn Deuterojesaja seine Erkenntnis und seine Hoffnung hatte. Das Alte Testament als ganzes legt die Antwort nahe: aus der Geschichte des Volkes Gottes. Das hatten sie erfahren: Gott kann auch aus verzweifelten Situationen helfen. Er kann einen Retter schicken, einen Moses, einen David, einen Elia. Und so erwartete man in neuen Notsituationen einen neuen König (Messias) oder einen neuen Propheten. Und der sollte die Hoffnung stärken, daß Gott seinem Volk treu bleibt, auch wenn es scheinbar untergeht.

Der Knecht Gottes (Deuterojesaja) stirbt für diesen Glauben. Aber seine Freunde hören einen Spruch Jahwes, der sich zu seinem Knecht bekennt.

Nach diesem Muster verstehen die ersten Christen das Sterben Jesu. Der Knecht Gottes (Jesus) stirbt am Kreuz einen Tod der Treue – gegen die Sünde, d. h. gegen die Trennung der Seinen von Gott (1.Kor 15,3). Und Gott bekennt sich zu ihm mit der Auferweckung. Die Gemeinde feiert das Herrenmahl und versteht es als Zuwendung Jesu, der ihnen seinen Tod gewidmet hat zur Beglaubigung seiner Botschaft (1. Kor 11,23–26). Künftig gibt es keinen anderen Ort der Versöhnung als diesen Christus. Eine Basis im Tempel für die Begegnung mit Gott ist nicht mehr nötig (Röm 3,24–26).

Künftig gibt es keinen Ritus der Versöhnung durch einen Hohenpriester mehr. Jesus hat genug getan (Hebr 9,11–15). Opferblut wird nicht mehr gebraucht. Künftig muß kein Lamm mehr im Tempel geschlachtet werden (Joh 1,29). Jesu Sterben hat die Treue Gottes erklärt. Da war nichts simuliert. Da muß nichts wiederholt werden.

Je mehr allerdings die Gemeinde das kultische Bildmaterial zur Deutung des Sterbens Jesu heranzog, um so größer wurde die Gefahr, daß die Voraussetzungen des alten kultischen Denkens wieder auflebten: Gott muß besänftigt werden. Oder: Der Mensch kann ohne eigene Wiedergutmachung der Liebe Gottes nicht sicher sein. Oder: Das Opfer wirkt von sich aus.

Darum ist angesichts der fortschreitenden »Verkultung« bei der Deutung des Todes Jesu festzuhalten, daß der Deckel der Bundeslade oder das Ritual des Hohenpriesters oder das Blut des Passa-Lammes eben nur Bildmaterial sind, mit dem erklärt werden soll, warum und wozu Jesus gestorben ist. Aber da gibt es noch weitere nichtkultische Bilder:

Eine Zahlung für eine Haftpflicht

⑭ *Markusevangelium 10,42–45*

[42] Da rief Jesus sie zu sich und sprach zu ihnen: Ihr wisst, die
als Herrscher gelten, halten ihre Völker nieder, und ihre Mächti-
gen tun ihnen Gewalt an. [43] Aber so ist es unter euch nicht;
sondern wer groß sein will unter euch, der soll euer Diener sein;
[44] und wer unter euch der Erste sein will, der soll aller Knecht
sein. [45] Denn auch der Menschensohn ist nicht gekommen, dass
er sich dienen lasse, sondern dass er diene und sein Leben gebe
als Lösegeld für viele.

Zum Markusevangelium allgemein s. zu Text ④. Unser Abschnitt steht in einer Reihung von ursprünglich selbständigen Sprüchen. Vorangestellt ist die dritte Leidensweissagung und die Zurückweisung der Ansprüche von Jakobus und Johannes. den Söhnen des Zebedäus, im Reich Gottes Privilegien zu haben.

Auch dieser Text erinnert an Jesaja 53. Die Wörter »Könige«, »Völker«, »groß sein«, »Knecht«, »Leben geben«, »Lösegeld« und »viele«, also eigentlich alle wesentlichen Ausdrücke des Abschnitts, können als Zitate aus dem Gottes-Knecht-Lied verstanden werden.

Die **Herrscher** werden zwar einerseits in ihrer politischen Rolle wahrgenommen. Aber für die Perspektive Jesu herrschen sie nur scheinbar. Sie herrschen nur »hinunter«, wie der griechische Ausdruck (»kata«) wörtlich heißt, solange Gott sie läßt. Und durch die Ausgabe einer neuen Lebensregel für die Jünger wird die bisherige Gewaltordnung in der Tiefe abgelehnt. Die Indikativ-Fassung »ist es« in Vers 43 war späteren Abschreibern zu schwierig, und sie erleichterten sich das Verständnis und änderten in »sei es«. Aber hier gilt die Auslegungsregel, daß die schwierigere Fassung als die ältere anzusehen ist. Die Lebensregel gilt also so wie verkündigt, und ob die Jünger sie schon begriffen und akzeptiert haben, sagt nichts über ihre Gültigkeit.

Den **Menschensohn** könnte nach dem Zusammenhang ein einfaches »Ich« ersetzen. Warum aber diese umständliche Redeweise? Die Pointe vom Dienen-Wollen Jesu wird natürlich viel schärfer, wenn es sich bei diesem Ausdruck um etwas Spezielles, z. B. um einen Hoheitstitel handelt. Tatsächlich gibt es ein solches Verständnis. Der Prophet Daniel berichtet in Kapitel 7 von einem Traum. Er sieht vier bösartige Tiere, die die Menschen drangsalieren. Sie sind Symbole für verschiedene Königreiche.

Sie werden in dem Traum abgelöst von einem »Menschensohn«, mit dem ein ewiges Friedensreich beginnt. Es gibt also ein endzeitliches Verständnis dieses Begriffs.

Wie diese danielsche Figur im zeitgenössischen Judentum verstanden wurde und dann auf die junge Christenheit gewirkt hat, ist in der Forschung umstritten.[71]

Das **Lösegeld** (griechisch: »lýtron«) ist eine rechtlich geregelte Möglichkeit, eine Haftpflicht zu erledigen (vgl. 2. Mose 21,30 zu einem Schaden, den ein Haustier angerichtet hat). Man zahlt Geld. In diesem Markustext wird nun die Hingabe des Lebens als Lösegeld bezeichnet. Erklärt wird das durch den Zusatz »für viele« (Luther). Wörtlich heißt es aber nicht »für« (griechisch: »hypér«), sondern »statt« (griechisch: »antí«).[72] Daran wird erkennbar, daß hier derselbe Gedanke vorliegt wie in Jesaja 53. Die Vielen (alle) hätten ihre Haftung mit ihrem Leben bezahlen müssen, aber Jesus tritt an ihre Stelle; der die Vergebung verkündet, haftet dafür mit seinem Leben.

Eine Zahlung für einen Schuldschein

⑮ *Kolosserbrief 2,14*

14 Er hat den Schuldbrief getilgt, der mit seinen Forderungen gegen uns war, und hat ihn weggetan und an das Kreuz geheftet.

Der Kolosserbrief ist nicht von Paulus geschrieben, sondern von einem seiner Schüler, den wir nicht mit Namen kennen.[73] Das geschah etwa im Jahre 80, wahrscheinlich von Ephesus aus, in dessen Nähe Kolossä lag.[74] Nach Kapitel 2,8 waren der Anlaß und das Thema des Briefes eine neue »Philosophie«, die man als eine Mischung von jüdischem, christlichem, gnostischen und astrologischem Gedankengut anzusehen hat. Religionsvermischung (Synkretismus) war in der ausgehenden Antike sehr verbreitet und wurde von Staats wegen gefördert wegen der besseren Regierbarkeit der Menschen. Weil sich Juden und Christen dem widersetzten, wurden sie verfolgt. Der Kolosserbrief wurde geschrieben, weil offenbar die Freiheit der Christenmenschen in Gefahr war (vgl. 2,20–23).

Hier wird der Tod Jesu mit dem Bild von einem **Schuldschein** interpretiert. Das geschieht in einer Gedankenfolge, die wie eine Erläuterung eines Glaubensbekenntnisses wirkt, pointiert im Hinblick auf die Abwegigkeiten mancher Christen in Kolossä. Wie das griechische Wort »cheirógraphon« (Handschrift) schon anzeigt, wurden solche Scheine eigenhändig geschrieben, wenn man z. B. eine Ware nicht gleich bezahlen konnte.

Mit diesem Begriff aus dem Schuldrecht soll die ausweglose Belastung des Menschen ausgesprochen werden. Der Schuldschein wird fast personifiziert: »der gegen uns war«.

Interessant ist, daß seine Forderungen hier im Urtext als »dógmata« bezeichnet werden, ein Wort, das im Neuen Testament selten vorkommt, fast immer einen negativen Beigeschmack hat und nie im heutigen Sinn Glaubenssätze meint.

Das **Anheften** (wörtlich: »Annageln«) soll den Schuldbrief widerrufen. Wie das gedacht ist, bleibt offen. Wir haben die Wahl, daran zu denken, daß Jesus selber ans Kreuz genagelt war oder die Inschrift über ihm: Jesus aus Nazareth, König der Juden. Da im folgenden Vers von den Mächten die Rede ist, liegt vielleicht der zweite Gedanke näher. Der »König der Dornen«, der seinem Volk die Nähe Gottes bringt, läßt alle Schuldscheine, die die Trennung von Gott dokumentieren, unter seinem Titel abheften.

Zusammenfassung:

Indem die Gemeinde das Sterben Jesu mit Bildern aus dem Haftpflichtrecht und aus dem Schuldrecht deutet, entwickelt sie – auch von Jesaja 53 ausgehend – eine andere Interpretationslinie, die für Menschen, die vorwiegend in solchen Begriffen denken, ob nun im rabbinischen oder im römischen Rechtsdenken, vielleicht besonders überzeugend ist.

Aber auch eine »Verrechtung« hat Gefahren, wie die spätere Theologiegeschichte zeigt.[75] Auch für diese Deutungsversuche gilt, daß es sich nur um Bildmaterial handelt, mit dessen Hilfe das Sterben Jesu erklärt werden soll.

B Fragen

1.1 Welche Texte sind von Jesaja 53 geprägt?

1.2 Welche sakralen Vorgänge werden bei welchen Texten zur Deutung herangezogen?

1.3 Welche rechtlichen Vorgänge werden bei welchen Texten zur Deutung herangezogen?

1.4 Was ist mißverständlich?

1.5 Was variieren die Texte?

1.6 Worin widersprechen sich welche Texte?

2.1 Was wird durch das Sterben Jesu verändert?

2.2 Was nicht?

2.3 Was sagen die Texte über die Sünde?

2.4 Von wem geht die Versöhnung aus?

2.5 Worin stimmen alle Texte überein?

C Antwortversuche

Zu 1.1:
Texte ⑨, ⑩ und ⑭

Zu 1.2:
⑩ das Sprechen der Passa-Gebete;
⑪ das Erwarten der Anwesenheit Gottes über der Deckplatte der Bundeslade am Versöhnungstag;
⑫ das Blutsprengen durch den Hohenpriester im Allerheiligsten am Versöhnungstag;
⑬ das Schlachten des Passa-Lammes.

Zu 1.3:
⑭ das Zahlen von Lösegeld;
⑮ das Bezahlen eines Schuldscheins.

Zu 1.4:
⑩ bis ⑬ Die Bildersprache aus dem kultischen Bereich könnte das Mißverständnis auslösen, als wäre die Einstellung Gottes zum Menschen durch Opfer zu ändern.
⑭ und ⑮ Die Bildersprache aus dem Rechtsbereich könnte das Mißverständnis auslösen, als sei das Verhältnis Gottes zu den Menschen mit rechtlichen Kategorien zu fassen.

Zu 1.5:
⑩ bis ⑮ die Form der Erklärungsversuche für den Tod Jesu.

Zu 1.6:
⑩ Paulus und die Synoptiker datieren das letzte Mahl Jesu anders als das Johannesevangelium.

Zu 2.1:
⑨ bis ⑮ die Einsicht der Menschen.

Zu 2.2:
⑨ bis ⑮ die Einstellung Gottes.

Zu 2.3:
⑨ bis ⑮ Sünde ist die Trennung der Menschen von Gott, die Jesus überwindet durch die Predigt der Nähe Gottes, die er mit seinem Sterben besiegelt.

Zu 2.4:
⑧ bis ⑮ von Gott.

Zu 2.5:
⑧ bis ⑮ Sie bezeugen die Treue Gottes.
(Z. B.: ⑨ Christus ist für unsere Sünden gestorben (1. Kor 15,3) / ⑩ Mein Leib, der für euch gegeben wird (1. Kor 11,24) / ⑪ Basis der Versöhnung, die durch Glauben angenommen wird in seinem Sterben (Röm 3,25) / ⑫ Das Blut des Christus, der sich selbst Gott darbrachte (Hebr 9,14) / ⑬ Gottes Lamm, das der Welt Sünde trägt (Joh 1,29) / ⑭ Der sein Leben gibt als Lösegeld für viele (Mk 10,45) / ⑮ Er hat den Schuldbrief an das Kreuz geheftet (Kol 2,14).)

D Folgerungen

1. Die Toleranz der Sammler

Abgesehen von dem klaren Widerspruch in der Frage, ob Jesu letztes Mahl ein Passa-Mahl war, zwischen dem Johannesevangelium und Paulus mit den Synoptikern gibt es viele Varianten in der Deutung des Sterbens Jesu.[76] Doch gerade diese Fülle könnte skeptisch stimmen. Wenn etwas mit zu vielen verschiedenen Bildern erklärt werden muß, könnte man vermuten, daß keine der Erklärungen ganz überzeugend ist. Die für die neutestamentliche Sammlung Verantwortlichen aber haben den Widerspruch und auch die Varianten nebeneinander stehen lassen. Hier noch einmal ein Überblick:

Text	Jesus stirbt
1. Korinther 15	für die Sünden / nach den Schriften
1. Korinther 11	als neuer Knecht Gottes
Römer 3	wie an einem neuen Ort der Versöhnung
Hebräer 9	wie ein letztes Opfer am Versöhnungstag
Johannes 1	wie ein letztes Opferlamm am Passafest
Markus 10	als ein Lösegeld
Kolosser 2	wie ein Zahler eines Schuldscheins

Auch ohne die Erklärungsvarianten aus dem Kult und aus dem Recht ist es offenbar im Sinne des Neuen Testaments möglich, das Sterben Jesu einfach als einen Tod der Treue zu verstehen (innerbiblische Toleranz) .

2. Das Wesen der Widersprüche

Der Widerspruch in der Datierungsfrage ist ausschließend (kontradiktorisch). Eins kann nur stimmen. Wenn doch die historisch offenbar falsche Sicht des Johannesevangeliums im Neuen Testament stehenblieb, dann dürfte das seinen Grund darin haben, daß auch dieser Evangelist mit seiner falschen Datierung sich dazu bekennen will, daß Jesu Sterben das Volk retten kann. In der Tendenz der grundsätzlichen Aussage gibt es also keinen Unterschied.

Die kultischen und die rechtlichen Varianten der Deutung des Sterbens Jesu können – streng genommen – nicht alle gleichzeitig gedacht und genutzt werden.

Wenn die Versöhnung der Menschen durch Gott am Versöhnungstag geschieht (Hebräer), kann sie sich nicht am Tag des Passa ereignen (Johannes). Wenn das Kreuz der Ort der Versöhnung ist (Römer), dann kann nicht an einen himmlischen Ort gedacht werden (Hebräer). Ist der Tod Jesu ein Fall des Haftpflichtrechts (Markus), kann nicht das Schuldrecht angewendet werden (Kolosser). Da es sich aber in allen Zusammenhängen nicht um Tatsachenbehauptungen handelt, sondern um Meinungsäußerungen über die eine Tatsache des Todes Jesu, ist das Nebeneinander weniger belastend als die Gefahr, daß kultische und rechtliche Bilder ein Eigenleben entwickeln und daß falsche Akzente gesetzt werden.

3. Der Glaube und das Kreuz Christi

Muß überhaupt soviel vom Sterben Jesu geredet werden? Die Sichtung unserer Texte hat ergeben, daß es den frühen Auslegern der christlichen Gemeinden um die Treue Gottes ging. Jesus hatte vor seinem Tod vom Anfang seines Wirkens in Galiläa an den Menschen nahegebracht, Gott wie einen lieben Vater zu verstehen. Er hatte von der Vergebung gepredigt und diese Liebe auch im Umgang mit ausgegrenzten Menschen aller Art praktiziert.

Für dieses »Evangelium« hatte er gelebt. Für dieses Leben wurde er mit dem Tode bestraft. Darum gehört dieser Tod zu diesem Leben. Wir würden auch sonst, wenn jemand sein Leben gegeben hätte, um uns zu retten (eine Krankenschwester, ein Polizist, ein Forscher z. B.), uns an sein Sterben erinnern müssen und wollen. Aber das können die Christen wohl nur durchhalten, weil sie von ihrem Christus auch noch etwas anderes sagen und singen können:

4. Kapitel
Die Auferweckung Jesu

Wie Jesus lebt

Es gibt viele Einwände gegen die Behauptung, daß Jesus lebt, und das von Anfang an. Die Erscheinungen Jesu seien Wunschträume oder gar kranke Reaktionen von enttäuschten Menschen oder einfach nur ein Propaganda-Trick. Daß Tote in der Regel nicht wiederkommen, haben die Christen vor fast 2000 Jahren auch schon gewußt. Trotzdem haben sie von Jesus behauptet, er sei ihnen erschienen. Und sie meinten damit offenbar nicht eine Reanimation, eine Wiederbelebung eines Toten, sondern ein Lebendig-Sein von ganz neuer Art. Und sie zogen daraus Konsequenzen, die ihr Leben veränderten, lebenserneuernde, aber auch gefährliche.

Doch sie waren sich nicht einig in vielen Details, die ihnen aber offenbar nicht wichtig waren, denn sie ließen sie nebeneinander stehen.

Aber darin stimmen alle überein: Es brennen ihre Herzen in ihnen. Und es drängt sie in die Öffentlichkeit. Auferweckung ist nicht ein stilles Geheimnis für einige Auserwählte, sondern gilt der ganzen Welt. Und so gehen sie los. Ihre Füße sind ihre zweitwichtigsten »Missionsorgane«. Und ihr Mund das wichtigste. So sprechen sie von ihren Erfahrungen mit Gottes Treue. Wir werden sehen, daß Auferweckungserfahrung Beauftragung bedeutet.

Aus der großen Zahl von Auferweckungstexten können wir nur eine Auswahl bedenken – in der Reihenfolge ihres Alters.[77]

Von Gott aufgeweckt

⑯ *1. Thessalonicherbrief 1,9–10*

9 Denn sie selbst berichten von uns, welchen Eingang wir bei euch gefunden haben und wie ihr euch bekehrt habt zu Gott von den Abgöttern,

- zu dienen dem lebendigen und wahren Gott
10 und
- zu warten auf seinen Sohn vom Himmel,
- den er auferweckt hat von den Toten, Jesus,
- der uns von dem zukünftigen Zorn errettet.

Thessalonich ist das heutige Saloniki im Norden Griechenlands. Paulus hatte dort eine Gemeinde gegründet, wahrscheinlich im Jahre 49. Ein Jahr später schrieb er wohl den ersten Brief an die Gemeinde (vgl. dazu Apostelgeschichte 17,1–9). Er dürfte der älteste erhaltene Paulusbrief sein.

Der Anlaß für das Schreiben waren neue Nachrichten. Paulus drückt seine Dankbarkeit aus für den Glauben der Thessalonicher, aber er macht sich auch Sorgen. Ihren früheren Polytheismus haben sie wohl überwunden, aber ihr Problem ist die nahe Erwartung des Weltendes bzw. die Frage nach den Gemeindegliedern, die seit ihrer Bekehrung schon gestorben sind. Werden auch sie Anteil haben an dem Heil (vgl. 4,13–5,11)?

»Sie berichten.« Das bezieht sich auf »Gläubige aus Mazedonien und Achaja« (V. 8).

Was inhaltlich zu sagen ist, kleidet Paulus in eine **Glaubensformel**, die unpaulinische Spracheigentümlichkeiten zeigt, also noch älter sein dürfte als der Brief. Von der Absage an die Vielgötterei ist da die Rede und vom Ende der Welt, aber vor allem von Jesus, aufgeweckt und wiederkommend. Diese zweigliedrige Christuslehre ist etwas mehr ausgeführt im nächsten Text. Hier heißt es von Jesus äußerst knapp, er sei von Gott **aufgeweckt**. Das ist also die älteste Vokabel für den Glaubensartikel der Auferstehung.[78] Es wird in dieser alten Formel nichts darüber festgehalten, wann das war und wo und vor welchen Zeugen. Lediglich das Wozu ist klar:

Die Rettung vor dem zukünftigen **Zorn**. Das kann innerhalb dieses Bekenntnisses nur das Gericht am Ende der Tage meinen, obwohl nach Kapitel 2,16 der Zorn Gottes auch schon in der Geschichte wirkt. Aus Kapitel 5,9 kann man erschließen, daß eine Verstocktheit gemeint ist, die verhindert, daß jemand die Liebe Gottes annimmt.

Von Gott erhöht

⑰ *Philipperbrief 2,5–11*

5 Seid so unter euch gesinnt, wie es auch der Gemeinschaft in Christus Jesus entspricht:
– 6 Er, der in göttlicher Gestalt war,
hielt es nicht für einen Raub, Gott gleich zu sein,
7 sondern entäußerte sich selbst
und nahm Knechtsgestalt an,
ward den Menschen gleich
und der Erscheinung nach als Mensch erkannt.
8 Er erniedrigte sich selbst,
und ward gehorsam bis zum Tode.
ja, zum Tode am Kreuz.
– 9 Darum hat ihn auch Gott erhöht
und hat ihm den Namen gegeben,
der über alle Namen ist,
10 dass in dem Namen Jesu
sich beugen sollen aller derer Knie,
die im Himmel und auf Erden und unter der Erde sind,
11 und alle Zungen bekennen sollen,
dass Jesus Christus der Herr ist,
zur Ehre Gottes des Vaters.

Philippi liegt östlich von Thessalonich und ist der erste europäische Ort, in dem der Apostel eine Gemeinde gegründet hat, wohl im Jahr 49 (vgl. Apostelgeschichte 16,12–40). Den Brief schrieb Paulus etwa 55, er war im Gefängnis. Der Ort seiner Gefangenschaft ist umstritten. Rom, Cäsarea und Ephesus wurden erwogen. Wegen der Nähe ist Ephesus am wahrscheinlichsten.[79] Der Apostel hat aus der Gemeinde eine Geldspende erhalten. Sein Brief ist also auch eine Art Quittung. Aber vor allem will er den Glauben der Gemeinde stärken.

Dazu zitiert Paulus ein urchristliches Lied (unser Text), das sich durch rhythmische Gestaltung, aber auch durch unpaulinische Wendungen vom sonstigen Brieftext absetzt.

Das ganze Lied ist geprägt durch die (hebräische) Kunstform der Satzverdoppelung (parallelismus membrorum). Das bietet der Auslegung die Chance, ggf. einen Teilsatz durch den anderen zu deuten.

In der Einleitung zu dem Christuslied wird »nur« von der **Gesinnung** der Christen gesprochen, obwohl der folgende Text ja deutlich mehr bietet als einen moralischen Appell. Es geht um eine Änderung der ganzen Existenz durch die Gemeinschaft mit Jesus, dem Christus. Das ergibt sich aus der Beobachtung, daß in Vers 5 zweimal ein »in« vorkommt. »in euch« (Luther: »unter euch«) und »in Christus Jesus«. Es kann nicht nur gemeint sein, daß Jesus ein Exempel oder ein Idol ist, dem man nacheifert. Es geht um eine tiefere Verbundenheit.

Die **göttliche Gestalt** in Vers 6 meint dasselbe wie das Gott-gleich-Sein. Das griechische Wort »morphḗ«, das Luther mit »Gestalt« übersetzt, hat im klassischen Griechisch die Bedeutung »Form«. Das paßt hier aber nicht, weil man eine Form hat, aber nicht »in ihr« ist. Im späteren hellenistischen Griechisch hat sich die Bedeutung geändert. Nun kann mit derselben Vokabel eine Aussage über das »Wesen« gemacht werden. So ist also in Vers 6 unseres Liedes vom Wesen Gottes die Rede und in Vers 7 vom dem des Knechtes.[80]

Die Wendung »**etwas für einen Raub halten**« ist im Griechischen so abgeschliffen, daß man besser sagt »etwas für sich haben wollen«. Damit wird erinnert an die Geschichte vom Sündenfall (unser Text ㉛), nach der der Mensch ein »Gott-gleich-Sein« haben wollte. Jesu Weg ist das Gegenteil dazu.[81]

»**Entäußern**« und »**erniedrigen**« (V. 7 f.) bezeichnen den Übergang in eine andere Seinsweise.

Das Schlüsselwort für den ganzen Abschnitt ist der **Gehorsam**. Es war der Wille Gottes, und es war der Gehorsam Jesu, die zu diesem Wechsel geführt haben.

Die Worte »ja, zum Tode am **Kreuz**« fallen rhythmisch aus dem Rahmen. Sie sind vermutlich von Paulus in das zitierte Lied eingefügt, um die Pointe, um deretwillen er das Lied aufgenommen hat, noch deutlicher zu machen: Der Knecht wurde nicht nur Mensch und damit sterblich, sondern er starb auch für seine Sache den Tod des Verbrechers.

Darum ist Jesu **Gleichheit** mit den Menschen, die nun mit zwei neuen Vokabeln (»homoíōma« und »s'chḗma«) ausgedrückt wird, auf die »Erscheinungsweise« begrenzt. Der Unterschied zwischen Jesus und den anderen Menschen liegt in seinem Gehorsam. Er handelt wie der Gottesknecht aus Jesaja 53.[82]

Wichtig ist, daß in diesem ersten Teil des Liedes (V. 6–8) Jesu **Handeln** und nicht Jesu Sein bedacht wird. Spätere Dogmatik fragte spekulativ nach seinem Sein in der Göttlichkeit und in der Menschlichkeit und verhedderte sich in der griechischen Seins-Philosophie.[83]

Mit Vers 9 beginnt eine zweite Strophe des Liedes, in der Gott der Handelnde ist. Er hat Jesus erhöht. Es fällt auf, daß hier nicht mit einem Wort die Auferstehung erwähnt wird. Der Dichter des Christusliedes kann sich offenbar eine Erhöhung Jesu direkt vom Kreuz aus (zum Gericht) vorstellen (ohne Ostern und Himmelfahrt). Und wenn er doch eine Erscheinung annimmt, dann hat er sie jedenfalls in dem knappen Raum seines Liedes nicht untergebracht. Und Paulus hat das gelten lassen, obwohl er sonst (vgl. Text ⑲) eine andere Lehre vertreten hat. Das ist also wieder ein Beispiel für innerbiblische Toleranz.[84]

Der Name Jesu ist nicht neu, wie man nach Vers 9 annehmen könnte. Jesus (= Jeschúa) heißt »Jahwe ist Heil«. Oder ist der jüdische Hoheitstitel »Christós« (= der Gesalbte) oder der griechische »Kýrios« (= Herr) gemeint? Aber Namen sind das ja eigentlich nicht. Doch um Protokollarisches geht es dem Lied nicht, sondern um die Position Jesu. Wenn sich alle Knie vor ihm beugen und sich alle Zungen zu ihm bekennen sollen, dann werden ihm göttliche Ehren zuteil.[85]

Von Gott offenbart

⑱ *Galaterbrief 1,11–19*

11 Denn ich tue euch kund, liebe Brüder, dass das Evangelium,
das von mir gepredigt ist, nicht von menschlicher Art ist. 12 Denn
ich habe es nicht von einem Menschen empfangen oder gelernt,
sondern durch eine Offenbarung Jesu Christi. 13 Denn ihr habt
ja gehört von meinem Leben früher im Judentum, wie ich über
die Maßen die Gemeinde Gottes verfolgte und sie zu zerstören
suchte 14 und übertraf im Judentum viele meiner Altersgenossen
in meinem Volk weit und eiferte über die Maßen für die Satzungen der Väter. 15 Als es aber Gott wohlgefiel, der mich von
meiner Mutter Leib an ausgesondert und durch seine Gnade
berufen hat, 16 dass er seinen Sohn offenbarte in mir, damit ich
ihn durchs Evangelium verkündigen sollte unter den Heiden, da
besprach ich mich nicht erst mit Fleisch und Blut, 17 ging auch
nicht hinauf nach Jerusalem zu denen, die vor mir Apostel waren,
sondern zog nach Arabien und kehrte wieder zurück nach Damaskus. 18 Danach, drei Jahre später, kam ich hinauf nach Jerusalem, um Kephas kennen zu lernen, und blieb fünfzehn Tage
bei ihm. 19 Von den anderen Aposteln aber sah ich keinen außer
Jakobus, des Herrn Bruder.

Galatien war einerseits eine Landschaft in der Mitte Kleinasiens und andererseits eine römische Provinz, zu der außer dieser Landschaft noch die Nachbargebiete im Süden gezählt wurden. Die Galater waren (als Kelten) im 3. Jahrhundert vor Christus in die Landschaft eingewandert, der sie ihren Namen gaben.

Der Brief ist vermutlich nur an die Christen in der Landschaft, also an die eigentlichen Galater, gesandt. Die Apostelgeschichte berichtet in 16,6, daß Paulus in diesem Gebiet gewesen ist, nicht aber, daß er Gemeinden gegründet hätte. Kapitel 18,23 jedoch erwähnt Gemeinden in diesem Gebiet, und Galater 1,8 erinnert die Briefempfänger an die Predigt des Paulus dort.

Jedoch wirkt das Schreiben im Vergleich mit anderen von Paulus eher unpersönlich, sehr grundsätzlich und sehr scharf.

Das könnte aus der Situation zu erklären sein: Paulus dürfte im Jahre 50 die Gemeinde gegründet haben. Er war dann noch einmal dort. Inzwischen ist aber durch unbekannte Agitatoren seine damalige Predigt des Evangeliums, die den Heiden nicht das Einhalten des jüdischen Gesetzes auferlegt hatte, diskreditiert worden. So schreibt der Apostel zwischen 53 und 55 von Ephesus aus[86] seinen Brandbrief, um die Freiheit des Evangeliums zu retten. Nach 6,11 hat Paulus diesen Brief diktiert. Die Gegner des Paulus, die das Evangelium verfälschen (»ein anderes Evangelium verkünden«), bezweifeln natürlich auch die Autorität des Apostels. Darum erzählt er den Galatern noch einmal schriftlich, woher er seine Legitimation hat. Man vergleiche dazu Apostelgeschichte 9,1–15; 22,3–16; 26,4–23.

Worum es Paulus beim **Evangelium** geht, ist dem ganzen Galaterbrief zu entnehmen. Eine kurze Formel dafür steht in Kapitel 5,1: *»Zur Freiheit hat uns Christus befreit! So steht nun fest und laßt euch nicht wieder das Joch der Knechtschaft auflegen!«* Ein »anderes« Evangelium (V. 8) ist nach Kapitel 2 die Verfälschung des Evangeliums zum Gesetz: *»Doch weil wir wissen, dass der Mensch durch Werke des Gesetzes nicht gerecht wird, ... sind auch wir zum Glauben an Christus Jesus gekommen, damit wir gerecht werden durch den Glauben an Christus.«* (V. 16)

Paulus hat diese Erkenntnis nicht durch eigenes Nachdenken oder durch Belehrung menschlicher Art, sondern durch eine Offenbarung. Das griechische Wort dafür in Vers 12 heißt »apokálypsis« (in V. 16 in Verbform) und bedeutet »Enthüllung«. Es steht zumeist für eine Enthüllung des Willens Gottes am Ende der Welt, kann aber auch wie hier dessen Erkenntnis vorweg für einige Auserwählte ausdrücken. Paulus sagt nichts über das Wie der Enthüllung. Seine Leser sollen sich nur für den Inhalt interessieren: Jesus Christus.[87] Dieselbe Aussage macht Vers 16. Jesus ist der Christus bzw. der Sohn. Das ist jetzt »in ihm«, also in Paulus, aufgedeckt. Das war also vorher zugedeckt – durch seinen Eifer für den Weg der gesetzlichen Lebensbewältigung.

Sein **Leben im Judentum** ist für Paulus auch jetzt noch eine besondere religiöse Leistung, die ihn damals vom Durchschnitt unterschied, aber sein Leben hatte eine falsche Richtung, die ihn vor Gott und an den Menschen schuldig werden ließ.

Wegen der Briefempfänger geht Paulus auf sein Verhältnis zu den anderen Aposteln ein. Er ist nicht abhängig von denen in Jerusalem. **Petrus**/Kephas ist der Sprecher der Zwölf, aber offenbar hat neben ihm oder später sogar an seiner Stelle der älteste Bruder Jesu, Jakobus, die Gemeindeleitung in Jerusalem.

Wenn es in **Damaskus** in Syrien schon eine Christengruppe gegeben haben soll, die Paulus verhaften will, dann muß schon einige Zeit seit dem Tode Jesu vergangen sein.

Arabien dürfte hier ein Gebiet südöstlich von Damaskus bezeichnen, wo der arabische Stamm der Nabatäer ein Reich gebildet hatte, das den Römern einige Schwierigkeiten bereitete.

Was dem Apostel vor Damaskus begegnet, führt jedenfalls dazu, daß nach seiner eigenen Darstellung die Verkündigung des Evangeliums unter den Völkern (Luther: Heiden) für ihn das Wichtigste wird. Was dem Paulus jenseits der Grenzen Israels widerfährt, ist ein Auftrag außerhalb Israels. Er ist nicht der einzige Missionar unter den Völkern, aber der wegweisende.

Den Zeugen erschienen

⑲ *1. Korintherbrief 15,(3–5), 6–11 und 35–50*

(⑨ [3] Dies nämlich ist die Erstüberlieferung, die ich euch so
weitergegeben habe, wie ich sie selbst empfangen habe:
- Christus ist für unsere Sünden gestorben,
nach den Schriften;
[4] und ist begraben worden.
- Und er ist auferweckt worden am dritten Tage,
nach den Schriften,
[5] und ist Kephas erschienen und dann den Zwölfen.)

[6] Danach ist er mehr als fünfhundert Brüdern auf einmal erschienen; die Mehrzahl von ihnen ist noch am Leben, einige sind
aber schon entschlafen. [7] Danach ist er Jakobus erschienen und
dann den Aposteln insgesamt. [8] Zuletzt von allen ist er auch mir

erschienen – mir, der »Mißgeburt«. 9 Denn ich bin der geringste
im Kreise der Apostel; ich habe auch gar nicht die Eignung, mich
Apostel zu nennen; denn ich habe ja die Gemeinde verfolgt. 10
Aber durch Gottes Gnade bin ich, was ich bin; und seine Gnade,
die er mir zugewandt hat, ist nicht unwirksam geblieben: Mehr
als sie alle zusammen habe ich in meiner Missionsarbeit geleistet.
Doch nicht ich, sondern die Gnade Gottes, die mit mir ist! 11 Ob
es sich nun um mich oder um sie handelt – dies ist die Heilsbot-
schaft, die wir alle verkündigen; und auf sie hin seid ihr zum
Glauben gekommen …

(Übersetzung von Ulrich Wilckens)[88]

In anderer Lebensform

35 Es könnte aber jemand fragen: Wie werden die Toten auferstehen, und mit was für einem Leib werden sie kommen? 36
Du Narr: Was du säst, wird nicht lebendig, wenn es nicht stirbt.
37 Und was du säst, ist ja nicht der Leib, der werden soll, sondern
ein bloßes Korn, sei es von Weizen oder von etwas anderem. 38
Gott aber gibt ihm einen Leib, wie er will, einem jeden Samen
seinen eigenen Leib. 39 Nicht alles Fleisch ist das gleiche Fleisch,
sondern ein anderes Fleisch haben die Menschen, ein anderes
das Vieh, ein anderes die Vögel, ein anderes die Fische. 40 Und
es gibt himmlische Körper und irdische Körper; aber eine andere
Herrlichkeit haben die himmlischen und eine andere die irdischen. 41 Einen anderen Glanz hat die Sonne, einen anderen
Glanz hat der Mond, einen anderen Glanz haben die Sterne;
denn ein Stern unterscheidet sich vom andern durch seinen
Glanz. 42 So auch die Auferstehung der Toten. Es wird gesät
verweslich und wird auferstehen unverweslich. 43 Es wird gesät
in Niedrigkeit und wird auferstehen in Herrlichkeit. Es wird gesät
in Armseligkeit und wird auferstehen in Kraft. 44 Es wird gesät ein
natürlicher Leib und wird auferstehen ein geistlicher Leib. Gibt
es einen natürlichen Leib, so gibt es auch einen geistlichen Leib.
... 50 Das sage ich aber, liebe Brüder, dass Fleisch und Blut das
Reich Gottes nicht ererben können; auch wird das Verwesliche
nicht erben die Unverweslichkeit.

Zum 1. Korintherbrief allgemein s. zu Text ⑨. Die Verse 3–5 wurden schon im vorigen Kapitel bedacht, wo es um das Sterben Jesu ging.

Paulus hat ein urchristliches Lied zitiert (unser Text ⑨). Aus dem Zitat übernimmt er nun das Verbum »**er wurde gesehen**« (griechisch. »ṓphthē«), und er verlängert die Liste der Augenzeugen. Richtiger ist die Übersetzung »er erschien«.[89] Die Initiative für das, was da geschieht, liegt also bei dem Erscheinenden (Jesus), nicht bei den Sehenden (den Menschen). Viermal verwendet Paulus die Vokabel »ṓphthē« und nennt dabei sechs verschiedene Personen bzw. Personengruppen. Alle diese Menschen (also höchstens 514) sind keine neutralen Beobachter, sondern so oder so sehr engagiert. Ob die »Zwölf« mit den »Aposteln« von Vers 7 identisch sind, ist umstritten.(Zu den Erscheinungen für Petrus und die Apostel vgl. zu Text ⑳.) Eine Erscheinung für Jakobus wird im Neuen Testament nicht berichtet.[90]

Daß von den 500 noch einige leben, ist zunächst ein Hinweis auf die Überprüfbarkeit der Aussagen. Aber zugleich ist es im Hinblick auf die Sorgen, die ab Vers 12 behandelt werden, noch wichtiger, daß für die schon Gestorbenen erklärt wird, auch für sie gelte das Heil (vgl. zu Text ⑯).

Sich selber setzt **Paulus** aus zeitlichen und aus persönlichen Gründen an das Ende.[91] Die Vermutung, daß Paulus mit dem Wort »Mißgeburt« ein Schimpfwort seiner Gegner aufnimmt, hat deshalb viel für sich, weil er in seiner fanatischen Phase vielen seiner Opfer wie ein Ungeheuer vorgekommen sein muß. Paulus stimmt dem negativen Urteil über seine vorchristliche Zeit zu. Er könnte aber in einer »Gegenrechnung« auf seine Arbeit nach seiner Wende verweisen. Er hat mehr getan als die anderen. Doch Leistungsdenken erlaubt er sich nicht. Was er erarbeitet hat, ist Gnade.

Der Abschnitt schließt mit dem Hinweis auf eine große **Übereinstimmung.** Trotz vieler Gegensätze haben die anderen Apostel und er denselben Auftrag zur Verkündigung. (Die Übersetzung »predigen« für griechisch »kerýssein« ist zu eng.) Die Liste der Zeugen ist nicht nur ein Bekenntnis zum Auferstandenen, sondern auch zur Gemeinschaft der Glaubenden.

Mit der Vokabel »ṓphthē«, »er erschien«, hat Paulus offenbar sehr unterschiedliche Vorgänge zusammengefaßt. In der exegetischen Diskussion wird dafür der Begriff »**Vision**« verwendet, ohne daß diese Etikettierung einen gedanklichen Fortschritt brächte. Es ist eben nur dasselbe auf Lateinisch gesagt. Jesus erschien: vor Einzelpersonen oder kleinen Gruppen oder einer großen Menge; in Jerusalem oder vor Damaskus; drei Tage nach seinem Tode oder nach einer Gemeindebildung in Damaskus. Für Paulus ist es immer dasselbe. Er sagt fast nichts über die seelischen Begleiterscheinungen. (Erst die Apostelgeschichte läßt ihn auskunftsfreudiger werden.[92]) Aber es ist für Paulus völlig klar, daß er es bei seiner Bekehrung mit einer Einwirkung zu tun hat, die außerhalb seiner Seele oder seines Unterbewußtseins entstand. Und er denkt dasselbe von den anderen Zeugen.[93]

In dem Abschnitt Vers 35 ff. macht sich Paulus Gedanken über die **Auferstehungsleiblichkeit**. Das ist offenbar für die Korinther ein aktuelles Thema. Was Paulus da aufführt, hat seine Bedeutung auch für die Auferstehung Jesu.

In einem kleinen Vergleich vom **Samenkorn**, das an Jesu Gleichnisse erinnert[94], wird einerseits die Realität des Todes bejaht (nach damaliger Vorstellung verändert sich ein Same in der Erde nicht, sondern stirbt), andererseits aber auch erklärt, wie Gott es ist, der garantiert, daß aus Weizen auch wieder Weizen wird (V. 38).

Aber die eigentliche Spitze des Abschnitts ist die **Unterscheidung** der Körper. Paulus zählt außer dem Weizen auf: Menschen, Vieh, Vögel, Fische, Sonne, Mond und Sterne. Er kontrastiert: himmlische und irdische Körper, verwesliche und unverwesliche, niedrige und herrliche, armselige und kräftige, natürliche und geistliche. Dabei wechselt er leichthin die Begriffe: Leib, Fleisch, Glanz, Bild. Bei so schnellem Wechsel wird man nicht zu viel an besonderer Bedeutung der Wörter erwarten dürfen. Aber eines haben sie alle gemeinsam: die Sichtbarkeit. So denkt Paulus also von dem, der ihm begegnet ist: Er ist ein personhaftes Gegenüber, der mit denen spricht, deren Dienst er will.

Zwischenbilanz:

Ehe wir uns den Ostergeschichten der Evangelien zuwenden, die alle deutlich jünger sind, halten wir fest:

Paulus ist an einer Sicherung der Anfänge interessiert. Man kann für den 1. Korintherbrief erklären, »daß Paulus alle ihm bekannten Erscheinungen aufgeführt hat, zum anderen aber auch die hohe Zuverlässigkeit und Vollständigkeit der Angaben«.[95] Paulus schreibt (und weiß?) aber nichts über Erscheinungen für Johannes oder Thomas, nichts über Begegnungen mit Frauen, nichts von einem verlassenen Grab, nichts von Berührungen Jesu und von gemeinsamem Essen.

Nicht im Grab zu verehren

Markusevangelium 16,1–8

Parallelen: Matthäusevangelium 28,1–15 / Lukasevangelium 23,56–24,12 / Johannesevangelium 20,1–18

1 Und als der Sabbat vergangen war, kauften Maria von Magdala und Maria, die Mutter des Jakobus, und Sálōmē wohlrie-
chende Öle, um hinzugehen und ihn zu salben. 2 Und sie kamen
zum Grab am ersten Tag der Woche, sehr früh, als die Sonne
aufging. 3 Und sie sprachen untereinander: Wer wälzt uns den
Stein von des Grabes Tür? 4 Und sie sahen hin und wurden
gewahr, dass der Stein weggewälzt war; denn er war sehr groß.
5 Und sie gingen hinein in das Grab und sahen einen Jüngling
zur rechten Hand sitzen, der hatte ein langes weißes Gewand
an, und sie entsetzten sich. 6 Er aber sprach zu ihnen: Entsetzt
euch nicht! Ihr sucht Jesus von Nazareth, den Gekreuzigten. Er
ist auferstanden, er ist nicht hier. Siehe da die Stätte, wo sie ihn
hinlegten. 7 Geht aber hin und sagt seinen Jüngern und Petrus,
dass er vor euch hingehen wird nach Galiläa; dort werdet ihr ihn
sehen, wie er euch gesagt hat. 8 Und sie gingen hinaus und
flohen von dem Grab; denn Zittern und Entsetzen hatte sie er-

griffen. Und sie sagten niemandem etwas; denn sie fürchteten sich.

Zum Markusevangelium allgemein s. zu Text ④.

Das Evangelium bricht mit unserem Abschnitt nach Vers 8 ab. Einige jüngere Handschriften bieten danach noch »unechte Schlüsse« an, die aber nur Zusammenfassungen der Stoffe aus den anderen Evangelien sind. Es gibt eine ganze Reihe von Erklärungsversuchen für das abrupte Ende des Markusevangeliums.[96] Keiner überzeugt völlig.

Da in Israel der Tag mit dem Abend beginnt, gilt auch vom Abend an die **Sabbatruhe.** So haben nach diesem Text die Frauen nicht mehr die Zeit, mit den gekauften Materialien zum Grab zu gehen. Darum kommen sie so früh wie möglich nach dem Sabbat, um den Leichnam Jesu nach Landessitte zu versorgen. Was in älteren Ausgaben der Lutherübersetzung noch **Spezerei** (griechisch: »arṓmata«) heißt, sind üblicherweise Öle, Aloe und Myrrhe.

Hinsichtlich der **Bestattung** besteht eine gewisse Spannung zwischen der Auskunft von Markus 15,42 ff., daß ein Josef von Arimathäa Jesus beigesetzt habe, der offenbar genug Zeit und Geld gehabt hätte für eine sorgfältige Grablegung, und dem Plan der Frauen.[97] Ob es Sinn hatte, angesichts des palästinensischen Klimas noch nach drei Tagen einen Leichnam zu salben, ist wahrscheinlich zu realistisch gefragt. Jedenfalls soll durch dieses Problem wie durch ihre Unfähigkeit, den Stein vom Grab zu wälzen, nichts Negatives über ihre Urteils- und Handlungsfähigkeit gesagt werden. In der Erzählung werden die Frauen nur als Zeuginnen für ein verlassenes Grab gebraucht.[98]

Die **Frauen** waren nach Markus 15,40 auch schon Zeuginnen der Hinrichtung und zwei von ihnen nach Vers 47 auch Zeuginnen der Bestattung. Aus dem Markusevangelium wissen wir nichts Näheres über die drei.[99]

Das **Grab** ist offenbar ein Privatgrab, in Felsen gehauen. In der Grabkammer muß es eine Liegestatt gegeben haben.

Dort sitzt ein **Engel**, ein weißgekleideter Jüngling. Er hat nur die Funktion, das Geschehene zu erklären. Darum sagt er nur, was für das Bekenntnis der Frauen und der Jünger notwendig ist: Jesus ist der Nazarener, der Gekreuzigte, er ist aufgeweckt. Die ersten Menschen, die davon hören, haben also keine Begegnung mit Jesus selbst, sondern »nur« mit einem Boten.

Daß Jesus seinen Jüngern nach **Galiläa** »vorausgeht«, ist eine etwas schlichte Vorstellung von den Möglichkeiten eines Auferstandenen. Später erzählt man anders vom Auftreten Jesu. Es könnte allerdings in dieser Wendung die Erinnerung erhalten sein, daß nach der Hinrichtung Jesu die Jünger nach Hause, also nach Galiläa, geflohen waren und ihnen Jesus dort erschienen war. Dazu würde passen, daß die Frauen in Jerusalem keinen Menschen mehr haben, dem sie ihre Erfahrung vom Ostermorgen hätten erzählen können (V. 8).[100]

Markus 16 ist der älteste Text, der von einem **verlassenen Grab** erzählt. Seit den schriftlichen Äußerungen des Apostels Paulus zum Thema Auferstehung sind zehn bis zwanzig Jahre vergangen, seit den Ereignissen selbst etwa vierzig. Das ist Zeit genug zur Bildung von Legenden[101], die Antwort geben könnten auf die Frage: Kann, wenn wir Jesus gesehen haben, wenn er also lebt, sein Leib noch im Grab liegen?

Voraussetzung für eine solche Frage ist die zeitgenössische Vorstellung, der z. B. die Pharisäer anhingen, daß Gott bei der Auferweckung den Leichnam wiederbelebt und daß darum nur solche Tote an der Auferweckung Anteil haben, deren Körper im Sterben unversehrt geblieben ist.[102] Daß dabei von der Macht des Schöpfers, einen Toten ins Leben zu rufen, etwas kleinlich gedacht wird, könnte der Grund sein, warum der große Gottesdenker Paulus nicht über ein leeres Grab redet (vgl. noch einmal seine Gedanken über die Auferstehungsleiblichkeit in Text ⑲).

Doch neben Paulus steht in innerbiblischer Toleranz die Theologie des leeren Grabes. Die ist jedoch offenbar ein Ergebnis und ein Ausdruck des Glaubens, nicht dessen Begründung.[103]

Vergleichen wir nun, wie diese Geschichte in den anderen Evangelien aussieht. Was ist da anders?

Matthäus (28,1–15) erzählt von nur zwei Frauen, den beiden Marias ohne Sālōmē; sie wollen nicht den Leichnam

Jesu salben, sondern nur schauen; sie erleben noch mit, wie der Stein weggewälzt wird; die Kleidung des Engels ist noch weißer geworden; Pilatus hat Wächter am Grab postiert, die vor dem Engel in Ohnmacht fallen; die Frauen, zunächst entsetzt, laufen dann voll Freude zu den Jüngern, um zu berichten; da erscheint ihnen Jesus, dessen Füße sie umfassen; er wiederholt den Auftrag, den schon der Engel ausgesprochen hatte; die Hohenpriester bestechen die Wächter, damit sie erzählen, die Jünger hätten den Leichnam gestohlen.

Lukas (23,56–24,12) erzählt wie Markus von drei Frauen, statt Sálōmē erwähnt er eine Johanna; ihnen begegnen im Grab zwei Engel (nicht Jünglinge, sondern Männer), die Jesus Menschensohn nennen (Hoheitstitel); die Frauen berichten den Jüngern davon, die das nicht glauben; nur Petrus läuft zum Grab.

Johannes (20,1–18) geht ganz eigene Wege des Erzählens: Nur Maria von Magdala ist am Grab; sie sieht es offen und leer; sie läuft zu Petrus und Johannes und berichtet den beiden, die dann zum Grab laufen; Petrus kommt als Zweiter an, geht aber als Erster hinein; sie sehen die Leichentücher und gehen nach Hause; Maria Magdalena ist wieder am Grab; sie sieht zwei Engel und dann Jesus, den sie für einen Gärtner hält; er spricht sie bei ihrem Namen an; sie erkennt ihn und antwortet (zärtlich): Rabbuni (lieber Meister); sie soll Jesus nicht anrühren bzw. aufhalten, sondern den Jüngern berichten, daß er zum Vater auffährt.[104]

»Rühre mich nicht an« (lateinisch: »noli me tangere«) kann im Johannesevangelium kaum meinen, daß der Auferstandene unberührbar sei, wird doch gleich im übernächsten Abschnitt Thomas aufgefordert, seinen Finger in Jesu Wundmale zu legen (vgl. Text ㉒). Was sollte das auch für einen Sinn haben, daß Jesus zwar hörbar und sichtbar, aber nicht berührbar wäre? Darum ist die Übersetzung »Laß mich los« (wörtlich: hafte nicht an mir; ich muß weiter zum Vater) die bessere Lösung. Jesus ist unterwegs. Das entspräche auch der johanneischen Aussage: *»In meines Vaters Hause sind viele Wohnungen. Wenn's nicht so wäre, hätte ich dann zu euch gesagt: Ich gehe hin, euch die Stätte zu* *bereiten?«* (14,2) Was würde denn ein Festhalten Jesu in dieser Szene gefährden? Für das Johannesevangelium hat Jesus nicht eine gefährliche Substanz oder Strahlung, die der Magdalenin schaden könnte. Es geht vielmehr um die Fortsetzung seines Weges. Seine Sendung gilt allen. Das war schon so vor der Kreuzigung, und das soll nun vom Vater bestätigt werden.

Der Vergleich der Evangelientexte ergibt ein Wachstum der **Legende.**[105] Die Geschichten werden im Weitererzählen immer bunter. Aus den fast anonymen Frauen bei Markus hebt sich bei Johannes die Maria aus Magdala heraus in einer besonderen persönlichen Beziehung zu Jesus. Das Öffnen des Grabes wächst sich zu einem Erdbeben aus. Der Engels-Jüngling wird durch zwei Engels-Männer ersetzt. Eine römische Wache tritt in die Geschichte ein, ohnmächtig und korrupt. Bei Markus bleiben die Jünger uninformiert, weil die Frauen schweigen, bei Johannes gibt es einen Wettlauf zum Grab, als ginge es um einen besonderen Status.

Die Ostergeschichten sind nicht so übereinstimmend erzählt, wie wir das vor allem aus den Passionsgeschichten kennen. Waren die Ereignisse so vielfältig und vielschichtig oder die Interessen der Erzähler? Wir werden das nicht mehr aufklären. Aber könnte die Vielstimmigkeit nicht auch als Bereicherung im Ausdruck des Glaubens verstanden werden?

Im Herrenmahl zu erkennen

㉑ *Lukasevangelium 24,13–35*

13 Und siehe, zwei von ihnen gingen an demselben Tage in ein
Dorf, das war von Jerusalem etwa zwei Wegstunden entfernt;
dessen Name ist Emmaus. 14 Und sie redeten miteinander von
allen diesen Geschichten. 15 Und es geschah, als sie so redeten
und sich miteinander besprachen, da nahte sich Jesus selbst und
ging mit ihnen. 16 Aber ihre Augen wurden gehalten, dass sie ihn
nicht erkannten. 17 Er sprach aber zu ihnen: Was sind das für

Dinge, die ihr miteinander verhandelt unterwegs? Da blieben sie
traurig stehen. [18] Und der eine, mit Namen Kleopas, antwortete
und sprach zu ihm: Bist du der Einzige unter den Fremden in
Jerusalem, der nicht weiß, was in diesen Tagen dort geschehen ist?
[19] Und er sprach zu ihnen: Was denn? Sie aber sprachen zu ihm:
Das mit Jesus von Nazareth, der ein Prophet war, mächtig in Taten
und Worten vor Gott und allem Volk; [20] wie ihn unsere Hohenpriester und Oberen zur Todesstrafe überantwortet und gekreu-
zigt haben. [21] Wir aber hofften, er sei es, der Israel erlösen werde.
Und über das alles ist heute der dritte Tag, dass dies geschehen
ist. [22] Auch haben uns erschreckt einige Frauen aus unserer Mitte,
die sind früh beim Grab gewesen, [23] haben seinen Leib nicht
gefunden, kommen und sagen, sie haben eine Erscheinung von
Engeln gesehen, die sagen, er lebe. [24] Und einige von uns gingen
hin zum Grab und fanden's so, wie die Frauen sagten; aber ihn
sahen sie nicht. [25] Und er sprach zu ihnen: O ihr Toren, zu trägen
Herzens, all dem zu glauben, was die Propheten geredet haben!
[26] Musste nicht Christus dies erleiden und in seine Herrlichkeit
eingehen? [27] Und er fing an bei Mose und allen Propheten und
legte ihnen aus, was in der ganzen Schrift von ihm gesagt war. [28]
Und sie kamen nahe an das Dorf, wo sie hingingen. Und er stellte
sich, als wollte er weitergehen. [29] Und sie nötigten ihn und sprachen: Bleibe bei uns; denn es will Abend werden, und der Tag hat
sich geneigt. Und er ging hinein, bei ihnen zu bleiben. [30] Und es
geschah, als er mit ihnen zu Tisch saß, nahm er das Brot, dankte,
brach's und gab's ihnen. [31] Da wurden ihre Augen geöffnet, und
sie erkannten ihn. Und er verschwand vor ihnen. [32] Und sie
sprachen untereinander: Brannte nicht unser Herz in uns, als er
mit uns redete auf dem Wege und uns die Schrift öffnete? [33] Und
sie standen auf zu derselben Stunde, kehrten zurück nach Jerusalem und fanden die Elf versammelt und die bei ihnen waren; [34] die
sprachen: Der Herr ist wahrhaftig auferstanden und Simon erschienen. [35] Und sie erzählten ihnen, was auf dem Wege geschehen war und wie er von ihnen erkannt wurde, als er das Brot brach.

Zum Lukasevangelium allgemein s. zu Text ⑥.

Einen Ort **Emmaus**, der zwei Wegstunden (im Urtext: 60 Stadien = 11,5 km) von Jerusalem entfernt wäre, konnte man bisher nicht nachweisen. Es gibt einen Ort »Amwas«, der früher Emmaus gehießen haben soll. Nur liegt der 23 km weit.[106]

In **Kleopas** wollen einige Ausleger einen Klopas wiederfinden, der nach späteren Quellen ein Bruder von Joseph, also ein Onkel Jesu gewesen sein soll. Überlegungen dieser Art, die wie bei einer Dokumentation Fakten sichern wollen, sind aber bei unserem Text fehl am Platz.

Es handelt sich bei der Emmausgeschichte um eine **Legende**, in der die Details nicht historisch stimmen müssen, wohl aber der Zielpunkt der Geschichte. Legendär ist das Motiv des fremden Wanderers, das Gehaltensein der Augen und das plötzliche Verschwinden des Gastes.

Die Hoffnung der Emmaus-Jünger auf den Erlöser, die Einschätzung Jesu als Prophet, die Kritik an »unseren« Hohenpriestern und die Fähigkeit, bei Moses und den Propheten nach einer Lösung des Rätsels Jesus zu suchen, zeigen, wie das Material für die Gestaltung unseres Textes aus der Sehnsucht des zeitgenössischen Judentums stammt.

Die Interpretation der jüngsten Ereignisse in Jerusalem vom **Alten Testament** her, wie sie Lukas 24 anbietet, spiegelt die Erfahrung der ersten Christenheit wider (vgl. unser Kapitel 3). Zuerst gab es das Erlebnis des Leidens und Sterbens Jesu, den Schock des Verlustes, und dann erfolgte nach der Begegnung mit dem Auferweckten die Deutung durch die Schriften.

Die Jünger erkennen Jesus am **Brotbrechen.** Dieses Detail setzt liturgische Erfahrung mit dem Herrenmahl voraus, weist also in spätere Zeit und nicht in den ersten Ostertag.

Das **Brennen der Herzen** ist ein schönes Bild für das Ergriffensein der Christen (bis heute?) durch Jesu Wort, Tat und Tod und für die Ahnung, daß dies alles miteinander die eigene Existenz erhellen und erwärmen könnte.

Der Hinweis auf **Simon** in Vers 34 scheint die Erinnerung aufzubewahren, daß Petrus die erste Erscheinung Jesu hatte, wie es auch Paulus (1. Kor 15,5) mitteilte.

Aufs Wort zu glauben

 *Johannesevangelium 20,24–29*

24 Thomas aber, der Zwilling genannt wird, einer der Zwölf,
war nicht bei ihnen, als Jesus kam. 25 Da sagten die andern
Jünger zu ihm: Wir haben den Herrn gesehen. Er aber sprach zu
ihnen: Wenn ich nicht in seinen Händen die Nägelmale sehe und
meinen Finger in die Nägelmale lege und meine Hand in seine
Seite lege, kann ich's nicht glauben. 26 Und nach acht Tagen
waren seine Jünger abermals drinnen versammelt, und Thomas
war bei ihnen. Kommt Jesus, als die Türen verschlossen waren,
und tritt mitten unter sie und spricht: Friede sei mit euch! 27
Danach spricht er zu Thomas: Reiche deinen Finger her und sieh
meine Hände und reiche deine Hand her und lege sie in meine
Seite, und sei nicht ungläubig, sondern gläubig! 28 Thomas antwortete und sprach zu ihm: Mein Herr und mein Gott! 29 Spricht
Jesus zu ihm: Weil du mich gesehen hast, Thomas, darum glaubst
du. Selig sind, die nicht sehen und doch glauben!

Zum Johannesevangelium allgemein s. zu Text ⑦.

Thomas wird in allen Listen der zwölf Jünger aufgeführt (vgl. Mk 3,18 / Mt 10,3 / Lk 6,15 / Apg 1,13 / Joh 21,2). Der Name ist hebräisch und heißt »Zwilling«, genau wie das griechische Wort »Dídymos«, das im Urtext hinzugefügt ist. Thomas muß also selber kein Zwilling sein. Er wird gern als der typische Zweifler stilisiert. Aber sein Fehlen beim ersten Treffen der Jünger mit Jesus (V. 19–23) ist wohl eher zufällig und damit auch sein Verhalten als Zweifelnder. Darin ist er nun aber Stellvertreter für viele.

Der **Körper** Jesu ist nach dem Johannesevangelium offenbar berührbar, wenngleich Jesus durch geschlossene Türen gehen kann. Ähnlich also wie Paulus (1. Kor 15,35 ff.) setzt der Text eine eigene Art der Leiblichkeit voraus.

Die Identität des Getöteten und des Erschienenen wird durch die **Male** erklärt. Das griechische Wort »tópos« (= Stelle) läßt offen, ob es sich um Wunden oder um Narben handelt. Thomas will die Stellen berühren, an denen Jesus verletzt wurde. Das soll garantieren, daß er es wirklich mit Jesus zu tun hat, nicht mit einem Gespenst oder mit einer Einbildung. Ob allerdings Thomas tut, wozu Jesus ihn auffordert, läßt die Geschichte offen.

Das **Bekenntnis** zu seinem Herrn und Gott weist auf den Anfang des Johannesevangeliums zurück (vgl. Text ⑦). In Jesus begegnet Gott. Aber Gott ist zu bekennen, nicht zu beweisen.

Die johanneische **Seligpreisung** der Glaubenden rückt sozusagen alle Ostergeschichten noch einmal in das richtige Licht. Wer das Johannesevangelium liest oder hört, weiß, für sie oder ihn gibt es nur noch die Botschaft des Auferstandenen – von den ersten Zeugen, die ihn sahen und sprachen, überbracht. Die kann man glauben oder auch nicht. Es gibt keine Beweise für die Auferweckung, die den Glauben ersetzen könnten. Es gibt aber auch keine Gegenbeweise, die das Nichtglauben ersetzen könnten. Berührungen kann man auch träumen. Leere Gräber würden nur beweisen, daß sie leer sind. Belegte Gräber würden nur beweisen. daß jemand begraben ist. Solche Gedankengänge führen vom Thema ab. Ob eine Botschaft, wie auch immer sie mich erreicht, Vertrauen verdient und ob sie ausreicht zum Leben und zum Sterben, entscheidet sich allein an ihrem Inhalt.

B Fragen

1.1 Wem ist Jesus wo erschienen?

1.2 Wem sind Engel erschienen?

1.3 Wer sah das Grab verlassen?

1.4 Welche Verben werden für den Auferstandenen verwendet?

1.5 Wie wird dargestellt, was zwischen Jesu Tod bzw. Begräbnis und dem Osterbekenntnis der Jünger geschah?

1.6 Was ist mißverständlich?

1.7 Was variieren die Texte?

1.8 Worin widersprechen sich die Texte?

2.1 Was bewirkt die Auferweckung Jesu?

2.2 Woran erweist sich in den Texten die Lebendigkeit Jesu?

2.3 Wie sehen die Texte Jesu Stellung zu Gott?

2.4 Worin stimmen die Texte überein?

C Antwortversuche

Zu 1.1:
⑯ Fehlanzeige;
⑰ Fehlanzeige;
⑱ Paulus vor Damaskus;
⑲ Kephas, die Zwölf, 500 Brüder, Jakobus, alle Apostel, Paulus;
⑳ und Parallelen
  a Markus: Petrus und die Jünger in Galiläa (angekündigt);
  b Matthäus: Maria Magdalena, andere Maria in Jerusalem; Brüder in Galiläa (angekündigt);
  c Lukas: Fehlanzeige;
  d Johannes:, Maria Magdalena, Jünger ohne Thomas in Jerusalem
㉑ Kleopas und NN in Emmaus;
㉒ Thomas und andere Jünger in Jerusalem.

Zu 1.2:
⑯ bis ⑲ Fehlanzeige;
⑳ a: Maria Magdalena, Maria Jakobi, Sắlōmē in Jerusalem;
  b: Maria Magdalena, andere Maria, Wachen in Jerusalem;
  c: Maria Magdalena, Johanna, Maria Jakobi in Jerusalem;
  d: Maria Magdalena in Jerusalem;
㉑ bis ㉒ Fehlanzeige.

Zu 1.3:
⑯ bis ⑲ Fehlanzeige;
⑳ a: Maria Magdalena, Maria Jakobi, Sắlōmē;
  b: Maria Magdalena, andere Maria, Wachen;
  c: Maria Magdalena, Johanna, Maria Jakobi, Petrus;
  d: Maria Magdalena, Simon Petrus, der Jünger, den Jesus lieb hatte;
㉑ und ㉒ Fehlanzeige.

Zu 1.4:
⑯ aufwecken;
⑰ erhöhen;
⑱ enthüllen;
⑲ aufgeweckt werden, erscheinen;
⑳ a: aufgeweckt werden, sehen;
b: aufgeweckt werden, begegnen, Füße umfassen, sprechen;
c: aufgeweckt werden;
d: sehen, sprechen, nicht berühren;
㉑ nahen, mitgehen, sprechen, essen;
㉒ unter sie treten, sprechen, sehen, berühren(?).

Zu 1.5:
⑯ bis ⑲ Fehlanzeige;
⑳ a: Der Stein wird weggewälzt; das Grab wird verlassen; der Engel redet; die Frauen fürchten sich.
b: Das Grab wird bewacht; ein Erdbeben; der Engel entfernt den Stein; das Grab wird verlassen; der Engel redet; die Frauen fürchten und freuen sich.
c: Der Stein wird weggewälzt; zwei Engel reden; die Frauen informieren die Jünger.
d: Der Stein wird weggewälzt; das Grab wird verlassen; zwei Engel reden.
㉑ Die Schriften werden erklärt.
㉒ Zweifel werden formuliert.

Zu 1.6:
⑰ Die Einleitung zum Christuslied könnte vermuten lassen, daß Christen die Gesinnung Christi nachahmen sollten.
⑱ Man könnte sich vorstellen, daß die junge Kirche am Anfang nur einheitlich dachte und lebte.
⑲ Man könnte durch die Einheitlichkeit der Formel dazu verleitet werden, für alle Zeugen der Aufweckung Jesu dieselbe psychische Disposition anzunehmen.
Man könnte (in Anlehnung an griechische mythologische Vorstellungen) vermuten, daß das Leben nach dem Tode als ein Leben von Seelen gedacht würde.
⑳ bis ㉒ Man könnte die Geschichten von dem verlassenen Grab so mißverstehen, daß sie die Auferstehung Jesu bewiesen, wenn die Leere des Grabes Jesu bewiesen wäre.

Zu 1.7:
– wem Jesus zuerst erschien;
– wo Jesus zuerst erschien;

– wieviel und was für Engel auftraten;
– welche Jünger zum Grab kamen;
– ob Jesus berührt wurde;
– ob Jesus mit den Jüngern aß;
– ob Jesus gleich zu erkennen war;
– ob die Frauen gleich Bericht erstatteten.

Zu 1.8:
– Text ⑰ läßt die Erhöhung Jesu zu Gott sofort der Kreuzigung folgen, während alle anderen Texte erst Erscheinungen Jesu vor den Jüngern berichten.
– Die Texte ⑯ bis ⑲ machen keine Aussage über ein verlassenes Grab.

Zu 2.1:
⑯ Rettung vor dem künftigen Zorn;
⑰ Bekenntnis aller zu Jesus als dem Herrn;
⑱ Völkermission;
⑲ Verkündigung aller Apostel;
⑳ Fehlanzeige;
㉑ Brennende Herzen;
㉒ Bekennen zu Jesu Göttlichkeit.

Zu 2.2:
⑯ bis ⑱ Fehlanzeige;
⑲ Auftrag an Paulus;
⑳ Verlassenes Grab und Sprechen Jesu;
㉑ Schriftauslegung und Abendmahl;
㉒ Berührbarkeit Jesu.

Zu 2.3:
⑯ Gott weckt Jesus auf.
⑰ Jesus ist Gott gleich, verzichtet darauf, wird wieder zu Gott erhöht.
⑱ Gott enthüllt Jesus.
⑲ Gott weckt Jesus auf.
⑳ Gott weckt Jesus auf.
㉑ Jesus ist Gott gehorsam.
㉒ Jesus ist Gott.

Zu 2.4:
⑯ bis ㉒ Alle Texte bezeugen, daß Jesus lebt und Jünger beruft. (Z. B. ⑯ Zu warten auf seinen Sohn vom Himmel, den er auferweckt hat (1. Thess 1,10) / ⑰ Darum hat ihn auch Gott erhöht (Phil 2,9) / ⑱ Es gefiel Gott, daß er seinen Sohn offenbarte in mir

(Gal 1,16) / ⑲ Christus ist auferweckt worden am dritten Tage (1. Kor 15,4) / ⑳ Er ist auferstanden (Mk 16,6) / ㉑ Der Herr ist wahrhaftig auferstanden (Lk 24,34) / ㉒ Wir haben den Herrn gesehen (Joh 20,25).

Und: ⑯ Zu dienen dem lebendigen und wahren Gott (1. Thess 1,9) / ⑰ Daß alle Zungen bekennen sollen, daß Jesus Christus der Herr ist (Phil 2,11) / ⑱ Damit ich ihn durchs Evangelium verkündigen sollte (Gal 1,16) / ⑲ Mehr als sie alle habe ich in meiner Missionsarbeit geleistet. Doch nicht ich, sondern die Gnade Gottes (1. Kor 15,10) / ⑳ Geht hin und sagt den Jüngern (Mk 16,7) / ㉑ Und sie standen auf zu derselben Stunde, kehrten zurück nach Jerusalem und sprachen (Lk 24,33) / ㉒ Mein Herr und mein Gott (Joh 20,28).)

D Folgerungen

1. Die Toleranz der Sammler

Wenn Paulus im Brief an die Philipper ein Lied zitiert, das er von den ersten Christen übernommen hat und in dem eine Erhöhung Jesu gleich nach dem Kreuz zum Herrn aller ausgesagt wird, läßt er eine ganz andere Theologie zu Wort kommen, als er sie selbst vertritt. Paulus konnte das aushalten, nachdem er vor Damaskus gelernt hatte, wohin fanatische Rechtgläubigkeit einen Menschen bringen kann. Sein neuer Herr lehrte einen Frieden, der höher ist als alle (auch theologische) Vernunft, wie Paulus im selben Brief (Kapitel 4,7) schreibt.

Wenn Paulus nichts sagt über den Zustand des Grabes Jesu, im Gegensatz zu den viel jüngeren Evangelientexten, dann kann das nur bedeuten, daß ihm diese Frage nicht wichtig war. Die Evangelisten hatten eine andere Theologie. Aber die Verantwortlichen für die Sammlung des Neuen Testaments ließen beides nebeneinander gelten.

Wenn die Evangelien ihre Ostergeschichten in so vielen Details variieren (wenn Jesus zuerst Maria Magdalena erschien oder Petrus; wenn er zuerst in Galiläa oder in Jerusalem erschien; wenn ein oder zwei Engel das Grab öffneten; wenn nur Petrus zum Grab kam oder auch der andere Jünger; wenn Jesus berührt werden durfte oder auch nicht; wenn die Frauen den Jüngern berichteten oder auch nicht), dann sind solche Varianten offenbar nicht von Belang.

2. Das Wesen der Widersprüche

Die Varianten in den Details der Ostergeschichten relativieren die Wichtigkeit der Lebensumstände der Zeugen. Diese Differenzen beweisen zwar legendäres Wachstum der Tradition, erledigen aber nicht den common sense, daß Jesus Menschen erschienen sei, die man kannte und die aus Jesu Erscheinen Konsequenzen gezogen hatten.

Daß Paulus keine Geschichten von einem verlassenen Grab erzählt, macht diese noch nicht gleich verdächtig. Es könnte ja sein, daß im späteren Nachdenken über die Erscheinungen Jesu eine wichtige Frage entdeckt wurde, die zu beantworten war. Problematisch wäre es nur, wenn bei der Bearbeitung dieser Frage, was denn aus dem Leichnam Jesu geworden sei, eine Entwicklung eingeleitet worden wäre, nach der das leere Grab als ein Beweis für die Auferstehung Jesu aufgewertet wäre, der den Glauben ersetzt. Fatal wäre aber auch die Auffassung, daß Gott einen (unversehrten) Leichnam brauche, um einen Menschen, den er vor sich sehen will, aufzuwecken.[107] Dann hätte Paulus allerdings von seiner Theologie aus Einspruch erheben müssen. Wenn aber nur fromme Neugier oder Lust am Erzählen die Verfasser der Legenden bewegt hat und wenn die Geschichten nicht so spektakulär wurden wie später in den Apokryphen (vgl. unser Kapitel 7, Text Ⓗ), ließ sich tolerieren, was da erzählt wurde.

Daß Paulus ein Lied zitiert, das Ostern und Himmelfahrt ausklammert und nach Karfreitag gleich den Jüngsten Tag in den Blick nimmt, ist schon schwieriger zu erklären. Man könnte natürlich, was uns vom Kirchenjahr so vertraut ist, zwischen den Zeilen unterbringen wollen. Aber was da nicht steht, dürfen wir nicht hineinmogeln. So muß man wohl annehmen, daß der unbekannte Dichter von Philipper 2 eine Minimaltheologie vertrat, weil er es nicht besser wußte, oder daß er sich die dichterische Freiheit nahm für einen theologischen Mut zur Lücke. Und Paulus hätte ein Lied »mitgesungen«[108], das nicht seinen theologischen Standard hatte. Oder sollte diese »Minimaltheologie« ausreichen?

3. Der Glaube und die Erscheinungen Jesu

Der Historiker, der sich nicht von irgendeinem Wunschdenken leiten läßt, muß zwei Fakten bestätigen:

1. Jesus ist von der römischen Besatzungsmacht am Kreuz hingerichtet worden.
2. Seine Anhänger – zuvor eine verzweifelte und verschreckte Gruppe – traten kurz danach mit der Behauptung an die Öffentlichkeit, daß Jesus lebe, und vertraten ihre Überzeugung mit großem Mut und ohne Rücksicht auf Verfolgung.

Was dazwischen geschah, entzieht sich nach unserer Quellenlage der historischen Erkenntnis. Man spricht bei einer solchen Konstellation gern von einer »black box« in die man nicht hineinsehen kann, in der sich aber etwas ereignet haben muß, dessen Folgen zu beobachten waren. Theologisch läßt sich das Wesen dieses »Ereignisses« nicht allgemeingültig bestimmen. Ob Gott da etwas »bewirkt« hat oder ob sich in der Seelentiefe der Jünger etwas »entwickelt« hat oder ob Gott eine »Entwicklung bewirkt« hat, bleibt offen.

So müssen wir uns an das halten, was die Jünger Jesu selber darüber sagen. Ich fasse zusammen:

1. Sie sagen, Jesus sei ihnen erschienen, einzelnen oder Gruppen, also ganz verschiedenen Menschen: Männern und Frauen, Handwerkern und Studierten, Familienangehörigen und Fremden.
2. Sie sagen, die Erscheinung habe sie überrascht. Sie hätten sich das nicht ausgedacht, vielmehr zunächst erhebliche Zweifel ausgesprochen. Aber die Erscheinung habe sie überwältigt.
3. Sie sagen, Jesus habe mit ihnen geredet, er habe ihr Versagen, ihre Feigheit und ihre Untreue vergeben und ihnen

den Auftrag gegeben, allen Menschen zu sagen, daß er lebe.
4. Sie sagen, Jesus lebe jetzt bei Gott, aber sein Geist erfülle sie und sie kennten sein Wort. Was er immer schon gesagt habe, sei jetzt von Gott bestätigt.

Man mag oder man muß von diesen Auskünften halten, was man kann. Indem man diese Erscheinungen als Visionen bezeichnet, hat man nichts erklärt. Wenn man streitet, ob solche Visionen subjektiv oder objektiv zu verstehen seien[109], stellt man nur noch einmal die Frage, ob die Osterzeugen glaubwürdig sind oder nicht. Und diese Frage ist nicht allgemeingültig zu beantworten. Wenn man aber Stellung bezieht, gibt man zugleich zu erkennen, ob und wie man an Gott glaubt.[110]

Doch ein Hinweis sei für die persönliche Entscheidung noch gegeben: Wenn wir sonst eine Erkenntnis gewinnen über eine für uns wichtige Angelegenheit, dann entscheiden wir uns auch nicht nach der Art, wie die Erkenntnis in unser Bewußtsein gelangte (durch Gespräch, Lektüre, Grübeln, Traum, Einfall, Nachahmung oder wie sonst), sondern wir entscheiden nach dem inhaltlichen Wert der Erkenntnis.

5. Kapitel
Das Ende

Wie Jesus kommt

Auch am Ende stehen Widersprüche. Zwar gibt es viele Szenarien zum Thema Weltuntergang, verfaßt von Naturwissenschaftlern oder von Ökonomen. Aber deren Vorstellung entspricht nicht der Bibel, wenn sie sich auch gern Begriffe und Bilder von ihr leihen und von »apokalyptischen Reitern« reden oder vom »Jüngsten Tag«. Aber daß wir mit dem Ende der Welt vor dem ewigen Richter stehen, sagen sie nicht. Das geben ihre Analysen nicht her. Doch auch in der Bibel selbst sehen wir Widersprüche. Allen Sektierern zum Frust läßt sich kein Fahrplan für die Endzeit aus der Heiligen Schrift erarbeiten. Es gibt zu viele gegensätzliche Details. Ja, wir müssen bei genauem Bibellesen erkennen, daß sogar in dem Grundverständnis der »letzten« Dinge erhebliche Spannungen vorliegen. Ist auch hier wieder anzunehmen, daß die Widersprüche in der Bibel nur anzeigen, daß wir dort nicht bei den entscheidenden Fragen stehen und daß wir wie die Sammler des Neuen Testaments nebeneinander stehen lassen dürfen, was sich widerspricht? Aber die Übereinstimmung aller Texte ist dann wieder um so wichtiger: Die Menschen gehen Gott entgegen, und ihr Leben wird bilanziert. Unser Leben ist unser Prozeß, und es wird ein Urteil geben.

Jesus kommt bald

㉓ *1. Thessalonicherbrief 4,13–18*

13 Wir wollen euch aber, liebe Brüder, nicht im Ungewissen
lassen über die, die entschlafen sind, damit ihr nicht traurig seid
wie die anderen, die keine Hoffnung haben. 14 Denn wenn wir
glauben, dass Jesus gestorben und auferstanden ist, so wird Gott
auch die, die entschlafen sind, durch Jesus mit ihm einherführen. 15 Denn das sagen wir euch mit einem Wort des Herrn, dass
wir, die wir leben und übrig bleiben bis zur Ankunft des Herrn,
denen nicht zuvorkommen werden, die entschlafen sind. 16
Denn er selbst, der Herr, wird, wenn der Befehl ertönt, wenn die
Stimme des Erzengels und die Posaune Gottes erschallen, herab-
kommen vom Himmel, und zuerst werden die Toten, die in Christus gestorben sind, auferstehen. 17 Danach werden wir, die wir
leben und übrig bleiben, zugleich mit ihnen entrückt werden auf
den Wolken in die Luft, dem Herrn entgegen; und so werden wir
bei dem Herrn sein allezeit. 18 So tröstet euch mit diesen Worten
untereinander.

Zum 1. Thessalonicherbrief allgemein s. zu Text ⑯.

Unser Text heißt auch »Kleine paulinische Apokalypse« (griechisch: »Enthüllung«), womit er in Parallele gesehen wird zur sog. »Synoptischen Apokalypse« (Mk 13 par.; vgl. unseren Text ㉕) und zur »Johanneischen Apokalypse« (letztes Buch der Bibel).

»**Entschlafen**« ist schon in der Antike eine freundliche Umschreibung (Euphemismus) für den Tod. Allerdings ist das Wort noch nicht so zur Formel geworden wie heute. Das zeigt sich daran, daß noch sprachliche Unterschiede gemacht werden. Die erste Verwendung in Vers 13 müßte, da das griechische Partizip im Präsenz steht, mit »die Schlafenden« übersetzt werden. Dementsprechend wäre in den Versen 14 und 15 zu übersetzen »die geschlafen haben«. Diese Nuancen lassen die Toten noch nicht so distanziert erscheinen wie Luthers einheitliche Wiedergabe »die Entschlafenen«.

»Die keine **Hoffnung** haben«, können in diesem Zusammenhang nicht einer bestimmten Religion zugewiesen werden. Gemeint sind alle, die nicht an den Auferstandenen glauben. Der Inhalt dieses Glaubens wird noch nicht wie später in einem »Credo« kultisch bekannt. Aber aus solchen Stellen wie Vers 14 dürfte sich credohaftes Reden entwickelt haben.

Der ungewöhnliche Begriff »**einherführen**« ist wahrscheinlich bewußt so blaß formuliert, um das »mit ihm« dabei besser pointieren zu können. Gott hat die gestorbenen Thessalonicher nicht vergessen. Nach Vers 16 werden sie am Jüngsten Tag vor den dann noch Lebenden auferstehen. Nach Vers 14 scheint Paulus aber zu denken, daß sie schon vorher – nach ihrem Tod – bei Jesus sind. Wenn darin ein Unterschied im Ablauf der Ereignisse bestehen sollte, ist er Paulus jedenfalls nicht wichtig.

Ein **Wort des Herrn** unterscheidet Paulus deutlich von eigenen Worten (vgl. dazu 1. Kor 7,10; 9,14 mit 7,12). Aber die Frage ist, woher er solch ein Wort des Herrn hat. Es werden verschiedene Möglichkeiten diskutiert.[111] Am wahrscheinlichsten ist, daß es eine Gemeindetradition gab, durch urchristliche Propheten ausgegeben, auf die sich Paulus beruft und die für die Gestorbenen das gleiche Glück aussagt, am Jüngsten Tag »bei dem Herrn« zu sein, wie für die dann noch Lebenden.

Die **Ankunft** (griechisch: »parusia«) des Herrn wird ausgemalt wie die Einholung eines großen Königs beim Staatsbesuch. Es überwiegen militärische Begriffe: Befehl, Stimme des Erzengels, d. h. des kommandierenden Engels[112], Posaune (besser: Trompete). Der Erzengel hat nur dieselbe Funktion wie die Trompete: Er gibt das Signal zum Beginn (vgl. zu Text ⑤). Die Menschen treten in Abteilungen an und bilden eine Art Spalier. Diese Einzelheiten sind im zeitgenössischen Judentum allgemein bekannt. So hat Paulus also in den Versen 16 f. eine jüdische Überlieferung übernommen. Nur der Schlußsatz dürfte von ihm selbst hinzugefügt sein, weil er sich in seiner Schlichtheit von dem militärischen Pathos der vorherigen Aussagen abhebt.

Entrücken meint eine von Gott ausgelöste plötzliche Ortsveränderung aus verschiedenen Anlässen (Rettung, Belehrung). Hier hat sie wohl nur protokollarisch-repräsentative Bedeutung. Daran und an allen anderen Details des Ablaufs scheint Paulus wenig Interesse zu haben. Ihm ist wichtig, was er zum Schluß sagt: So werden wir bei dem Herrn sein allezeit.

Das ist ein Trost für die Trauernden, die um das ewige Schicksal der schon Gestorbenen Sorge tragen.

Das ist aber auch das Kriterium für alle Probleme, die sich aus der Naherwartung des Endes ergeben. Paulus erwartet zu der Zeit, als er den 1. Thessalonicherbrief schreibt, das Ende noch zu seinen Lebzeiten, aber das bedeutet für ihn nicht, daß es nun in der Gemeinde unordentlich zugehen dürfte (5,14). Die Erwartung des Herrn verpflichtet zur Nüchternheit.[113]

Jesus läßt uns Zeit

㉔ *Philipperbrief 1,21–24*

21 Denn Christus ist mein Leben, und Sterben ist mein Gewinn. 22 Wenn ich aber weiterleben soll im Fleisch, so dient mir
das dazu, mehr Frucht zu schaffen; und so weiß ich nicht, was
ich wählen soll. 23 Denn es setzt mir beides hart zu: Ich habe
Lust, aus der Welt zu scheiden und bei Christus zu sein, was auch
viel besser wäre; 24 aber es ist nötiger, im Fleisch zu bleiben um
euretwillen.

Zum Philipperbrief allgemein s. zu Text ⑰.

Paulus ist ein Gefangener. Sein Leben ist äußerlich bedroht.

Seit dem 1. Thessalonicherbrief mit seiner heißen Naherwartung sind ca. sechs Jahre vergangen.

Paulus denkt an seinen **Tod.** Zwar hat er nicht zu entscheiden, was aus ihm wird. Aber er läßt die Philipper in sein Herz blicken. Lieber wäre es ihm, wenn er »aus der Welt scheiden« könnte, wie Luther übersetzt. Das griechische

Wort (»analýein«) heißt wörtlich »auflösen, ablösen«. Man könnte an das Abbrechen von Zelten denken oder an das Taue-Einziehen beim Ablegen von Schiffen, Bilder, die nicht nur ein Ende, sondern auch einen Anfang ansagen. Der Paulus, der die Naherwartung der Thessalonicher teilte, der diese aber auf Kriterien dafür hinweisen wollte, sagt nun auch den Philippern dasselbe: Das Wichtigste ist bei allen Gedanken an den Tod, daß wir bei dem Herrn, bzw. bei Christus sein werden.

Fleisch ist bei Paulus ein Wort für die geschichtliche Existenz des Menschen, die vergänglich ist und begrenzt, aber deshalb doch nicht zu verachten, denn es ist die Existenzform, in der es möglich ist, »Frucht zu schaffen«, also für andere dazusein.

Jesus hilft durch

㉕ *Markusevangelium 13,14–27*

14 Wenn ihr aber sehen werdet das Gräuelbild der Verwüstung stehen, wo es nicht soll – wer es liest, der merke auf! –,
alsdann, wer in Judäa ist, der fliehe auf die Berge … 19 Denn in
diesen Tagen wird eine solche Bedrängnis sein, wie sie nie gewesen ist bis jetzt vom Anfang der Schöpfung, die Gott geschaffen
hat, und auch nicht wieder werden wird. 20 Und wenn der Herr
diese Tage nicht verkürzt hätte, würde kein Mensch selig; aber
um der Auserwählten willen, die er auserwählt hat, hat er diese
Tage verkürzt. 21 Wenn jemand zu euch sagen wird: Siehe, hier
ist der Christus; siehe da ist er!, so glaubt es nicht. 22 Denn es
werden sich erheben falsche Christusse und falsche Propheten,
die Zeichen und Wunder tun, sodass sie die Auserwählten ver-
führen würden, wenn es möglich wäre. 23 Ihr aber seht euch vor!
Ich habe euch alles zuvor gesagt! 24 Aber zu jener Zeit, nach
dieser Bedrängnis, wird die Sonne sich verfinstern und der Mond
seinen Schein verlieren, 25 und die Sterne werden vom Himmel
fallen, und die Kräfte des Himmels werden ins Wanken kommen.
26 Und dann werden sie sehen den Menschensohn kommen in

den Wolken mit großer Kraft und Herrlichkeit. [27] Und dann wird er die Engel senden und wird seine Auserwählten versammeln von den vier Winden, vom Ende der Erde bis zum Ende des Himmels.

Zum Markusevangelium allgemein s. zu Text ④.

Dieser Teil der »Synoptischen Apokalypse« steht fast gleich bei Matthäus 24,15–31 und bei Lukas 21,20–28. Sie ist sicher zusammengetragen aus vielen verschiedenen kleineren Einzelstücken, die wiederum größtenteils aus jüdischer Tradition stammen.

Das **Gräuelbild der Verwüstung** erinnert zunächst an Daniel 9,27, wo unter einem entsprechenden hebräischen Wort von dem Zeusaltar geschrieben wird, den der Seleukidenkönig ANTIOCHUS IV. im Jahre 168 vor Christus im Jerusalemer Tempel errichten ließ. Im Jahre 40 nach Christus hat der römische Kaiser CALIGULA mit seinem eigenen Bild dasselbe versucht. Jetzt wird eine neue Entweihung befürchtet, die die früheren überbietet. In einer Art Geheimnis-Weitergabe wird angekündigt, daß der Antichrist im Tempel Platz nehmen wird. In diesem Schreckensbild laufen verschiedene Farben zusammen: Angst vor Naturkatastrophen, Furcht vor politischen Tyrannen und ein aus dem Persischen stammender Teufelsglaube. Ein Verhängnis droht, gegen das Menschen machtlos sind.

Da bleibt nur die **Flucht**. Sie ist speziell für Judäa ausgemalt, in den von uns übergangenen Versen detailliert für die dörfliche Situation. In Vers 19 ff. ist aber diese regionale Begrenztheit schon gesprengt. Solche Not hat es seit der Schöpfung noch nicht gegeben. So soll wohl angedeutet werden, daß sie auch nicht schöpfungsgemäß ist und deshalb der Herr eingreifen muß. Was Luther mit »selig werden« übersetzt, heißt zunächst nur »gerettet werden«, d. h. aus der äußeren Not. Sie wird nach Vers 21–23 auch eine innere.

Es droht die religiöse **Verführung**. Die Wiederkunft des Christus wird an verschiedenen Stellen behauptet (V. 21), und es wird falsche Christusse (griechisch: »pseudochristoí«) geben. Worin deren Gefahr inhaltlich gesehen wird, bleibt ungesagt, Aber auf jeden Fall verhindern sie die Geborgenheit bei dem richtigen Herrn.

Ihre **Wundertaten** beweisen, daß Wunder nichts beweisen für die Legitimität des jeweiligen Wundertäters bzw. seiner Lehre.

Zum **Menschensohn** vgl. zu Text ⑭.

»Vom Ende der Erde bis zum Ende des Himmels« scheint eine Zusammenziehung des längeren Ausdrucks »von einem Ende der Erde bis zum anderen Ende der Erde und von einem Ende des Himmels bis zum anderen Ende des Himmels« zu sein. Jedenfalls geht es um die Sammlung der zerstreuten (griechisch: »diasporá«) Christen, die auch schon für das zeitgenössische Judentum erhofft wurde.

Die Parallelen zu diesem Markustext haben keine erwähnenswerten Abweichungen. Es ist die gemeinsame Sicht der Evangelien, daß Jesus in solch **apokalyptischer Denkweise** vom Ende der Welt gesprochen habe. Aus diesem Denken ist dann später ein ganzer Buchtyp entstanden, die Apokalypse als Buch der Offenbarung.[114]

Zwischenbilanz

Die bisher bedachten Texte stellen nur eine kleine Auswahl zum Thema dar. Im ältesten Paulusbrief wurde uns gezeigt, wie Paulus zwar die Naherwartung der Gemeinde teilt, aber zugleich dahin wirkt, daß der Geist des erwarteten Herrn nicht vor seiner Wiederkehr vergessen wird. Dann sind etwa sechs Jahre vergangen. Und Paulus rechnet nicht mehr damit, daß er persönlich den großen Tag erleben wird. Doch bleibt er bei seinem Erwartungsstil. Er möchte so oder so bei seinem Herrn sein.

Die Verarbeitung der Endzeiterwartung des zeitgenössischen Judentums innerhalb der Synoptischen Apokalypse läßt diese theologische Leitidee vermissen. Da meldet sich manch unnötige Spekulation. Und es bildet sich eine immer fester werdende Vorstellung von der Reihenfolge der Ereignisse: individueller Tod, Auferstehung zum Gericht, Begnadigung der Glaubenden. Ewiges Leben (= Reich Gottes = Himmelreich), die von der Johannesoffenbarung noch detailliert ausgestaltet wird. Dabei scheint man sich damit abzufinden, daß das Ende der Tage zwar kommt, aber doch wohl erst etwas später.

Es werden aber auch viele Gleichnisse erzählt vom Reiche Gottes (vgl. z. B. die Sammlung von Mt 13), die doch wohl zur ältesten Schicht der Synoptiker gehören, die aber ihre Pointe eigentlich alle in der Gegenwart haben, selbst das berühmte vom Weltgericht (Mt 25,31–46): »*Was ihr getan habt einem von diesen meinen geringsten Brüdern, das habt ihr mir getan.*« (25,40)

Jesus ist unter uns

 *Lukasevangelium 17, 20–21*

20 Als er aber von den Pharisäern gefragt wurde: Wann kommt das Reich Gottes?, antwortete er ihnen und sprach: Das Reich Gottes kommt nicht so, dass man's beobachten kann; 21
man wird auch nicht sagen: Siehe, hier ist es!, oder: Da ist es! Denn siehe, das Reich Gottes ist mitten unter euch.

Zum Lukasevangelium allgemein s. zu Text ⑥.

Unser Abschnitt ist lukanisches Sondergut.

Der Text gilt als »Apóphthegma«, das ist die Überlieferung eines Ausspruchs einer berühmten Persönlichkeit, zu dem man eine Rahmenhandlung erfunden hat, um besser erzählen zu können. Wenn diese Bestimmung der Form richtig ist, darf man auf die äußeren Umstände der Handlung kein Gewicht legen.

Das »**Reich Gottes**« müßte genauer übersetzt werden als »Königsherrschaft« Gottes (griechisch: »basileía«). Dieser Begriff, in dem die religiöse Erwartung Israels damals konzentriert war, enthielt durchaus auch weltliche Momente. Der erwartete Messias würde auch die politische Freiheit bringen. Darum wurde mit der Inschrift am Kreuz ja auch der römische Hinrichtungsgrund politisch formuliert: der König der Juden, Jesus Nazarenus Rex Judaeorum, aber das Reich war für jüdische Ohren vor allem die Nähe Gottes, die Wiederkehr des Heilszustandes.

Durch »**mit äußerlichen Gebärden**« übersetzte Luther in seiner ursprünglichen Fassung ein Wort, das ein Beachten und Bewahren ausdrückt. Die vorbereitende Frage für Jesu Antwort will also für das Kommen des Reiches seine Beachtbarkeit oder gar Berechenbarkeit einfordern.

»**Inwendig in euch**« ist nach Luthers ursprünglicher, aber falscher und darum revidierter Übersetzung die Antwort Jesu. Zwar kann man das griechische Wort »entós« so wiedergeben. Aber das wäre widersinnig, denn angeredet sind ja Feinde Jesu, denen er so bescheinigen würde, daß Gottes Reich in ihnen wäre. Gemeint ist vielmehr, daß das Reich Gottes in der Person Jesu unter ihnen ist – mit allen Folgen zum Heil oder zum Gericht.

Damit ist das Reich Gottes nicht mehr etwas Zukünftiges oder im zeitlichen Sinne Letztes (Eschatologisches), sondern es ist gegenwärtig verstanden. Und die Gelehrten sprechen von einer präsentischen Eschatologie in diesem Text.

Zugleich sollte man aber von einer personalen Eschatologie sprechen. Denn wenn Jesus das Reich Gottes ist und gibt, wenn es mit ihm und in ihm kommt, dann geschieht es in einem personalen Gegenüber und ist deshalb nicht zu errechnen wie ein meteorologisches Ereignis.

Jesus ist da in seinem Wort

㉗ *Johannesevangelium 5,24–25*

24 Wahrlich, wahrlich, ich sage euch: Wer mein Wort hört und
glaubt dem, der mich gesandt hat, der hat das ewige Leben und
kommt nicht in das Gericht, sondern er ist vom Tode zum Leben
hindurchgedrungen. 25 Wahrlich, wahrlich, ich sage euch: Es
kommt die Stunde und ist schon jetzt, dass die Toten hören
werden die Stimme des Sohnes Gottes, und die sie hören werden, die werden leben.

Zum Johannesevangelium allgemein s. zu Text ⑦.

Der Abschnitt stammt aus einer längeren Rede Jesu, die das

Johannesevangelium komponiert hat, in der es um die Beziehung Jesu zu Gott geht und um Konsequenzen daraus für die Jünger.

Das **ewige Leben** ist in diesem Text ebenfalls präsentisch verstanden. Wer hört (Präsenz) und glaubt (Präsenz), der hat (Präsenz) das Leben. Danach ist vor dem Gewinn des ewigen Lebens auch kein Gericht mehr vorgesehen. Die persönliche Glaubensbeziehung des Hörenden zu Jesus hat die Aufnahme in seine Gemeinschaft bewirkt. Vergebung und Begnadigung sind darin eingeschlossen. Dennoch kommt die Stunde, in der die Toten Jesu Stimme hören werden. Da sind in einem Satz Gegenwart und Zukunft verbunden (V. 25). Die sog. Präsenz-Eschatologie steht also gar nicht in einem direkten und kontradiktorischen Gegensatz zur futurischen.

Man darf also denken, daß die Stimme Jesu, die jetzt die Lebenden und irgendwann die Toten hören, das Verbindende ist. Sie bringt erfülltes, ewiges Leben schon hier. Und weil es Gottes Wille ist, solange er will.

B Fragen

1.1 Wen nennen die Texte als Gegenspieler Jesu?

1.2 Wie ist der Ablauf der Ereignisse am Ende?

1.3 Wie bewerten die Texte den Tod?

1.4 Was sagen die Texte über das Datum des Endes?

1.5 Was ist mißverständlich?

1.6 Was variieren die Texte?

1.7 Worin widersprechen sich die Texte?

2.1 Wie verändern die Texte überlieferte Gedanken?

2.2 Was ist das Wichtigste am Ende?

2.3 Welche Rolle hat Jesus in der Enderwartung?

2.4 Worin stimmen die Texte überein?

C Antwortversuche

Zu 1.1:
㉓ Fehlanzeige;
㉔ Fehlanzeige;
㉕ Gräuelbild der Verwüstung (Antichrist), falsche Christusse und falsche Propheten;
㉖ Fehlanzeige; ㉗ Fehlanzeige.

Zu 1.2:
㉓ Befehl, Stimme des Erzengels, Posaune Gottes, Kommen Jesu, Auferstehen der Toten, Entrückung der Christen, Sein der Christen bei dem Herrn;
㉔ möglicher Tod des Apostels, Sein bei Christus;
㉕ Antichrist im Tempel, Bedrängnis, Erscheinen von falschen Christussen und Propheten, Sonnenverfinsterung, Verlust des Mondscheins, Wanken der Himmelskräfte, Kommen des Menschensohns, Sammlung der Auserwählten;
㉖ Fehlanzeige; ㉗ Fehlanzeige.

Zu 1.3:
㉓ kein Nachteil für die gestorbenen Thessalonicher;
㉔ Gewinn, bei Christus zu sein;
㉕ Fehlanzeige;
㉖ Fehlanzeige;
㉗ Übergang zum Leben.

Zu 1.4:
㉓ Es kommt noch zu Lebzeiten des Paulus.
㉔ Es kommt wohl nicht mehr zu Lebzeiten des Paulus.
㉕ nach dem Auftreten des Antichrists im Tempel;
㉖ jetzt;
㉗ jetzt.

Zu 1.5:
㉓ daß man Vorzeichen des Endes erkennen könne;
㉔ daß sich der Christ aus dieser Welt zu sehnen habe;
㉕ wie zu ㉓;
㉖ daß das Reich Gottes etwas Innerliches sei (ursprüngliche Übersetzung Luthers);
㉗ daß das ewige Leben nur eine Erscheinungsform habe.

Zu 1.6:
den Ablauf»plan« und die Vorstellung von der Nähe des Endes.

Zu 1.7:
bei der Frage der Notwendigkeit eines Gerichts;
bei der Frage, ob ewiges Leben in der Gegenwart oder in der Zukunft geschehe.

Zu 2.1:
㉓ und ㉕ zeitgenössische jüdische Apokalypsen werden durch die Gestalt Jesu neu gewichtet.

Zu 2.2:
㉓ beim Herrn sein;
㉔ bei Christus sein;
㉕ sammeln der Auserwählten;
㉖ erkennen, daß in Jesus das Reich Gottes da ist;
㉗ hören und glauben und haben des ewigen Lebens.

Zu 2.3:
㉓ und ㉕ Jesus kommt zum Gericht.
㉔ Jesus ist das Ziel des Lebens.
㉖ Jesus bringt das Reich Gottes.
㉗ Jesus bringt das ewige Leben.

Zu 2.4:
㉓ bis ㉗ In allen Texten geht es um das Sein beim Herrn.
(Z. B.: ㉓ Wir werden bei dem Herrn sein allezeit (1. Thess 4,17) / ㉔ Ich habe Lust bei Christus zu sein (Phil 1,23) / ㉕ Er wird seine Auserwählten versammeln (Mk 13,27) / ㉖ Das Reich Gottes ist mitten unter euch (Lk 17,21) / ㉗ Die die Stimme des Sohnes Gottes hören werden, die werden leben (Joh 5,25).)

D Folgerungen

1. Die Toleranz der Sammler

Das Neue Testament redet von den »Letzten Dingen« in unterschiedlichen Begriffen: Ewiges Leben, Reich Gottes, Reich der Himmel, Gericht, Enthüllung, Ankunft. Diese Vielfalt der Ausdrücke zeigt schon, daß sich das Thema einer Definition entzieht. Es läßt sich nur annähernd davon reden.

Unterschiede der Vorstellungen, ja Gegensätze werden nicht verschwiegen. Daß sich z. B. die Christen in Thessalonich auf ein Ende in allernächster Zukunft (sozusagen morgen) eingestellt hatten und daraus falsche Konsequenzen ziehen wollten, wird eingestanden. Sie hatten sich geirrt. Offenbar hatte sich auch Jesus geirrt. Jedenfalls berichtet das Markusevangelium zwanzig Jahre später noch von einem entsprechenden Satz Jesu: »*Es stehen einige hier, die werden den Tod nicht schmecken, bis sie sehen das Reich Gottes kommen mit Kraft.*« (Mk 9,1) Und Matthäus (16,28) und Lukas (9,27) schreiben das einige Jahre später ab, obwohl doch auch die Vorstellung, das Ende der Welt werde noch in der ersten Generation kommen, falsch war.

Das können die Sammler der biblischen Schriften offenbar verkraften. Dann sind diese Differenzen aber auch für den Glauben nicht wichtig.

Dasselbe gilt für den Unterschied von zukünftiger und gegenwärtiger Erscheinungsform des Reiches Gottes oder des ewigen Lebens. Beides wird in innerbiblischer Toleranz nebeneinander angeboten.

2. Das Wesen der Widersprüche

Ob das Ende morgen oder noch in der ersten Generation, nach dem Erscheinen des Antichrists oder noch später (zum Jahr 1000 oder zum Jahr 2000) kommt, ist eine Datierungsfrage, bei der immer wieder Irrtümer einzugestehen waren – schon im Neuen Testament, aber bei entsprechenden apokalyptischen Gruppen noch heute. Daß unsere Welt ein Ende haben könnte, ist kein grundsätzlich falscher Gedanke, offenbar auch für die Naturwissenschaft nicht. Das ist wohl mehr eine Geduldsfrage.

Der Unterschied von präsentischer und futurischer Eschatologie, wie er bei den Texten ㉖ und ㉗ aufbricht, ist jedoch grundsätzlicher Art. Am spannungsreichsten ist der Gedanke bei Johannes formuliert. Wenn in einem einzigen Satz gesagt werden kann, daß die Stunde kommt und daß sie da ist, wird eine Gleichwertigkeit von Gegensätzlichem behauptet, die schwer zu denken ist. Wir pflegen solche Sachverhalte als »Dialektik« zu bezeichnen, obwohl diese Etikettierung auch keine Verstehenshilfe bedeutet.

Daß uns dennoch eine solche Denkunmöglichkeit zugemutet wird, hängt mit der Tatsache zusammen, daß hier versucht wird, von Gott zu reden. Weil er, der eigentlich undenkbar und unsagbar ist, nun dem, der hört und glaubt, ewiges, erfülltes Leben gibt, darum ist diese Gottesbeziehung sofort da und wird am Ende dasein.

3. Der Glaube und das Ende

Unsere Existenz ist begrenzt. Das gilt für unser individuelles Leben und für den Kosmos. Man mag darüber in Panik geraten oder mit Felix Krull sagen: Das nimmt mich dafür ein.[115] Ändern können wir den Tatbestand nicht.

Wie geht einer damit um, der glaubt, daß Gott ihn und die anderen im Schicksal angeredet hat; der ihm gesagt hat, was gut ist und als Gutes gilt, unabhängig von menschlicher Umdeutung; der in dem Menschen Jesus von Nazareth sein Wesen gezeigt hat; der die Liebe ist?

Wer so glaubt, kann nicht den Gedanken denken, daß mit seinem persönlichen Ende auch die Kraft der göttlichen Liebe am Ende wäre. Luther hat das so formuliert: »Die Person Gottes, der spricht, und sein Wort kennzeichnen uns als solche Geschöpfe, mit denen Gott auch weiter sprechen will bis in Ewigkeit und in unvergänglicher Art.«[116]

6. Kapitel

Das Wesen Gottes

Was uns unbedingt angeht

Daß Gott nur eine »Hochrechnung« der Menschen sei, nur eine »Projektion unserer Wünsche an den Himmel«, ist oft behauptet und wurde scheinbar »wissenschaftlich« begründet.

Wer sich genauer mit der Entwicklung befaßt, die der Gottesbegriff bei Juden und Christen durchgemacht hat, wird das nicht mehr so leichthin behaupten wollen bzw. sich kaum mehr durch solche Polemik beeindrucken lassen. Der »liebe Gott«, der hilflos und fassungslos den mündig gewordenen Menschen gegenübersteht, ist eine wohlfeile Karikatur.[117]

Die Textauswahl in diesem Kapitel (soweit erkennbar nach dem Alter geordnet) zeigt, daß das Volk Gottes für seine Gottesauffassung viel zu lernen hatte, daß man immer wieder Ergänzungen, ja Korrekturen vornahm und nie meinte, Gott definiert zu haben und damit fertig zu sein mit ihm.

Der Glaube begann mit Erfahrungen der Bewahrung, die sich die Menschen nicht ausgedacht, sondern erlebt hatten, die sie aber nicht ausreichend rational erklären konnten. Und sie glaubten Gott im Spiel. Aber was sagen moderne Atheisten eigentlich, wenn sie in vergleichbaren Situationen behaupten, »Glück« gehabt zu haben?

Und daneben stand die elementare Erfahrung der ethischen Forderung die sich auch nicht einfach als verabredeter Komment der Menschen erfassen ließ. Und so sah man den Absoluten in der Tiefe der Norm. Aber was tun heutige

Agnostiker, wenn sie sich über die Bosheit der Welt beschweren und Verantwortung für jedermann fordern? Verantwortung ist Antwort. Worauf?

A TEXTE UND ERKLÄRUNGEN

Zunächst sollen drei Texte besprochen werden, die älter sind, als die Schriften, in denen sie zitiert werden.[118]

Im Geschick der Väter und Mütter

5. Mose 26,5–9

5 Dann sollst du anheben und sagen vor dem HERRN, deinem
Gott: Mein Vater war ein Aramäer, dem Umkommen nahe, und
zog hinab nach Ägypten und war dort ein Fremdling mit wenig
Leuten und wurde dort ein großes, starkes und zahlreiches Volk.
6 Aber die Ägypter behandelten uns schlecht und bedrückten
uns und legten uns einen harten Dienst auf. 7 Da schrien wir zu
dem HERRN, dem Gott unserer Väter. Und der HERR erhörte unser
Schreien und sah unser Elend, unsere Angst und Not 8 und führte uns aus Ägypten mit mächtiger Hand und ausgerecktem Arm
und mit großem Schrecken, durch Zeichen und Wunder, 9 und
brachte uns an diese Stätte und gab uns dies Land, darin Milch
und Honig fließt.

Zum 5. Buch Mose s. zu Text ①.

Was in diesem Buch steht, gehört zum größten Teil zu der »Quelle« Deuteronomium (D), so auch unser Text.

Formkritisch ist dieser Abschnitt als ein »Danklied des einzelnen« zu verstehen (mit den Elementen: Schilderung der Notlage, Anrufung Gottes um Hilfe und Bericht der Rettung). Es gibt eine ganze Reihe ähnlicher Danklieder. Eines der ältesten ist vermutlich das sog. Mirjam-Lied von 2. Mose 15,21: »*Und Mirjam sang ihnen vor: Lasst uns dem HERRN singen, denn er hat eine herrliche Tat getan. Ross und Mann hat er ins Meer gestürzt.*«

Das Stück 5. Mose 26, 5–9 spricht etwas ausführlicher als das

Mirjam-Lied von dieser Erfahrung, aber immer noch sehr viel knapper als die Langfassung von 2. Mose 14. Es ist eingebettet in Vorschriften zur Begehung eines Festes zu Beginn der Ernte.

Der Widerspruch in der Situationsschilderung von Vers 4 (der Priester nimmt den Erntegabenkorb) und Vers 10 (der Beter legt die Erntegaben an der heiligen Stätte nieder) zeigt, daß unser Text an dieser Stelle in den jetzigen Zusammenhang eingefügt worden ist. Er dürfte deutlich älter sein.[119] Einige Forscher[120] setzen ihn zur Zeit der Landnahme Israels, also um 1200 vor Christus an, andere[121] widersprechen und denken an die Zeit des Exils, also an eine Phase 600 Jahre später.

Der Text hat die Ehrenbezeichnung »Kleines geschichtliches Credo« erhalten, obwohl es sehr problematisch ist, für ein hebräisches Literatur-Stück ein lateinisches Etikett zu wählen. Was wir in der Regel als »Credo« verstehen (das sog. apostolische oder das sog. nizänische oder das sog. athanasianische Bekenntnis), ist eine als Gebet gefaßte Aufzählung von Eigenschaften bzw. »Rollen« Gottes und von Hoffnungen der Christen. Seine Sprache ist eher abstrakt, unpersönlich und lehrhaft. Demgegenüber klingt unser Abschnitt eher wie eine kurzgefaßte Familiengeschichte, deren wichtigste Stationen erzählend rekapituliert werden.

Der **Vater** ist vermutlich Jakob, von dem erzählt wird, daß er bei den Aramäern gelebt hat (vgl. 1. Mose 31,24).

Was Luther übersetzt mit »**dem Umkommen nahe**«, heißt wörtlich »umherirrend« und wird auch für Herdentiere verwendet, die von der Herde abgekommen sind. Gemeint ist die fatale Situation von Kleinvieh-Nomaden, die in Dürreperioden nicht genug Weideland in der Steppe finden und dann versuchen, in den fruchtbaren Ackerbaugebieten zu überleben. Es gibt zeitgenössische Berichte von ägyptischen Grenzbeamten, die über Probleme mit solchen Gruppen sprechen. Manchmal zwangen die Ägypter solche »Kostgänger« zu Fronarbeit bei ihren Bauten.

»**Gott der Väter**« ist eine Formulierung mit Vorgeschichte.[122] Es sind in der Thorá einige Wendungen erhalten, die vermuten lassen, daß sie an unterschiedliche Gotteserfahrungen erinnern, ja, daß vielleicht zunächst verschiedene Götter verehrt wurden.

So spricht 1. Mose 15,1 von »Abrams Schild«[123], 1. Mose 31,54 von »Isaaks Schrecken« und 1. Mose 49,24 von »Jakobs Mächtigem«. Die Verehrung der verschiedenen Vätergötter hatte offenbar auch verschiedene Zentren. Abrams Gotteserfahrung ist in Hĕbron, Isaaks in Be'ĕrseba und Jakobs in Bĕthel lokalisiert. In unserem Text sind diese Gotteserfahrungen nun schon zusammengedacht mit der Erfahrung des Gottes vom Schilfmeer.

Es fällt aber auf, daß unser Text keine Aussage macht über die Gotteserfahrung vom Sinai.[124]

Es ist also anzunehmen, daß der israelitische Gottesglaube verschiedene Ursprungssituationen nebeneinander hatte.

Milch und Honig sind nicht spezielle Produkte des Ackerbaus. Auch Nomaden kannten diese Lebensmittel. Die Pointe für die Vorteile eines »Gelobten Landes« liegt darin, daß diese Nahrung dort reichlich vorhanden ist, daß sie fließt wie Wasser.

Und die Erstlinge der **Früchte** des Landes, die der Beter im Gelobten Land vor Gott bringt, sind natürlich nicht Milch und Honig (in einem Korb?), sondern vermutlich Obst und Korn.

Zu diesem alten Text, in dem also schon verschiedene Gotteserfahrungen zusammengeglaubt worden sind, gibt es eine vermutlich jüngere Parallele in 2. Mose 3,13–14: Mose hatte in der Steppe einen Busch gesehen, der brannte, ohne zu verbrennen. Als er näher kam, sprach Gott ihn an und erklärte sich als Gott Abrahams, Isaaks und Jakobs (V. 6) und gab Mose den Auftrag, die Israeliten aus Ägypten herauszuführen. Ehe Mose den Auszug (griechisch: éxodos) organisierte, fragte er: *»Siehe, wenn ich zu den Israeliten komme und spreche zu ihnen: Der Gott eurer Väter hat mich zu euch gesandt!, und sie mir sagen werden: Wie ist sein Name?, was soll ich ihnen sagen? Gott sprach zu Mose: Ich werde sein, der ich sein werde. Und sprach: So sollst du zu den Israeliten sagen: ›Ich werde sein‹, der hat mich zu euch gesandt.«*

So wird also nun erzählt, daß der Gott der Väter auch der Gott des Exodus ist. Die Erfahrungen von Hĕbron, Be'ĕrseba und Bĕthel sind mit denen vom Schilfmeer zusammenzudenken. Was ist das Verbindende?

Es ist nicht der Name Gottes, denn die Antwort an Mose nach 2. Mose 3,14 ist genau besehen eine Antwortverweigerung. Allerdings muß referiert werden, daß die obige Übersetzung Luthers nicht optimal ist, da die hebräische Vokabel »ähjāh« (ein Wortspiel zu »jahwēh«) präziser zu übersetzen ist mit »Ich werde *für euch* dasein«. Es geht also nicht um die abstrakte Frage nach dem Sein Gottes schlechthin, sondern um die praktische Frage nach Gottes Hilfe. Und das ist nun allerdings das Verbindende: Gott gibt nicht einen Namen preis wie die Götter der Umwelt Israels, die dadurch zu beschwören wären, sondern er sagt seine Hilfe zu. Das haben die verschiedenen Gotteserfahrungen in den sagenhaften Geschichten von Abraham, Isaak und Jakob und die Erfahrung vom Exodus gemeinsam: sie interpretieren das Schicksal von Vätern und Volk als Hilfe Jahwes. Gott ist ein Name für das Geschick, das man als Rettung versteht.

Damit hat der Glaube der Juden (und durch sie der Christen) begonnen, daß Israel oder besser: Teile des späteren Israel das, was sie an Gutem erlebten, nicht als sprachloses Fatum fatalistisch hingenommen haben, sondern daß sie sich angeredet glaubten und zu antworten versuchten mit Dank und Denken.

Im Grund des Sollens

2. Mose 20, 2–17

[2] Ich bin der HERR, dein Gott, der ich dich aus Ägyptenland,
aus der Knechtschaft, geführt habe. [3] Du sollst keine anderen
Götter haben neben mir. [4] Du sollst dir kein Bildnis noch irgendein Gleichnis machen, weder von dem, was oben im Himmel,
noch von dem, was unten auf Erden, noch von dem, was im
Wasser unter der Erde ist: [5] Bete sie nicht an und diene ihnen
nicht! Denn ich, der HERR, dein Gott, bin ein eifernder Gott, der
die Missetat der Väter heimsucht bis ins dritte und vierte Glied
an den Kindern derer, die mich hassen, [6] aber Barmherzigkeit
erweist an vielen tausenden, die mich lieben und meine Gebote
halten. [7] Du sollst den Namen des HERRN, deines Gottes, nicht
missbrauchen; denn der HERR wird den nicht ungestraft lassen,

der seinen Namen missbraucht. 8 Gedenke des Sabbattages,
dass du ihn heiligest. 9 Sechs Tage sollst du arbeiten und alle
deine Werke tun. 10 Aber am siebenten Tage ist der Sabbat des
HERRN, deines Gottes. Da sollst du keine Arbeit tun, auch nicht
dein Sohn, deine Tochter, dein Knecht, deine Magd, dein Vieh,
auch nicht dein Fremdling, der in deiner Stadt lebt. 11 Denn in
sechs Tagen hat der HERR Himmel und Erde gemacht und das
Meer und alles, was darinnen ist, und ruhte am siebenten Tage.
Darum segnete der HERR den Sabbattag und heiligte ihn. 12 Du
sollst deinen Vater und deine Mutter ehren, auf dass du lange
lebest in dem Lande, das dir der HERR, dein Gott, geben wird. 13
Du sollst nicht töten. 14 Du sollst nicht ehebrechen. 15 Du sollst
nicht stehlen. 16 Du sollst nicht falsch Zeugnis reden wider deinen Nächsten. 17 Du sollst nicht begehren deines Nächsten
Haus. Du sollst nicht begehren deines Nächsten Frau, Knecht,
Magd, Rind, Esel noch alles, was dein Nächster hat.

Zum 2. Buch Mose (Exodus) allgemein s. zu Text ①.

Es gibt gute Gründe, den Dekalog (griechisch: déka = zehn; lógos = Wort) für älter zu halten, für ein selbständiges Stück der Überlieferung. Dafür spricht, daß er auch in 5. Mose 5,6–21 zitiert wird, vor allem aber, daß sein Text eine Vorgeschichte verrät. Das zeigt sich daran, daß der Dekalog in der heutigen Fassung vierzehn Befehle enthält und nicht zehn. Dafür spricht auch, daß die Mehrzahl der Gebote von klassischer Kürze sind und ohne Erklärung auskommen, nur das Verbot, Bilder anzubeten, und das Gebot, den Sabbat zu heiligen, geben sich demgegenüber ausgesprochen redselig. Die Gebote von Vers 13 bis 15 bestehen im Hebräischen aus nur drei Silben. Das zweite Gebot aber aus drei Versen und das Sabbatgebot aus vier. Schließlich sind die Schlußverbote nicht gut geordnet. Wieso steht das Verbot, des Nächsten Haus zu begehren, mit eigenem Verb vor dem Verbot, die Frau, das Gesinde und das Vieh usw. zu begehren? Der Vergleich mit 5. Mose 5 ist aufschlußreich. Dort ist in Vers 21, wie zu erwarten, zuerst die Frau genannt, und dann folgen Haus und Acker (neu!), Knecht, Magd, Rind, Esel und sonstiges. Und für das Begehren werden dort zwei verschiedene Verben verwendet, weil es doch wohl zu unterscheiden ist, ob jemand eine Partnerin begehrt oder eine Immobilie oder Personal oder Tiere.

Es ist anzunehmen, daß die ältere Fassung der Zehn Gebote aus der Nomadenzeit Israels stammt und daß erst nach der Landnahme, als man nicht mehr in Zelten wohnte, sondern in festen Häusern auf eigenem Grund und Boden, der Dekalog ergänzt wurde.[125]

Dort im Lande Kanaan begegnete man einer Religion, die Bilder für Fruchtbarkeitsgötter und -göttinnen aufgestellt hatte. Es wurde nötig, deren Verehrung abzuwehren. Stattdessen hatte sich aber eine eigene Schöpfungstheologie entwickelt, wie wir sie in einer Spätform in Text ② bedacht haben und die nun zur Begründung des Sabbatgebotes zitiert werden konnte. Also ist der Dekalog mannigfach bearbeitet und beschert den späteren Interpreten Probleme mit seiner Zählung.[126]

Die Form der Gebote des Dekalogs ist die des »Apodiktischen Rechts«, das generell formuliert: Du sollst! Oder: Du sollst nicht! Das Alte Testament kennt natürlich auch das andere, das »Kasuistische« (oder Konditionale) Recht: Wenn einer dies oder das tut, soll ihm dies oder das widerfahren.

Unser Text ist der »Quelle« J zuzurechnen, ist aber in seiner Urform vorjahwistisch.

Die Selbstvorstellung »**Ich bin Jahwe**« verbindet den Dekalog mit der Exodus-Tradition. Damit soll zugleich die Grundlage für die Forderungen Gottes erklärt werden. Weil er Israel gerettet hat, ist es ihm Gehorsam schuldig. Wenn dieser Teil eine spätere Ergänzung ist, wie manche Forscher annehmen, dann ist damit zugleich eine wesentliche theologische Einordnung geschehen. Gottes Forderung steht nicht pur vor Israel, vielleicht nur durch Naturerscheinungen am Sinai unterstrichen, sondern nun ist die Zuwendung Gottes seinem Anspruch auch in der Bedeutung vorgeordnet. Heute sagt man zu solcher Struktur, das Evangelium sei die Voraussetzung für das Gesetz.

Der **Sinai**, der Berg, auf dem Mose nach dem heutigen Erzählzusammenhang die Gebote erhielt, muß wohl als ein Vulkan verstanden werden. Die Wolke, Donner und Blitz nach 2. Mose 19,16 sind Begleiterscheinungen eines Gewitters, doch Feuer und Rauch wie von einem Schmelzofen und ein Beben des Berges (V. 18) sind vulkanische Indizien. Auf der Halbinsel Sinai gibt es aber keine Vulkane. Die finden sich erst östlich vom Golf von Akaba. Wenn sich also in dem vulkanischen Szenario für die Gebot-Gebung geographische Erinnerung erhalten hat, würde damit ein Grund zu erkennen sein, warum sich in der Urform der Exodus-Tradition (vgl. zu Text ㉘), die aus dem Norden Ägyptens stammen muß, nichts von der Gesetzgebungstradition findet. Die Stoffe sind offenbar erst später zusammengewachsen, als Gruppen aus dem Nordwesten des heutigen Saudi-Arabiens zu den anderen Gruppen des frühen Israel stießen.

Wenn **andere Götter** verboten sind, konnte man die Gotteserfahrungen anderer Gruppen oder Stämme entweder nur bestreiten oder die eigenen mit diesen fusionieren und die »Götter« identifizieren. Und so geschah's.

Die eigentliche Pointe beim **Bilderverbot** ist ja nicht das Herstellen, sondern das Anbeten von Bildern, jedenfalls in der heutigen Fassung. Da in der Antike ganz allgemein jedoch geglaubt wurde, daß Bilder eine Verbindung bewirken zu dem, der abgebildet wurde, galt die Produktion von Bildern als der Versuch, Macht und Einfluß zu gewinnen.[127] Daß Gott sich davor schützen müßte, wäre aber ein zu kleinlicher Gedanke für das Niveau des Jahwe-Glaubens.

Die Rede vom **Eifern** Jahwes ist eine der biblischen Aussagen, die diese Gottesvorstellung für viele Bibelleser so unsympathisch gemacht hat. Wer den Zusammenhang beachtet, sieht zwar ein Verhältnis von mindestens 5000 zu 4 zugunsten der Barmherzigkeit und kann sich eine Laufzeit von 150000 Jahren für diese errechnen. Allerdings ist einzuräumen, daß die Ausdrucksweise etwas ungelenk ist. Vor allem aber sind die Kritiker daran zu erinnern, daß das »Halten der Gebote« ja etwas Gutes für die Menschen beinhaltet und nicht einen unbegründeten Respekt wie vor Geßlers Hut[128] bedeutet.

Der **Name** Gottes, also »Jahwe«, soll nicht mißbraucht werden. Daß Gott einen Schutz für seinen Namen nötig hätte, ist genauso töricht wie der Gedanke an einen Schutz seines Bildes.[129] Aber wenn nach 2. Mose 3 (vgl. zu Text ㉘) Jahwe eigentlich gar kein Name ist, sondern eine Aussage über sein Wesen, der sich den Menschen zuwendet, dann ist es im Interesse der Menschen, daß diese Freundlichkeit Gottes nicht mißbraucht wird.

Zum **Sabbat** vgl. die Erklärungen zu Text ②.

Zur **Elternehrung** vermuten die Ausleger, daß auch dies Gebot wie die anderen an Erwachsene gerichtet sei, also den alt gewordenen Eltern erwachsener Menschen gelte.

Das **Tötungsverbot** ist ganz allgemein gehalten. Wenn immer wieder behauptet wird, das Gebot heiße auf Deutsch, »Du sollst nicht morden!«, so ist das falsch. Es entspricht nicht dem Wesen des Apodiktischen Rechts, verschiedene »Fälle« zu unterscheiden (z. B. Mord. Totschlag oder Notwehr). Es wird mit diesem Gebot vielmehr generell das Leben geschützt. So heißt das übernächste Gebot ja auch nicht »Du sollst nicht rauben!« (im Unterschied von Taschendiebstahl, Steuerhinterziehung oder Einbruch).[130]

Der Schutz der **Ehe** beginnt für Israel schon mit der Verlobung. Eine Differenzierung des Eherechts für Männer und Frauen, wie sie sich später auch in Israel entwickelt hat, ist im Dekalog nicht vorgesehen.

Zu referieren ist, daß einige Forscher[131] der Meinung sind, das Diebstahlsverbot gelte nur dem Menschenraub. Wegen des schon erklärten Wesens des Apodiktischen Rechts halte ich diese Theorie für verfehlt. Ebenso ist das **Verleumdungsverbot** nicht nur auf die Gerichtsverhandlung zu begrenzen.

Das **Begehrlichkeitsverbot** meint sicher nicht nur Gefühlsregungen, sondern vor allem Machenschaften, die sich daraus ergeben. Mit diesem Gebot werden die anderen vertieft, und es wird vorbereitet, was Jesus in der Bergpredigt radikalisiert (Mt 5,17 ff.).

Die Menschen begegnen täglich vielen **Forderungen**, vielen verschiedenen Ansprüchen an ihr Verhalten. So war das auch in Israel. Und man wußte zu unterscheiden. Schon in der Nomadenzeit mußte man Agreements treffen über Weideland und Brunnennutzung.[132] Und man hielt sich daran. Es gab Familientraditionen, in die man sich fügte. Und als man in die Städte zog, bildete sich eine Gerichtsbarkeit im Tor der Stadtmauer, die durchaus auch neue Probleme rechtlich kreativ entschied und deren Urteile Geltung hatten, Aber bei alledem entstand die Frage nach der Herkunft und nach den Kriterien aller Forderungen.

Die Zehn Gebote geben darauf eine Antwort, und der Prophet Micha hat es später auf den Punkt gebracht. *»Es ist dir gesagt, Mensch, was gut ist und was der HERR von dir fordert, nämlich Gottes Wort halten und Liebe üben und demütig sein vor deinem Gott.«* (6,8)

Agreements oder Verträge kann man ändern durch neu ausgehandelte Abkommen oder auch durch Vertragsbruch. Richterliche Urteile können falsch sein. Die Gesetzgeber können sich vertun. Aber oberhalb aller dieser Instanzen oder jenseits der Manipulierbarkeit sollte es ein absolut Gutes geben, eine Norm, die nicht von Menschen abhängig ist oder relativiert werden kann. Israel glaubte an eine solche Instanz. Gott ist der Name dieser Norm.

Das ist der andere Anfang für den Glauben der Juden (und durch sie der Christen). Und das haben andere Gruppen aus der Wüste mitgebracht in das Gemeinwesen Israel. Darum ging es in ihren Gottesdiensten und im Alltag. Gottes Willen zu verstehen und zu erfüllen.

Der Einzige

㉚ *5. Mose 6,4–5*

4 Höre Israel, der HERR ist unser Gott, der HERR allein. 5 Und du sollst den HERRN, deinen Gott, lieb haben von ganzem Herzen, von ganzer Seele und mit all deiner Kraft.

Zum 5. Buch Mose (Deuteronomium) allgemein s. zu Text ①.

Der kurze Abschnitt ist Teil einer längeren Mahnrede, in der dem Volk unterschiedliche Anweisungen gegeben werden. Speziell diese Verse wandelten sich später zu einem Gebet, das der gläubige Jude täglich betet.[133]

Wenn schon am Anfang des Glaubens Israels so vieles nebeneinander stand, so die numinosen Erfahrungen Abrahams, Isaaks und Jakobs, wenn die alten Heiligtümer Gottesdienst übten und wenn das mit den **Gotteserfahrungen** vom Schilfmeer und vom Sinai zusammentraf, dann gab es ein theologisches Kardinalproblem: Wie paßte das alles zusammen? Schon vom ersten Gebot des Dekalogs aus verbot es sich, diese Mannigfaltigkeit als Begegnungen mit verschiedenen Göttern zu verstehen. Und schon in der Exodustradition wird sehr früh verhindert, daß ein Gott vom Schilfmeer neben den Göttern der Väter verehrt wird. Mose kommt – gesandt vom Gott Abrahams, Isaaks und Jakobs (2. Mose 3,6).

Aber nach dem Einzug in das Land gab es eine Neuauflage des Problems. Was war von den Göttern der Fruchtbarkeit zu halten? Wenn Israel das Nomadenleben aufgab, mußte nun nicht neben der Ackerbautechnik auch die Ackerbaureligion gelernt werden? Israel hat das abgelehnt. Dieser Glaube war anders. Einer der Gründe für die Ablehnung dürfte die Vielzahl dieser Götter gewesen sein.

Was in anderen Religionen der Welt zum Polytheismus führte, zu einer »Addition« der verschiedenen Gottesbegegnungen in einem Pantheon, einer Götterfamilie mit all ihren familiären Problemen, das wurde in Israel besser verstanden. Es gab eine religionsgeschichtliche Sensation: Israel bekannte sich zu nur *einem* Gott.

»**Höre, Israel**« (hebräisch: »schma jisraël«) ist der Name des täglichen Gebets der Juden. Es betont die Einzigkeit Gottes. Die Wendung steht aber öfter im Deuteronomium (vgl. 5,1; 9,1; 20,3; 27,9). Immer wird damit ein besonders wichtiges Stück der Tradition eingeleitet. Darum ist anzunehmen, daß die Einschärfung der alleinigen Verehrung Jahwes nicht erst eine literarische Bildung der »Quelle« D ist, sondern daß hier älteres Traditionsgut weitergegeben wird. Und dieser Punkt war dem Deuteronomium besonders wichtig. »Durch Kultuseinheit zur Kultusreinheit!«[134] Nach diesem Prinzip sollte die Religion reformiert werden. Beim Propheten Jeremia (um 600) liest sich das so: »*Wo sind denn deine Götter, die du dir gemacht hast? Lass sie aufstehen; laß sehen, ob sie dir helfen können in deiner Not! Denn soviel Städte, soviel Götter hast du, Juda.*« (2,28)

Die Einsicht darf jedoch nicht nur eine kalte rationale Erkenntnis bleiben, sondern das soll Herzenssache sein. Das Volk soll Jahwe **liebhaben**. Solche gefühlsmäßige Deutung der Gottesbeziehung hatte zuvor bisher nur der Prophet Hosea (um 735) an dem Bild von Mann und Frau versucht (1,1–9). Bei D ist eher an die Liebe von Vater und Sohn erinnert (vgl. 8,5). Und doch ist dieser Vergleich zu schwach, um die Totalität zu tragen, die das »Schma Jisraél« fordert. Für den Beter dieses Gebets darf es keine konkurrente Gottesbeziehung geben.

Der Ferne

31 *1. Mose 3, 8–24*

8 Und sie hörten Gott den HERRN, wie er im Garten ging, als
der Tag kühl geworden war. Und Adam versteckte sich mit seiner
Frau vor dem Angesicht Gottes des HERRN unter den Bäumen im
Garten. 9 Und Gott der HERR rief Adam und sprach zu ihm: Wo
bist du? 10 Und er sprach: Ich hörte dich im Garten und fürchtete
mich; denn ich bin nackt, darum versteckte ich mich. 11 Und er
sprach: Wer hat dir gesagt, dass du nackt bist? Hast du nicht
gegessen von dem Baum, von dem ich dir gebot, du solltest nicht
davon essen? 12 Da sprach Adam: Die Frau, die du mir zugesellt
hast, gab mir von dem Baum, und ich aß. 13 Da sprach Gott der
HERR zur Frau: Warum hast du das getan? Die Frau sprach: Die
Schlange betrog mich, so dass ich aß. 14 Da sprach Gott der
HERR zu der Schlange: Weil du das getan hast, seist du verflucht,
verstoßen aus allem Vieh und allen Tieren auf dem Felde. Auf
deinem Bauche sollst du kriechen und Erde fressen dein Leben
lang. 15 Und ich will Feindschaft setzen zwischen dir und der
Frau und zwischen deinem Nachkommen und ihrem Nachkommen; der soll dir den Kopf zertreten, und du wirst ihn in die Ferse
stechen. 16 Und zur Frau sprach er: Ich will dir viel Mühsal schaffen, wenn du schwanger wirst; unter Mühen sollst du Kinder
gebären. Und dein Verlangen soll nach deinem Mann sein, aber
er soll dein Herr sein. 17 Und zum Mann sprach er: Weil du
gehorcht hast der Stimme deiner Frau und gegessen von dem
Baum, von dem ich dir gebot und sprach: Du sollst nicht davon
essen –, verflucht sei der Acker um deinetwillen! Mit Mühsal
sollst du dich von ihm nähren dein Leben lang. 18 Dornen und
Disteln soll er dir tragen, und du sollst das Kraut auf dem Felde
essen. 19 Im Schweiße deines Angesichts sollst du dein Brot essen, bis du wieder zu Erde werdest, davon du genommen bist.

Denn du bist Erde und sollst zu Erde werden. [20] Und Adam
nannte seine Frau Eva; denn sie wurde die Mutter aller, die da
leben. [21] Und Gott der HERR machte Adam und seiner Frau Rök-
ke von Fellen und zog sie ihnen an. [22] Und Gott der HERR sprach:
Siehe, der Mensch ist geworden wie unsereiner und weiß, was
gut und böse ist. Nun aber, daß er nur nicht ausstrecke seine
Hand und breche auch von dem Baum des Lebens und esse und
lebe ewiglich! [23] Da wies ihn Gott der HERR aus dem Garten
Eden, daß er die Erde bebaute, von der er genommen war. [24]
Und er trieb den Menschen hinaus und ließ lagern vor dem
Garten Eden die Cherubim mit dem flammenden, blitzenden
Schwert, zu bewachen den Weg zu dem Baum des Lebens.

Zum 1. Buch Mose (Genesis) allgemein s. zu Text ①.

Dies ist die Fortsetzung der Schöpfungsgeschichte des Jahwisten. Szenario und Stil sind dieselben.

Noch stärker als in der Schöpfungserzählung wird vom Jahwisten hier die »**Menschlichkeit Gottes**« herausgestellt. Jahwe ging in der Abendkühle im Garten spazieren – wie ein Gutsherr in seinem Park. Dieses Gottesverständnis, das in mancher Hinsicht ganz nah ist an dem der polytheistischen Göttergeschichten, der Mythen, unterscheidet sich doch radikal von ihnen darin, daß trotz der menschenförmigen (anthropomorphen) Züge die grundsätzliche Andersartigkeit Jahwes erhalten bleibt.[135]

Gott ist nicht von menschlichem Wesen. Dennoch hat diese Geschichte wie kaum eine andere das Gottesverständnis der heutigen Bibel-Interessenten verdorben. Gott, der alte Mann auf den Wolken, mit seinen nur handwerklichen Fähigkeiten, ist der komplizierten Welt heute nicht mehr gewachsen.

Man kann das Gottesverständnis von J für einen Rückschritt halten gegenüber jenem Glauben, der Gott im Schicksal am Schilfmeer sah oder in der Norm vom Sinai. Offenbar hat das Erzähltalent des Jahwisten ihn verführt zu solch theologisch riskanten Darstellungen. Immerhin aber bleibt Gott dem Menschen fern, nach dem Sündenfall noch deutlicher als zuvor.

Der Jahwist hat aber auch neue Themen: Er will von der **Schöpfung der ganzen Welt** und aller Menschen darin erzählen und von der Untreue der Menschen, die die Nähe Gottes und die Geborgenheit bei ihm verachteten und verloren, weil sie werden wollten wie er. Damit tritt der Autor dieser »Quelle« aus dem Rahmen des Bundes Gottes mit Israel hinaus und proklamiert Jahwes Zuständigkeit für alle Welt.

Der Mensch sieht sich **nackt** und fürchtet sich. Es ist sicher die Absicht von J, die Lächerlichkeit der Situation aufzuzeichnen. Nackt waren Adam und Eva auch vorher schon und hatten nach dieser Geschichte ihre Freude daran, weil sie sich mit guten Augen sahen. Aber sie wollten sein wie Gott und selber verstehen und ansagen, was gut und böse ist. Nun sehen sie sich auch mit bösen Augen und Gedanken – ohne Vertrauen und ohne Schutz. Jetzt erfahren sie Nacktheit als Bloß-Stellung, machen sich Schurze und verstecken sich. Und sie schieben die Schuld von sich auf andere. Fatale Folge des Hochmuts.

Es geht hier nicht um Fragen der Moral oder gar nur der Etikette, sondern ganzheitlich um die Existenz in der Welt.

Die Erzählung von den **Strafen** ist wieder ätiologisch, d. h. sie will erklären, warum die Arbeit des Menschen nicht die Erfüllung bringt, die zu erwarten wäre, wenn sie den Lebensunterhalt schafft; warum die Geburt nicht so lustvoll ist wie die Empfängnis, obwohl sie doch dem Leben dient; warum die Schlange keine Beine hat. Daß sie Erde fressen soll, ist sicher ein zoologisches Defizit beim Jahwisten.

Die Rolle der **Schlange** und ihre Strafe werden häufig überstrapaziert. Dieses Tier ist eine Metapher für die Klugheit, die ihre Grenzen nicht akzeptiert, aber nicht für das Böse schlechthin. Sie ist nicht der Satan. Und Vers 15 meint nicht den Streit zwischen ihm und Jesus (obwohl der Vers deshalb als »erstes Evangelium« = »Prốtevangelium« bezeichnet worden ist), sondern die bekannte geschöpfliche Rivalität der Erdenbewohner, also die von Primaten und Reptilien.

Die **Cherubim** sind Engelsgestalten, die nur die hier beschriebene Wächter-Funktion haben. Der Jahwist bedient, sich damit mythologischer Bildsprache.

Nun sind die Menschen **diesseits von Eden.** Zwar hat Gott nicht die Drohung wahr gemacht, die Menschen zu töten, aber sie sind sterblich. Gott hat ihnen noch Röcke gemacht. damit sie draußen nicht gleich an Unterkühlung sterben. Aber nun müssen sie zusehen, wie sie zurechtkommen.

Die **Sünde** hat die Menschen von Gott getrennt.[136] Sie sind ihm und damit ihrer Bestimmung entfremdet. In dieser Analyse trifft sich der Jahwist mit vielen modernen Autoren. Und insofern ist sein Gottesbild doch auch ein »Fortschritt«, weil er Abstand gewinnt von einer naiven Zutraulichkeit gegenüber dem »lieben Gott«. Es gibt ja doch nicht nur positive Schicksalserfahrungen und nicht nur den erfolgreichen Umgang mit den Geboten. Menschen erleben ihr Scheitern. Und sie erleben einen »verborgenen Gott«. Diese Einsicht wächst ausgerechnet bei dem Erzähler der Menschenförmigkeit.

Zur Erinnerung

Hier könnte noch einmal das Schöpfungskapitel der Priesterschrift (Text ②) bedacht werden, die Gott nicht mehr so darstellen wollte wie der Jahwist (Text ① und ㉛). Gott ist der, der alles durch sein Wort entstehen läßt.

Der Übermächtige

Hiob 42,1-6

1 Und Hiob antwortete dem HERRN und sprach: 2 Ich erkenne, dass du alles vermagst, und nichts, das du dir vorgenommen,
ist dir zu schwer. 3 »Wer ist der, der den Ratschluss verhüllt mit
Worten ohne Verstand?« Darum habe ich unweise geredet, was
mir zu hoch ist und ich nicht verstehe. 4 »So höre nun, lass mich
reden; ich will dich fragen, lehre mich!« 5 Ich hatte von dir nur
vom Hörensagen vernommen; aber nun hat mein Auge dich
gesehen. 6 Darum spreche ich mich schuldig und tue Buße in
Staub und Asche.

Das Buch Hiob, dessen Verfasser wir nicht kennen, ist irgendwann zwischen 400 und 300 vor Christus geschrieben. Es ist eine kunstvolle Dichtung, zu deren Urform noch manche Ergänzungen getreten sind (vermutlich der ganze Redewechsel mit dem vierten Freund Elihu, Kapitel 32–37). Es geht um die Frage, ob Hiobs Glaube an Gott zweckfrei ist oder ob er den Glauben aufkündigt, wenn die Folge von Wohlverhalten und Wohlbefinden nicht mehr automatisch funktioniert.

Ausgewählt habe ich die letzte Antwort Hiobs an Jahwe, nachdem dieser anhand verschiedener Hinweise aus der Schöpfung seine Überlegenheit aufgezeigt hat.

Das Bekenntnis zur **Allmacht** Gottes entspringt in unserem Zusammenhang nicht seinem Wirken in der Geschichte, sondern der Bewunderung für die Größe der Schöpfung.

Zuvor hatte Jahwe mit **Ironie** die Rollen verkehrt und Fragen an Hiob gestellt. Das wird von diesem teilweise wieder aufgenommen. Vers 3 entspricht 38,2, und Vers 4 entspricht 38,3b.

Hiob erkennt, daß er **unweise** geredet hat. Darüber könnte man mit Hiob streiten. Er wäre sicher dafür zu verteidigen, daß er seine Not nicht einfach heruntergeschluckt hat, sondern sich bei Gott beklagt, ja ihn angeklagt hat: *»Ich stehe auf in der Gemeinde und schreie.«* (30,28) Oder: *»O hätte ich einen, der mich anhört – hier meine Unterschrift! der Allmächtige antworte mir!«* (31,35) Das ist der Originalton menschlicher Klage. Aber nun hat Hiobs Rede eine andere Qualität. Er hat seine Position vor Gott verstanden.

Was hat Hiob verändert? Sicher nicht die besserwisserischen Reden seiner sogenannten Freunde. Aber er hat **Gott gesehen**. Und das sei etwas anderes als das »Hörensagen« vorher. Die Ausleger sprechen von einer Theophanie, einer Gotteserscheinung. Sieht man aber das Hiobbuch daraufhin durch, so findet sich keine Beschreibung einer solchen Erscheinung. Sollte sich der Autor des Buches nicht an ein solch großes Thema gewagt haben? Oder war da nichts von Gott im optischen Sinn zu sehen? Nach Hiob 40,6 spricht Gott zuletzt aus einem Wettersturm und schildert verschiedene Phänomene der Schöpfung. So wäre Gott in seinen Werken zu sehen. Und während Hiob sozusagen dem Film zuschaut, den Gott in seinen Worten ablaufen läßt, entsteht in seinem Kopf ein Hörbild, das er – ganz im Sinne moderner Medientheorie – »sieht«. Und da schaut er nicht nur die gewaltigen Tiere, von denen Gott spricht, sondern auch ihn selbst, den Schöpfer bei der Tätigkeit des Schaffens. Eine »Theophanie« im üblichen Sinne ist das nicht.

Was Hiob »sieht«, führt ihn zur **Buße.** Das hat schon seine Folgerichtigkeit. Gott kann alles, also darf er alles, also darf er auch Hiob auf die Probe stellen. Kein Einspruch! Nur die Anmerkung, daß solches Verständnis Gottes keine Liebe werden läßt von ganzem Herzen, von ganzer Seele und mit aller Kraft (vgl. zu Text ㉚).

Der Bergende

㉝ *Psalm 139, 1–18*

[1] Ein Psalm Davids, vorzusingen. HERR, du erforschest mich
und kennest mich. [2] Ich sitze oder stehe auf, so weißt du es; du
verstehst meine Gedanken von ferne. [3] Ich gehe oder liege, so
bist du um mich und siehst alle meine Wege. [4] Denn siehe, es
ist kein Wort auf meiner Zunge, das du, HERR, nicht schon wüss-
test. [5] Von allen Seiten umgibst du mich und hältst deine Hand
über mir. [6] Diese Erkenntnis ist mir zu wunderbar und zu hoch,
ich kann sie nicht begreifen. [7] Wohin soll ich gehen vor deinem
Geist, und wohin soll ich fliehen vor deinem Angesicht? [8] Führe
ich gen Himmel, so bist du da; bettete ich mich bei den Toten,
siehe, so bist du auch da. [9] Nähme ich Flügel der Morgenröte
und bliebe am äußersten Meer, [10] so würde auch dort deine
Hand mich führen und deine Rechte mich halten. [11] Spräche ich:
Finsternis möge mich decken und Nacht statt Licht um mich sein
–, [12] so wäre auch Finsternis nicht finster bei dir, und die Nacht
leuchtete wie der Tag. Finsternis ist wie das Licht. [13] Denn du
hast meine Nieren bereitet und hast mich gebildet im Mutterlei-
be. [14] Ich danke dir dafür, daß ich wunderbar gemacht bin; wunderbar sind deine Werke; das erkennt meine Seele. [15] Es war dir
mein Gebein nicht verborgen, als ich im Verborgenen gemacht

wurde, als ich gebildet wurde unten in der Erde. [16] Deine Augen sahen mich, als ich noch nicht bereitet war, und alle Tage waren in dein Buch geschrieben, die noch werden sollten und von denen keiner da war. [17] Aber wie schwer sind für mich, Gott, deine Gedanken! Wie ist ihre Summe so groß! [18] Wollte ich sie zählen, so wären sie mehr als der Sand: Am Ende bin ich noch immer bei dir.

Dieser Psalm läßt nicht erkennen, in welcher Zeit er entstanden ist. Lediglich aus der Tatsache, daß er sehr differenzierte Gedanken zur Gottesfrage hat, kann man ableiten, daß er zu den jüngeren Texten des Alten Testaments gehört.

Die Zuordnung zu einer der verschiedenen Psalmengattungen ist umstritten. Elemente des Hymnus, der Lehre und des »Gebets eines Angeklagten« sind auszumachen. Damit hängt die Frage zusammen, ob alles in denselben Psalm gehört. Die Verse 19–24 passen überhaupt nicht zu dem sonstigen Text. Darum sind sie hier auch nicht mit abgedruckt. Sie dürften ein eigenständiger Psalm sein.

Die Verse 1–6 sprechen von Gottes **Allwissenheit.** Er weiß Bescheid über die körperliche Befindlichkeit (sitzen, stehen, liegen, gehen), und er kennt die Gedanken des Beters, schon ehe sie ausgesprochen sind. Die Vorstellung könnte beklemmend sein, daß Jahwe ihn von allen Seiten umgibt. Das wäre allerdings nach der Logik der Satzverdoppelung (parallelismus membrorum) in den Psalmen in diesem Fall überhaupt nicht angemessen, da die Wendung denselben Sinn haben müßte wie die, daß Jahwe seine Hand über den Beter hält.

Die Verse 7–12 sprechen von Gottes **Allgegenwart.** Weil Jahwe nicht wie ein Mensch zu sehen ist (der z. B. in seinem Park spazieren geht), sondern Geist ist, kann er überall sein. Selbst wenn man das wollte, könnte man ihm nicht entkommen, nicht seiner Hilfe und nicht seiner Prüfung. Aber der Beter will gar nicht flüchten.

Das schöne Bild von den **Flügeln der Morgenröte** (wir würden wohl prosaischer von Lichtgeschwindigkeit sprechen) wird von manchen Exegeten als Hinweis auf einen Mythos verstanden, den sie aber nicht belegen können. So ist es sicher genug, in dieser Wendung ein gelungenes Bild zu sehen. Auch Vers 10 hat wieder zwei parallele Aussagen über die Geborgenheit des Beters in Gott.

Die Verse 13–16 sprechen von Gottes **Allwirksamkeit**. Der Beter lobt Gottes Schöpferwirken an ihm selbst. Die Nieren, der Sitz des Gefühlslebens nach hebräischer Vorstellung, sind von ihm bereitet, aber auch die Knochen. Jahwe kannte den Beter, ehe dieser im Mutterleib entstand. In der Redensart »unten in der Erde« wird nur wiederholt, was im Satz vorher als das »Verborgene« angesprochen wurde. Hier wird nicht mehr mythisch gedacht, so wenig, wie wir das tun, wenn wir von Erdenkindern sprechen.

In dem Bild von einem **Buch**, in dem notiert ist, was erst noch werden soll, klingt der Gedanke an eine Vorherbestimmung an, die aber weder hier wie auch sonst nirgendwo in der Bibel die Eigenverantwortung des Menschen ausschließt. Wie die ersten Teilstücke des Psalms schließt auch dieses mit dem dankbaren Ausdruck der Geborgenheit bei Gott: Am Ende bin ich noch immer bei dir.

Daß Gott überall sei und es keinen Ort gebe, an dem der Mensch nicht von ihm umgeben sei, rückt diesen Text in die Nähe des Pantheismus.[137] Das ist innerhalb des Alten Testaments eine neue Nuance. Allerdings teilt dieser Text überhaupt nicht die Unpersönlichkeit der pantheistischen Gottesvorstellung. Wenn Gott nicht nur überall ist, sondern wenn er alles ist, bin ich auch er. Und dann kann ich z. B. nicht mehr beten, es sei denn, ich wollte Selbstgespräche führen. Der Psalm aber sieht bei all seinen Teilaussagen von Gott immer im Grunde des Seins ein Gegenüber. Und er dankt Gott für dessen Allgegenwart, Allwissenheit und Allwirksamkeit.

Erste Zwischenbilanz:

Im Alten Testament gleicht der Glaube an Gott einem Strom, der sich zunächst aus drei Hauptquellen speist. Die Tradition des Gottes (oder der Götter?) der Väter mit deren Führungserfahrungen für ihre Familien fließt bald zusammen mit den Gotteserfahrungen der Israelgruppe, die irgendwann dem Zugriff ägyptischer Grenztruppen glücklich entronnen war. Die dritte Quelle entsprang sozusagen an einem Vulkan und vermittelte anderen künftigen Israeliten die Erkenntnis einer absoluten ethischen Forderung. Und sie faßten das in zehn Sätze des Sollens.

Was die Gruppen oder Stämme des späteren Israel da jeweils erfahren hatten und was sie austauschten, als sie zu einem Stämmeverband zusammenwuchsen, paßte offenbar zueinander und galt darum als Erfahrung mit demselben einen Gott.[138] So entstand ein Strom des Lebens, der immer mehr zusätzlich in sich aufnahm und anderes bewegte. So entsprangen aus der Tiefe der geistlichen Besinnung z. B. Theologien der Schöpfung, so ein Erzählen von einem fast menschlichen Menschenmacher und später – gegen die Mißdeutbarkeit dieser Menschennähe – ein Bekennen zu dem Gott, der alles aus seinem Wort entstehen läßt.

Das geistliche Bedenken des eigenen Glaubens führte aber auch schon früh zum Bekenntnis von Schuld. Wer es zu tun hat mit einem, der uns unbedingt fordert, kann nicht naiv vom »lieben Gott« plaudern, dem alles gleich wäre. Und so wurde erzählt von der Entfremdung des Menschen von Gott, so schrieb jemand ein Drama von dem Menschen Hiob, den Gott mit Unheil prüft und der sich dessen Souveränität fügt, und so dichtete jemand ein Lied von dem Menschen, der von Gott erforscht wird und der sich trotz aller seiner Schwäche von Gott getragen glaubt. So wurde der Strom des Glaubens immer tiefer.

Das forderte aber auch Korrekturen älterer Aussagen des Glaubens. Die fast menschliche Art, von Jahwe zu erzählen, der die Menschen wie ein Handwerker formte und ihnen im Paradies begegnete, sie aber auch daraus entfernte, nicht ohne ihnen Röcke gemacht zu haben, galt später als theologisch nicht mehr ausreichend. Und es wurde ein anderer, distanzierter Gott gedacht und bekannt.

Und die regionale Kompetenz z. B. eines Gottes von Bethel oder vom Schilfmeer oder vom Sinai wurde erweitert. So begrenzt sollte von Gott nicht gedacht werden. Gott lenkt auch die Völker im Ausland, sagen die Propheten. Und schon beim Jahwisten und noch umfassender in der Priesterschrift wurde Gottes weltweite Zuständigkeit reklamiert.

Noch schärfer dann bei Hiob und im Psalm 139: Dort ist Gott der Allwissende, der etwa durch Adams und Evas Hybris nicht mehr zu überraschen wäre.

Das alles läßt sich den alttestamentlichen Texten entnehmen, weil nach den Korrekturen oder den Entfaltungen der früheren Aussagen diese nicht entfernt wurden, sondern in innerbiblischer Toleranz daneben stehen blieben.

In Christus

㉞ *2. Korintherbrief 5,19*

19 Denn Gott war in Christus und versöhnte die Welt mit sich selber und rechnete ihnen ihre Sünden nicht zu und hat unter uns aufgerichtet das Wort von der Versöhnung.

Zum 2. Korintherbrief allgemein vgl. zum 1. Korintherbrief zu Text ⑨.

Der 2. Korintherbrief ist vielleicht eine Komposition aus verschiedenen Paulusbriefen, die um 55 nach Korinth geschickt waren.[139]

Versöhnung ist das Thema, über das Paulus mit Korinth reden muß. Hintergrund ist der Ärger, den der Apostel mit dieser Gemeinde hatte, der jedoch wohl ausgestanden ist. Versöhnung ist aber mehr als ein Arrangement mit Menschen, die es leid sind zu streiten. Paulus vertieft das Thema. Es gibt ein »Amt« (einen Dienst, einen Auftrag) der Versöhnung (V. 18), und er selbst ist ein »Botschafter« der Versöhnung (V. 20), weil Gott das so haben will. Frieden zwischen Gott und Menschen soll auch Frieden zwischen den Menschen bedeuten und bewirken.

Sünde ist das Gegenteil der Versöhntheit. Im Urtext steht da eine seltene Vokabel (»paráptōma«), die wörtlich heißt: »das, was daneben gefallen ist«. Sünde ist hier also verstanden als das Abfallen von Gott und der Abfall des Lebens, der dadurch entsteht.

Die ganze **Welt** ist mit der Versöhnung gemeint und nicht nur ein kleiner Kreis von Auserwählten.

Gott **war in Christus**. Das war die Versöhnung, also das Angebot, den Abfall zu beenden durch Gottes Vergebung. Die Wendung wäre wörtlich wiederzugeben mit »Gott war in Christus die Welt versöhnend«.[140] Paulus, der seine Thorá kannte, meinte in der Tat, daß der Schöpfer, der Souverän, der Allmächtige, der vom Schilfmeer und vom Sinai, der Gott der Väter und Mütter, in dem Menschen Jesus von Nazareth war.

Weil das so unerhört war, theologisch für den alten Bund so unmöglich, hatte er ja die Christen verfolgt und ihren Glauben bekämpft. In dem Menschen Jesus hatten Christen aber eine neue Erfahrung Gottes gemacht, in seinem Leben und Sterben hatten sie etwas entdeckt, was sie unbedingt anging, so daß sie und Paulus mit ihnen das »Unmögliche« denken mußten. Und sie taten es gern.

In der Hoffnung

㉟ *Matthäusevangelium 6,9–13*

9 Unser Vater, der du in den Himmeln bist. Dein Name werde
geheiligt. 10 Deine Herrschaft komme. Dein Wille geschehe auf
der Erde wie im Himmel. 11 Unser Brot, das wir morgen brauchen, gib uns heute. 12 Und erlaß uns unsere Schulden, wie auch
wir sie unseren Schuldnern erlassen haben. 13 Und führe uns
nicht in eine Versuchung, sondern rette uns vor dem Bösen.

(Übersetzung von Adolf Schlatter)[141]

Zum Matthäusevangelium allgemein s. zu Text ⑤.

Unser Text steht in der Bergpredigt. Diese ist so nie gehalten worden. Es handelt sich um eine Sammlung von kurzen Texten, die zu bestimmten Leitgedanken zusammengestellt wurden. Ob Matthäus diese Kombination so schon aus seiner Überlieferung gekannt hat oder selber erarbeitet hat, bleibt unbeantwortet.

Das Vaterunser gehört zu dem Traditionsgut, das sowohl Matthäus als auch Lukas verwenden (vgl. Lukas 11,2–4). Da sie den Text aber nicht in wörtlicher Übereinstimmung bringen, ist anzunehmen, daß ihnen das Herrengebet nicht schriftlich vorlag.

Vater ist eine Gottesanrede, die auch im Alten Testament häufig vorkommt. Aber in diesem Wort kann viel Verschiedenes verborgen sein. Hier ist der Vater gemeint, von dem Jesus seinen Jüngern immer wieder erzählt hat. Was das heißt, formuliert z. B. Paulus in 2. Korinther 1,3: »*Gelobt sei Gott, der Vater unseres Herrn Jesus Christus, der Vater der Barmherzigkeit.*«

Die **Himmel** (Luther übersetzt falsch im Singular) sind Gottes Bereich, der den Menschen nicht zugänglich ist, der aber nach damaliger Vorstellung jenseits der Sterne beginnt. Diesen Bereich stellte man sich übereinander gestaffelt vor. Darum der Plural. Die folgenden drei Bitten betreffen lauter endzeitliche Themen.

Die **Heiligung des Namens Gottes** wird von Gott erbeten. Es liegt nicht in der Macht der Betenden, die Heiligung durchzusetzen. Das Interesse gilt nicht einer liturgischen Schulung, die den großen Namen angemessen zelebrieren lehrte, sondern der Begegnung mit dem Träger des Namens. Das ist die Hoffnung der Betenden, daß Gott darin geheiligt werde, daß die Menschen ihn Gott, ihren Gott, sein lassen. Daß er sich offenbart hat als der den Menschen Zugewandte, wird erst am Ende der Tage in aller Welt deutlich sein.

Zur **Herrschaft Gottes** vgl. unser 5. Kapitel. Was der Begriff auch immer sagt, es geht um eine personale Beziehung, nicht um eine regionale Ausdehnung oder eine institutionelle Größe. (Insofern ist Luthers Übersetzung »Reich« mißverständlich.) Auch das Kommen der Herrschaft ist nicht eine Sache menschlicher Aktivität, wohl aber Zielpunkt der Hoffnung.

Die Bitte zum **Willen Gottes** fehlt bei Lukas. Das kann seinen Grund darin haben, daß Lukas als einziger Evangelist bei der Erzählung vom Beten Jesu in Gēthsēmanē die Wendung braucht: »*Nicht mein, sondern dein Wille geschehe.*« (22,42) Dort ist die Formel das Einwilligen in das, was Gott bestimmt hat. Im Vaterunser bei Matthäus dürfte aber wieder die endzeitliche Durchsetzung des Gotteswillens gemeint sein, was die Betenden nur erhoffen, nicht aber erwirken können.

So wird bei Matthäus in den ersten drei Bitten des Herrengebetes Gott als der gesehen, der die Welt zu einem Ziel bringen wird. Gott steht nicht nur als der Schöpfer der Welt am Anfang, sondern auch am Ende als der Vollender.

Bis dahin ist das **tägliche Brot** ein wichtiges Thema. Das griechische Wort für »täglich« (»epiúsios«) heißt eigentlich »folgender« (nämlich: Tag). Es geht also in der Bitte um das Brot für morgen. Das kann eine Entlastung für heute sein wie das Wort Jesu von den Vögeln unter dem Himmel und von den Lilien auf dem Felde (im selben Kapitel 6,25–33). Auch dort steht Jesu Hinweis in Verbindung mit dem Erwarten der Herrschaft Gottes.

Das **Vergeben der Schuld** ist Jesu Hauptthema. Man vgl. die Schmähformel seiner Feinde aus Lukas 15,2: *»Dieser nimmt die Sünder an und isst mit ihnen.«* Die Menschen brauchen diese Hilfe immer wieder. Luther hat aber nicht richtig übersetzt. Die besseren Textzeugen haben das Verbum im Perfekt: »wie wir vergeben haben«.[142] Das sollte zum Zeitpunkt des Gebets klar sein.

Die **Versuchung** ist nicht zu verharmlosen. Offenbar muß der Gedanke bewältigt werden, daß Gott selber die Seinen in eine Versuchung führen könnte (vgl. Hiob, Text ㉜). Da in der alten Geschichte der Hiobs-Versuchung (1,6) der Satan die auslösende Rolle spielt und da auch in Jesu Versuchung (Mt 4,1–11) ebenfalls der Versucher die Vorschläge macht, könnte die **Rettung** (Luther: Erlösung) vor dem Bösen den Bösen und nicht das Böse meinen. Theologisch käme aber beides auf dasselbe hinaus. Wie bei den Engeln gilt auch bei den Teufeln, daß sie nur eine mythologisch-poetische Redeform für eine bestimmte Funktion sind und daneben – also neben der Versuchung – auch schon ohne jede Entmythologisierung keine Existenz haben.

Der **Lobpreis** (Doxologie), wie wir ihn am Ende des Gebetes gewohnt sind, steht nicht in den ältesten Handschriften. Das war auch nicht nötig, weil das Neue Testament keine Agende ist und weil alle Betenden wußten, wie sie ihre Gebete zu beenden hatten.

In der Liebe

㊱ *1. Johannesbrief 4,15–16*

15 Wer nun bekennt, dass Jesus Gottes Sohn ist, in dem bleibt
Gott und er in Gott. 16 Und wir haben erkannt und geglaubt die
Liebe, die Gott zu uns hat. Gott ist die Liebe; und wer in der
Liebe bleibt, der bleibt in Gott und Gott in ihm.

Die drei Briefe des Johannes sind in ihrem sprachlichen Stil und in ihren theologischen Perspektiven dem Johannesevangelium sehr ähnlich. Darum sind sie zeitlich und geographisch in dessen Nähe anzusiedeln. Näheres läßt sich nicht ausmachen. Vgl. dazu die Erklärungen zu Text ⑦.

Unser Text steht in einem längeren Abschnitt über die Liebe.

Für das deutsche Wort »Liebe« gibt es im Griechischen mindestens drei Vokabeln. »érōs« für die Liebe, die den anderen Menschen liebt, weil er (auch körperlich) so ist, wie er ist; »philía«, Freundschaft, die den anderen (nicht körperlich) liebt, weil er so ist, wie er ist; und »agápē«, die Nächstenliebe, die den Menschen liebt, obwohl er so ist, wie er ist. In unserem Brief steht »agápē«. Wo immer diese Liebe wirkt, sagt der Brief, ist Gott zugegen.

Weil aber Liebe, gerade die Nächstenliebe, auf viele Hindernisse stößt, ist die Frage nach dem **Bleiben in der Liebe** gestellt.[143] Wir bleiben in Gott, weil er in uns bleiben will. Und deshalb können wir auch das Bekenntnis hoffentlich richtig verstehen und sprechen, deshalb können auch wir hoffentlich solche Liebe üben, wie er sie uns vormacht, und deshalb besitzt hoffentlich der Geist uns und nicht wir ihn (V. 13).

Im Geist und in der Wahrheit

㊲ *Johannesevangelium 4, 21–24*

21 Jesus spricht zu ihr: Glaube mir, Frau, es kommt die Zeit,
dass ihr weder auf diesem Berge noch in Jerusalem den Vater
anbeten werdet. 22 Ihr wisst nicht, was ihr anbetet; wir wissen
aber, was wir anbeten; denn das Heil kommt von den Juden. 23
Aber es kommt die Zeit und ist schon jetzt, in der die wahren
Anbeter den Vater anbeten werden im Geist und in der Wahrheit;
denn auch der Vater will solche Anbeter haben. 24 Gott ist Geist,
und die ihn anbeten, die müssen ihn im Geist und in der Wahrheit
anbeten.

Zum Johannesevangelium allgemein s. zu Text ⑦.

Unser Text steht in einer längeren Erzählung über ein Gespräch, das Jesus mit einer Frau aus Samaria am Jakobsbrunnen in Sychar führt. In diesem Gespräch ist die schwierige persönliche Situation der Frau angesprochen worden, aber auch die andere religiöse Situation in Samaria, wo man Gott auf dem Berg Garizím sucht statt auf dem Zion in Jerusalem und wo man den Messias etwas anders erwartet; es gab erhebliche Rivalität zwischen Judäa und Samaria.

Die **Juden**, hier also zunächst die Bewohner von Judäa, sehen auf die Samaritaner herab. Die kennen nur die Thora, nicht die anderen Teile des Alten Testaments, ihr Heiligtum auf dem Garizím ist zerstört, die Menschen sind halb heidnisch. Mit diesem Dünkel hat Jesus allerdings durch sein Gleichnis vom barmherzigen Samariter (Lk 10,25–37) aufgeräumt. Auch der Hinweis Jesu auf die künftige (christliche?) Art der Anbetung relativiert die nachbarliche Rivalität. Warum aber dann die Betonung, daß das Heil von den Juden komme? Zwei Gründe: Einmal ist so der Gang Gottes durch die Geschichte, wie die Textauswahl dieses Kapitels belegt. Zum anderen: Jesus spricht in dem ganzen Gespräch mit der Frau aus Sychar von sich. Er verspricht ihr lebendiges Wasser. Er ist das Heil, das von den Juden kommt, er sagt (V. 26): Ich bin's.[144]

»Die Zeit kommt und ist schon jetzt.« Diese Aussage ist eigentlich ein Widerspruch. Entweder-oder! (Zu der dialektischen Denkweise vgl. zu Text ㉗.) Präsenz und Futur haben ihre Notwendigkeit nebeneinander. Die Stunde der Wahrheit ist da, indem Jesus der Frau sagt, wer er ist. Die Zeit wird erst kommen, weil sein Weg noch nicht vollendet ist.

Die **wahren Anbeter** werden von den anderen unterschieden. Wer die Theologiegeschichte Israels bedenkt, weiß, daß die Israeliten ihren Gott nicht lokal fixiert oder regional begrenzt geglaubt haben. Was dort über tausend Jahre entwickelt wurde im Begreifen Gottes, bringt Johannes auf den Punkt: anbeten im Geist und in der Wahrheit. Das bedeutet nicht nur: mit einer besseren theologischen Kompetenz, sondern vor allem: in einer existentiellen Verbundenheit mit dem Gott der Barmherzigkeit, die solche konfessionalistischen Streitigkeiten wie die zwischen Judäa und Samaria vergessen läßt. Die innerbiblische Toleranz ist hier schon vorgedacht.

Gott ist **Geist**. Das klingt wie eine Seinsaussage, obwohl im Griechischen die Kopula »ist« fehlt. Da steht nur wörtlich: »Geist der Gott.« Also Vorsicht vor zu intensiver Betrachtung des Seins selbst.

Für »Geist« steht übrigens dieselbe Vokabel wie sonst für den Heiligen Geist. Also auch Vorsicht vor einer zu intensiven Unterscheidung der verschiedenen Rollen des trinitarischen Gottes. Im Neuen Testament ist das alles (Gott sei Dank!) noch nicht durchdefiniert.

Da ist es doch leichter aufzuzählen, was Gott nicht sein kann: Er ist nicht geschaffen, nicht Fleisch, nicht Mensch, nicht sichtbar. Zugleich kann Gott aber auch nicht so von der Welt getrennt gedacht werden, daß keine Beziehung mehr möglich wäre. Also ist aufzuzählen, wer Gott sein will: der die Welt ins Dasein ruft, der die Geschichte lenkt, der mit den Menschen so spricht, daß er sie im Inneren berührt und sie ihn anbeten.

Es ist diesen Sätzen abzuspüren, daß das richtige Vokabular fehlt. Man müßte, um die Besonderheit Gottes in Nähe und Distanz ausdrücken zu können, eigene neue Wörter prägen. Oder man nimmt vorhandenes Sprechzeug und füllt es neu auf. Man spricht im Deutschen von Gott, der das Gute ist und gibt. Man spricht im Griechischen vom »pneúma«, dem Geist oder Sturm, der unseren Geist auffrischt. Oder man spricht im Hebräischen von Jahwe, der für uns da ist, wenn wir ihn brauchen.

Zweite Zwischenbilanz:

Was im Alten Testament angedacht war, wird im Neuen Testament »christianisiert«. Der Gott der Geschichte setzt in Christus eine neue Mitte der Geschichte (und wir zählen danach unsere Jahre vorwärts und rückwärts). Der Gott der unbedingten Norm setzt in Christus ein neues Maß in Kraft, das Maß der vergebenden Liebe. Das ist den Juden ein Ärgernis und den Griechen eine Torheit, sagt Paulus (1. Kor 1,23).

Daß dieser neue Glaube eine Herausforderung ist, hat Paulus am eigenen Leibe erfahren. Wenn es denn nach christlicher Meinung um den Gott geht, der in Hoffnung und Liebe, im Geist und in der Wahrheit zu suchen ist, werden die Christen noch besser bedenken müssen, wie sie mit dem Glauben der Juden und mit dem Glauben der Hellenen oder mit dem Glauben anderer richtig umgehen. Wir werden darüber miteinander zu reden haben. Aber nicht so, daß wir unsere Hoffnung und Liebe, den Geist und die Wahrheit des Christus unterschlagen.

B Fragen

1.1 Welche Aussagen über Gott sind sehr menschenförmig?

1.2 Worin unterscheiden sie sich von polytheistischen Aussagen?

1.3 Welche Aussagen über Gott sind aus den anfänglichen Gottesbekenntnissen neu entstanden?

1.4 Welche Texte sprechen von Gottes Allwirksamkeit?

1.5 Worin unterscheiden sie sich von pantheistischen Aussagen?

1.6 Wie änderte das Neue Testament die alttestamentliche Auffassung Gottes?

1.7 Was ist mißverständlich?

1.8 Was variieren die Texte?

1.9 Worin widersprechen sich die Texte?

2.1 Was sagen die Texte über Gottes Sein?

2.2 Welche Texte vertreten eine worthafte Gottesbeziehung?

2.3 Welche Texte vertreten eine geisthafte Gottesbeziehung?

2.4 Welche Texte vertreten die Distanz von Gott und Mensch?

2.5 Welche Texte vertreten die Nähe Gottes zu den Menschen?

2.6 Worin stimmen die Texte überein?

C Antwortversuche

Zu 1.1:
① und ㉛ Für den Jahwisten ist Gott gezeichnet wie ein Töpfer, der Adam aus Lehm formt; wie ein Bildhauer, der Eva aus einer Rippe schnitzt; wie ein Gutsherr, der sich im Park ergeht; wie ein Schneider, der den Menschen Röcke macht.
㉘ Jahwe ist der Gott der Väter und gehört deshalb zur Geschichte der Familien.
㉙ Jahwe ist eifersüchtig.

Zu 1.2:
①, ㉘, ㉙ und ㉛ Die menschenförmigen Aussagen sollen Menschenbezogenheit Gottes darlegen. Gott bleibt aber dennoch der ganz Andere, der Schöpfer und der Richter der Menschen.

Zu 1.3:
①, ② und ㉜ Bekenntnisse zum Schöpfer;
㉛ und ㉜ Bekenntnisse zu eigener Schuld;
㉜ und ㉝ Bekenntnisse zum Allmächtigen.

Zu 1.4:
㉝ und ㉟ Gott umgibt den Menschen von allen Seiten und lenkt alles nach seinem Willen.

Zu 1.5.:
㉝ und ㉟ Gott wird angeredet im Gebet.

Zu 1. 6:
㉞ und ㊱ Derselbe Gott, von dem das Alte Testament spricht, ist seinem Wesen nach in Jesus von Nazareth zu erkennen.
㉟ Während sich Hiob vor Gottes Gewalt demütigen muß, wirbt Jesus um Vertrauen zu einem Vater, der die Seinen liebt.
㊱ und ㊲ Gott ist im Menschen zu erfahren als Liebe und Wahrheit im Geist.

Zu 1.7:
①, ㉘, ㉙ und ㉛ Gott könnte aufgrund der menschenförmigen Aussagen wie ein Supermensch mißverstanden werden (nur gradueller Unterschied zum Menschen).
㉙ und ㉛ Gott könnte mißverstanden werden als einer, der durch Normerfüllung zu gewinnen wäre.
㉜ und ㉝ Gott könnte mißverstanden werden als einer, der durch seine Überlegenheit den Menschen zum Glauben zwingt.

Zu 1.8:
Die Anlässe von Gotteserfahrung (㉘ Errettung; ㉙ Normgebung; ㉛ Schuld; ㉜ Leid; ㉝ Gefühl der Abhängigkeit).

Zu 1.9:
Die Menschenförmigkeit der Aussagen von ① und ㉛ werden korrigiert von ②, ㊱ und ㊲.
Die regionale Zuständigkeit Gottes nach ㉘ wird korrigiert durch ② und ㉞.

Zu 2.1:
㉘ Gott ist in der Geschichte.
㉙ Gott ist in der Norm.
㉚ Gott ist einer.
㉝ Gott ist überall.
㉞ Gott ist in Christus.
㊱ Gott ist Liebe.
㊲ Gott ist Geist und Wahrheit.

Zu 2.2:
①, ②, ㉙, ㉛, ㉜, ㉞ und ㉟.

Zu 2.3:
㉝, ㊱ und ㊲.

Zu 2.4:
①, ② und ㉜ Schöpfer : Geschöpf;
㉘ Retter : Verfolgter;

㉙ und ㉛ Normgeber : Normnehmer;
㉜ und ㉝ Allwissender : Durchschauter.

Zu 2.5:
① Gott der Erhalter;
㉞ Gott der Versöhner;
㉟ Gott der Vater;
㊱ Gott die Liebe.

Zu 2. 6:
① bis ② und ㉘ bis ㊲ Überlegenheit und Nähe Gottes zu den Menschen werden von allen Texten zugleich bekannt. Und: Die Worthaftigkeit und die Geisthaftigkeit Gottes, die in den jüngeren Texten auf den Punkt gebracht sind, werden auch in den älteren Texten bejaht.
(Z. B.: ① Da machte Gott der HERR den Menschen (1. Mose 2,7) Und Gott gebot dem Menschen und sprach (1. Mose 2,16) / ② Der Geist Gottes schwebte auf dem Wasser (1. Mose 1,2) Und Gott sprach: Lasset uns Menschen machen, ein Bild, das uns gleich sei (1. Mose 1,26) / ㉘ Der HERR erhörte unser Schreien (5. Mose 26,7) / ㉙ Ich bin der HERR, dein Gott (2. Mose 20,2) / ㉚ Du sollst den HERRN, deinen Gott lieb haben (5. Mose 6,5) / ㉛ Sie hörten Gott den HERRN, wie er im Garten ging. Und Gott rief Adam und sprach zu ihm: Wo bist du? (1. Mose 3,8 f.) / ㉜ Ich erkenne, daß du alles vermagst (Hiob 42,2) / ㉝ Du erforschst mich und kennst mich. Am Ende bin ich noch immer bei dir. (Ps 139,1 und 18) / ㉞ Gott versöhnte die Welt mit sich selbst (2. Kor 5,19) / ㉟ Unser Vater, der du in den Himmeln bist (Mt 6,9) / ㊱ Gott ist die Liebe (1. Joh 4,16) / ㊲ Gott ist Geist, und die ihn anbeten, die müssen ihn im Geist und in der Wahrheit anbeten (Joh 4,24).)

D Folgerungen

1.Die Toleranz der Sammler

Wie in den Zwischenbilanzen (s. S. 147 und 156) schon festgestellt wurde, hat das Begreifen Gottes eine lange Geschichte. Schon die alten Familiensagen der Väter lassen erkennen, daß zu Beginn verschiedene Traditionen unabhängig voneinander entstanden waren und gepflegt wurden. Als es dann in mehreren Schritten zur Identifizierung dieser Gottesauffassungen kam (durch das erste Gebot gefordert und durch das Schma Jisraël rekapituliert), ließ man dennoch in innerbiblischer Toleranz die alten Aussagen in der Schrift bestehen, so daß wir sie noch erkennen können.

Als sich Israel zu der Erkenntnis vorwagte, seinen Gott für die Erschaffung der ganzen Welt in Anspruch zu nehmen und diese für ihn, mußte die Erzählung des Jahwisten durch die Priesterschrift später nachgebessert werden (vgl. Kapitel 1). Aber auch das blieb erkennbar. Und dann stellte man die Aussagen von der grundsätzlichen Überlegenheit Gottes und vom Nicht-entrinnen-Können des Menschen noch dazu.

Das Neue Testament läßt dies alles als wahr gelten. Für die Sammler des neuen Kanons war das Alte Testament selbstverständlich und zuerst die heilige Schrift. Aber nun hatten sie andere Texte zu sammeln, die Gott in Christus offenbart sehen und die dadurch in Widerspruch stehen zu jüdischer und zu polytheistischer (sei es griechischer oder sei es orientalischer) Gottesauffassung. Damit war das Bekenntnis zu Gott, dem Herrn der Geschichte, dem Geber der Gebote und dem Schöpfer, dem einen, nicht verlassen, aber es war, wie man später formulieren würde, ein erster Artikel vor einem zweiten geworden. Gott in Christus wurde hinzubekannt, und das bedeutet Vergebung (neben dem Gebot), Vertrauen (neben dem Respekt) und Vollendung (neben der Verheißung). Für das neue Verständnis war damit der Glaube an die Einzigkeit Gottes nicht zerbrochen. Und das »Höre, Volk Gottes« könnte auch von Christen gebetet werden. Aber es war doch eine andere Zentrierung gebildet, eine neue Religion in der alten entstanden

2.Das Wesen der Widersprüche

Die Korrektur innerhalb der alttestamentlichen Tradition betraf Ungenauigkeiten und Ungeschicklichkeiten im Ausdruck. Auch für den Jahwisten war klar, daß Jahwe nicht so etwas wie ein Übermensch war, sondern der schlechthin Andere. Das Problem der Menschenförmigkeit war im Grunde keins. Die Vielgestaltigkeit der Gottesaussagen am Anfang, die Anlaß gab, die Einzigkeit Gottes einzuschärfen, war auch nicht kontradiktorisch. Diese vielen Gotteserfahrungen mußten nicht Erfahrungen mit vielen Göttern sein. Was das bedeutet hätte, erkannte man in Israel erst bei der Auseinandersetzung mit der Fruchtbarkeitsreligion des Baal und der Astarte. Da ging der Widerspruch auf Tod und Leben.

Und die Differenz zwischen Hiob und Psalm 139 ist eher ein Unterschied der Atmosphäre. Während Hiob vor Gottes Allmacht in Demut versinkt, weiß sich der Psalmist in Gottes Allwirksamkeit geborgen. Das sind Nuancen.

Ob das Neue des Neuen Testaments ein Widerspruch zum Alten ist oder nur in sich aufnimmt und entfaltet, was darin schon angelegt war, ist eine Glaubensfrage. Im Disput von Juden und Christen war, ist und bleibt das ein Punkt der Auseinandersetzung. Die Zeugen des Neuen Testaments sagen, sie seien in der Spur geblieben, die das Volk Gottes schon immer von Gott geführt worden sei. Die Menschen mosaischen Glaubens könnten dagegen halten, daß die Christen ihre heiligen Schriften ausgebeutet hätten. Während für die Christen auch dieses Problem ein innerbiblischer Widerspruch ist, der zu tolerieren wäre, sehen die gläubigen Juden darin eine Vereinnahmung, wie sie sich ja auch verbitten, daß ihre Bibel als »Altes« Testament bezeichnet wird.

3.Der Glaube und das Begreifen Gottes

Das war nun wichtig in all der theologischen Entwicklungsarbeit:

Die Christen vertrauen darauf, daß das Schicksal nicht blind und taub und stumm ist. Was uns widerfährt, hat personale Tiefe, spricht uns an und fordert Antwort, und wenn es nur das Schreien Hiobs in der Gemeinde ist oder das Fluchen dessen, der sich beschwert, weil da etwas Schlimmes über ihn kam.

Die Christen vertrauen darauf, daß es ein Gutes gibt, das nicht zur Disposition, zur Abschaffung oder zur Veränderung durch die Menschen steht. Gerade solche, die Gottes Vorhandenheit bestreiten, weil sie das viele Unrecht in der

Welt nicht akzeptieren können, tun das doch im Namen des Guten, sind also Zeugen für den Wunsch nach unbedingter Gültigkeit der Norm. Und wir glauben an eine personale Tiefe in solcher Norm, die uns anspricht: Du sollst!

Die Christen vertrauen darauf, daß im Grunde des Seins, das uns umfaßt und von dem wir schlechthin abhängig sind, uns ein Du gegenübersteht, dem wir uns vertrauensvoll überlassen können, weil es uns versteht, auch wenn wir seinen Weg mit uns nicht sofort oder auch überhaupt nicht begreifen.

Was die Christen Neues von Gott glaubten, das hatten sie von Jesus von Nazareth gelernt. Was er gesagt, getan und gelitten hatte, zeigte ihnen ein neues Gesicht Gottes. Dieser Botschaft war er treu geblieben bis in den Tod. Aber sie sahen ihn lebend, oder sie glaubten ihn lebend auf die Kunde

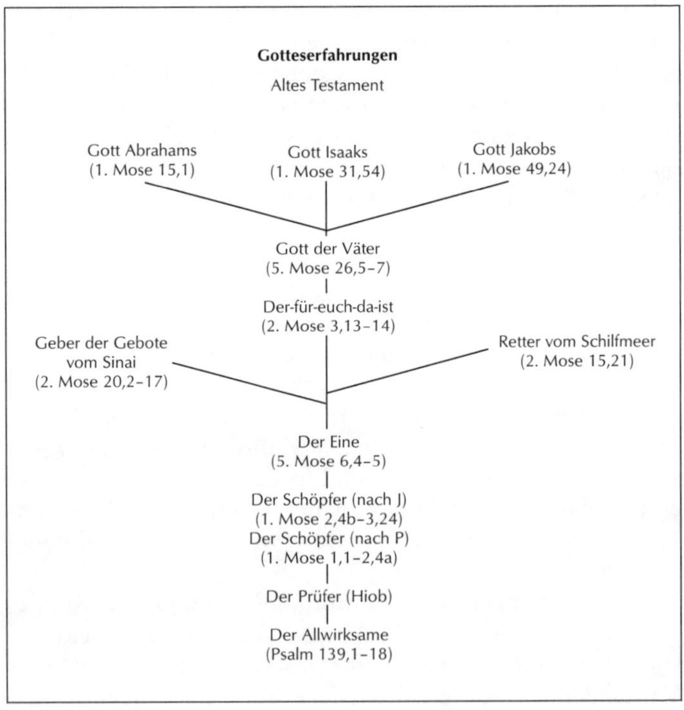

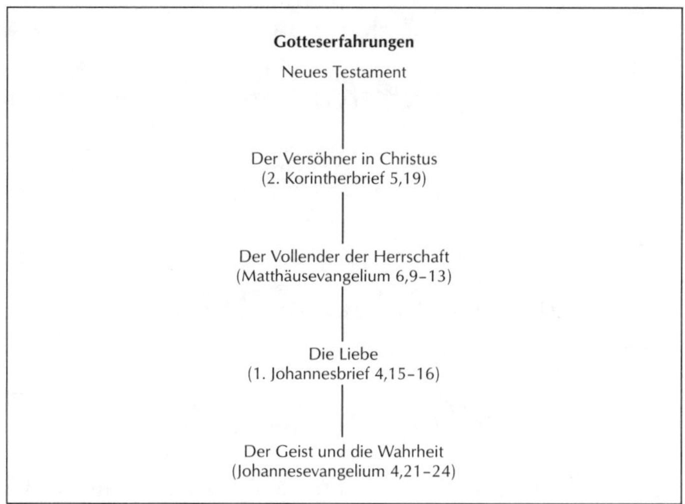

hin, daß Gott ihn geweckt habe. Nun war er für sie Gottes Sohn, nun war er erst recht Gottes Offenbarer, nun hatte er für sie Anteil an Gottes Wesen. Weil sie Jesus abnahmen, was er von Gott gesagt hatte, glaubten sie auch: Der läßt uns frei, damit wir selber gehen lernen. Der richtet uns auf, wenn wir gefallen sind. Der wartet auf uns wie ein Vater oder eine Mutter.

7. Kapitel
Der Kanon

Die innerbiblische Toleranz

1. Wie man Schriften sammelte

Zur Problemanzeige ein Gedankenspiel: Angenommen, bei Bauarbeiten in Damaskus würde in einem verschlossenen trockenen Kellerraum eine kleine Privatbibliothek uralter Schriften gefunden.[145]

Darunter befänden sich auch Rollen mit den bekannten Briefen des Apostels Paulus und – das wäre eine Sensation – ein bisher unbekannter Brief von ihm an die Christen in Damaskus. Dort hatte man ihn ja nach seiner Bekehrung aufgenommen, unterrichtet und getauft (vgl. Apostelgeschichte 9,18), da lag es doch nahe, daß der berühmteste Täufling dieser Gemeinde ihr später einmal schrieb, wie es ihm ergangen war. Angenommen, solch ein Brief käme nicht erst auf den Basar, sondern gleich in die richtigen Hände, was würde geschehen? Der Papyros würde von Naturwissenschaftlern auf sein Alter untersucht. Der Text würde von Philologen geprüft und verglichen mit allen Fakten, die über Paulus bekannt sind, über seine Wortwahl, seine Theologie usw. Weiter angenommen, alle kämen zu dem Ergebnis: Der Brief ist echt. Was dann? Hoffentlich würde man in Damaskus einen ökumenischen Dankgottesdienst feiern können. Aber dann wäre eine schwierige kirchenübergreifende Entscheidung fällig. Der Brief müßte doch wohl in die neutestamentliche Sammlung aufgenommen werden. Also: Expertisen und Gegenexpertisen, Ausschußsitzungen in allen konfessionellen Varianten, Vorlagen für Beschlüsse der kirchenleitenden Personen, in Genf für die Vollversammlung des Weltkirchenrates, in Rom für den Papst.

Wie deren Beratung auch immer ausfiele (je nachdem, was Paulus nach Damaskus geschrieben hätte), eins wäre sicher: Entschieden wurde über die Aufnahme eines Briefes nicht von den Gemeinden, sondern von Bischöfen und Synoden.

Und das war am Anfang des Neuen Testaments ganz anders. Als sich erstmals ein Bischof[146] zum »Kanon« äußerte, geschah das im Jahre 367 im Osterfestbrief des Athanasius aus Alexandria, und erst die Synoden in Hippo Regius (393) und in Karthago (397), beide in Nordafrika, bestätigten die Abgrenzung des Neuen Testaments. Aber sie waren nur späte »Notare«. Die Sache selbst war doch seit 200 Jahren entschieden.

Es begann nämlich in den Gemeindeversammlungen.[147] Man kannte aus den Synagogengottesdiensten die Lesungen aus dem Alten Testament (vgl. z. B. nach Lukas 4,16 Jesu Predigt über Jesaja 61,1–2 in der Synagoge in Nazareth). Und da die Christen zunächst an den Gottesdiensten im Tempel und in den Synagogen weiterhin teilnahmen, verstanden sie diese Lesungen[148] nun in ihrem Sinn. Dafür sprechen auch die »Schriftbeweise« in den neutestamentlichen Texten. Aber als sie dann ihre eigenen Versammlungen hielten, kam es nicht zur Übernahme des synagogalen Brauchs.

Es gibt keine Hinweise auf alttestamentliche Lesungen in den christlichen Gottesdiensten.[149] Doch sie hatten ihre eigenen Traditionen. Paulus schärft das in seinen Briefen immer wieder ein. »*Ich lobe euch, weil ihr in allen Stücken an mich denkt und an den Überlieferungen festhaltet, wie ich sie euch gegeben habe.*« (1. Korinther 11,2) Und er fordert dazu auf, seine Briefe vorzulesen: »*Ich beschwöre euch bei dem Herrn, daß ihr diesen Brief lesen lasst vor allen Brüdern.*« (1. Thessalonicher 5,27) Da wundert es nicht, daß in dem Brief seiner Schüler an die Kolosser steht: »*Und wenn der Brief bei euch gelesen ist, so sorgt dafür, dass er auch in der Gemeinde in Laodizea gelesen wird und dass ihr auch den von Laodizea lest.*« (4,16) Leider wissen wir nichts über diesen Laodizenerbrief. Aber es ist klar: Man schrieb die Briefe ab, reichte sie weiter, sammelte sie, auch wenn sie für manche schwere Kost waren. So heißt es im sog. 2. Petrusbrief: »... *und die Geduld unseres Herrn erachtet für eure Rettung, wie auch unser lieber Bruder Paulus nach der Weisheit, die ihm gegeben ist, euch geschrieben hat. Davon redet er in allen Briefen, in denen einige Dinge schwer zu verstehen sind, welche die Unwissenden und Leichtfertigen verdrehen, wie auch die anderen Schriften, zu ihrer eigenen Verdammnis.*« (3,15f.)[150]

Man sammelte also auch schon andere Schriften. Vielleicht die Evangelien? Am Anfang des Lukasevangeliums heißt es: »*Viele haben es schon unternommen, Bericht zu geben von den Geschichten, die unter uns geschehen sind, wie uns das überliefert haben, die es von Anfang an selbst gesehen haben und Diener des Worts gewesen sind. So habe auch ich's für gut gehalten, nachdem ich alles von Anfang an sorgfältig erkundet habe, es für dich, hochgeehrter Theophilus, in guter Ordnung aufzuschreiben, damit du den sicheren Grund der Lehre erfährst, in der du unterrichtet bist.*« (1,1–4) So hatte Lukas nicht nur das Markusevangelium, sondern auch noch andere Texte gesammelt und verarbeitet.

Also »sicheren Grund« wollte man haben und dafür aufschreiben, was die Zeugen der ersten Generation bisher mündlich weitergegeben hatten. Je mehr Zeit verging, um so wichtiger wurde dieses Motiv.

Aber dann gab es zusätzliche Motivation: Es trat nämlich ein »Ketzer« auf, der für seine Sonderlehre eine eigene Sammlung heiliger Schriften anbot. MARKION aus Sinope in Kleinasien (85–160) lehnte das ganze Alte Testament[151] ab, da er in dessen Gottesvorstellung nicht den Vater Jesu Christi erkannte. Er hatte eine eigene Sammlung mit einem »reinen« Lukasevangelium und mit zehn Paulusbriefen. Und er brachte damit einen neuen Sinn in das Sammeln von Schriften ein. Nun konnte man mit diesem Schrifttum einen Maßstab setzen, einen Kanon (griechisch: kanṓn = Rohr, Richtschnur, Regel). Nun konnte man andere Schriften, die nicht zu diesem Kanon paßten, ausscheiden.

Und so entstand in den christlichen Gemeinden in der Mitte des zweiten Jahrhunderts eine Diskussion darüber, welche Schriften in die eigene Sammlung gehörten und welche nicht.[152]

Eine »Zwischenbilanz« dieser Diskussion liegt uns vor in dem sog. Kanon Muratori[153] aus der Zeit um 200. Er zählt alle Schriften auf, die damals für das Neue Testament zur Disposition standen. Das sind alle, die auch heute dazugehören außer den beiden Petrusbriefen, einem Johannesbrief, dem Hebräerbrief und dem Jakobusbrief. Dafür anerkennt er aber eine Petrus-Offenbarung und die »Weisheit Salomos«. Er nennt, aber lehnt ab einen Laodizener, einen Alexandrinerbrief und den »Hirten des Hermas«.[154] Das Kriterium für die Anerkennung ist die Apostolizität der Texte, und das war auch inhaltlich gemeint.

Es gab also noch keine feste Rahmung für einen Kanon. Der ganze Ablauf der Entwicklung kann hier kaum dargestellt werden.[155] Sie verlief im Osten der damaligen Christenheit auch noch anders als im Westen. Aber es ist noch zu referieren, daß es eine Gruppe von Schriften gab, die man heute unter dem Namen »Apostolische Väter«[156] zitiert, obwohl es sich eher um »Enkel« der Apostel gehandelt hat. Von denen wurden zunächst auch einige in das werdende Neue Testament aufgenommen: ein erster Klemensbrief, ein Barnabasbrief, die Didache und der schon erwähnte Hirt des Hermas.[157] Dazu gab es Schriften gnostischer Herkunft, die von einigen Gemeinden für akzeptabel gehalten wurden: ein Hebräerevangelium, ein Ägypterevangelium und eine Apostelgeschichte des Paulus.[158] Aber wie sich die Frage auch endgültig beantworten würde, was dazugehört und was nicht, es hatte sich schon eine große Übereinstimmung (magnus consensus) gebildet. Und dieser common sense war ein Produkt der Basis. Sicher ist anzunehmen, daß in den Gemeinden nicht jedes Mitglied den gleichen Einfluß hatte. Schon aus den Paulusbriefen wissen wir, daß es Wortführer gab und bald auch Gemeinde»funktionäre«. Aber die blieben in Augenhöhe der anderen und waren nur so wirksam, wie ihr Charisma war.[159] Und dies ist wichtig: Es wurde im Hauptstrom nicht alles angepaßt, nicht alles (à la MARKION) gereinigt und glatt gebügelt.

2. Was das Neue Testament gelten läßt

Immer wieder – in jedem Kapitel – hatten wir Widersprüche, Gegensätze oder Unterschiede festgestellt, die offenbar in innerbiblischer Toleranz hingenommen wurden. In der späteren Geschichte der Kirche hat man sich gern an diesen Differenzen vorbeigemogelt. Aber durch die Historisch-Kritische Methode der Bibelauslegung haben wir gelernt, genauer hinzusehen. Und das gilt nun auch für die Widersprüche. Auch die müssen wir als solche genauer betrachten. Denn – wie wir schon mehrfach sahen – gibt es Unterschiede bei den Unterschieden.

Der Irrtum

Im 1. Kapitel, bei den Texten zum Thema Schöpfung, waren die Irrtümer unübersehbar. Was der Jahwist z. B. über die Reihenfolge der Entstehung der Kreaturen erzählt, ist einfach falsch, und er wurde wohl auch deshalb von dem priesterschriftlichen Schöpfungstext korrigiert. Aber auch dessen Gedanken sind voller naturkundlicher Irrtümer.

Ein Segen, daß das bei beiden Texten so ist, bedeutet es doch, daß die Aussagen zur Naturkunde, in denen sich beide »Quellen« irrten, bei denen sie sich aber auch untereinander widersprechen, keine Verbindlichkeit für den Glauben haben sollen.

Auch im 5. Kapitel, bei den Texten zum Ende der Tage bzw. zum ewigen Leben, gab es Irrtümer zu melden. Die nahe Erwartung des Endes, sozusagen morgen, war falsch, doch auch die Aussage (die auch von Jesus überliefert ist), daß noch in der Lebenszeit der ersten Christen das Reich Gottes kommen werde, war ein Irrtum. Aber die Kette der Fehleinschätzungen in ihrer Widersprüchlichkeit auch innerhalb der Bibel beweist doch nur, daß die Frage nach dem ewigen Leben nichts mit der Frage nach Datierungen zu tun haben soll.

Irrtümer sind dazu da, daß man sie eingesteht und korrigiert.

Die Nuance

Manchmal machen uns Unterschiede zu schaffen, die nicht aus der Schärfe gegensätzlicher Gedanken stammen, sondern aus Differenzen in der Atmosphäre.

Wenn die »Quelle« J davon erzählt, daß Adam den Tieren Namen gab und wenn die »Quelle« P dem Menschen zuweist, daß er über die Tiere herrschen solle, dann ist das in der theologischen Quintessenz wahrscheinlich dasselbe, aber für das praktische Leben können sich verschiedene Konsequenzen ergeben. Tierfreunde vermutlich werden sich beim Jahwisten besser verstanden sehen.

Ähnlich war der Gegensatz zwischen Hiob und Psalm 139 im 6. Kapitel zu deuten. Ob ich mich vor der Gewalt Gottes beugen muß und seine Größe in Demut und Buße anerkennen muß, wie Hiob begriffen hat, oder ob ich mich mit dem Psalmisten in Gottes Überlegenheit geborgen glaube, ist für das Gefühl der Glaubenden ein großer Unterschied. Aber bei Lichte besehen, sind diese Gegensätze begründet in der Art der jeweilig betroffenen Menschen. Im Lichte systematischer Theologie (und das muß nicht das ewige Licht sein) ist daraus für den Begriff Gottes nichts Unterschiedliches festzuhalten.

Nur: Nuancen machen das Leben lebendig.

Die persönliche Argumentation

Im 2. Kapitel, beim Thema der Gottessohnschaft, stellte sich heraus, daß die klaren Differenzen in der Vorstellung vom Zustandekommen der Gottessohnschaft und bei der Datierung ihres Anfangs eine Folge der Zuwendung zu verschiedenen Menschengruppen waren. (In der Rhetorik spricht man dann von einer »argumentatio ad hominem«.) Weil es nicht dasselbe ist, ob man für Judenchristen oder für Heidenchristen oder für Sympathisanten der gnostischen Religion etwas erklären möchte, sind Unterschiede in der Wortwahl, in der Berufung auf Autoritäten und in dem Aufbau des Beweisganges unvermeidlich. Diese Erkenntnis bedeutet zugleich eine Relativierung der gewählten Bilder und Begriffe.

Es ist ein Segen, daß das Neue Testament verschiedene Aussagereihen überliefert, weil so deutlich wird, daß diese nicht gemeinsam gelten können, aber auch nicht eine für sich allein verbindlich für den Glauben gemeint ist. Nur worin sie übereinstimmen, ist wichtig.

Und Phantasie ist gefragt, für neue Menschengruppen neue Argumentationslinien zu finden.

Die Variation

Nicht immer müssen solche Zuwendungen zu überlieferten Denkanschauungen in gegensätzlichen Aussagen münden. Im 3. Kapitel, bei der Deutung des Sterbens Jesu, lernten wir, daß unterschiedliche kultische und rechtliche Bilder und Bräuche herangezogen werden konnten, um Jesu Tod verständlich zu machen, die aber nicht für jeden Menschen die gleiche Überzeugungskraft haben müssen. Doch die Theologiegeschichte zeigt auch, daß fast alle diese Muster miteinander kombiniert werden konnten, bis sie ein für den heutigen Menschen kaum mehr zu durchschauendes Labyrinth von Gedanken wurden.

Aber es ist ein Segen, daß wir noch das Nebeneinander der Deutungen erkennen können und dadurch deren gegenseitige Relativierung. Oder um ein musikalisches Bild zu verwenden: Die Grundmelodie, daß Jesus einen Tod der Treue starb für seine Botschaft, konnte nicht übertönt werden durch die vielen kunstreichen Variationen aus Kult und Recht.

Aber: Variationen sind etwas für Kenner.

Das Kontra

Kontradiktorisch nennt man Gegensätze, die sich gegenseitig ausschließen. Eine solche Konstellation kann sich zeigen im direkten Ansagen des Kontra. Sie kann aber auch durch Schweigen zum Ausdruck kommen.

Ob der Heilige Geist bei der Taufe Jesu (vgl. Kapitel 2) wie eine Taube herabkam oder als eine Taube, ist ein kontraditorischer Gegensatz. Eins kann nur stimmen – oder beides nicht.

In diesen Zusammenhang gehört aber auch die Beobachtung aus dem 4. Kapitel, daß Paulus kein Wort verliert über das Grab Jesu. Offenbar kritisiert er durch Schweigen eine Theologie, die leere Gräber braucht, um Jesus lebend glauben zu können. Es gibt also eine richtige Spannung zwischen verschiedenen Theologien innerhalb des Neuen Testaments.

Die spätere Frage der Reformatoren, was in der Bibel »Christum treibt«[160], bzw. der heutigen Theologen nach einem (inhaltlichen) Kanon im (literarischen) Kanon ist nicht unbegründet.

Grundsätzlich muß es erlaubt sein zu fragen, ob diese oder jene Aussage oder sogar diese oder jene Schrift des Neuen Testaments aus der Sammlung zu entfernen sei. Schließlich gab es dazu ja auch schon bei der Kanonwerdung eine kontroverse Diskussion.

Andererseits ist zu prüfen, was die Gesamtaussage einer Schrift ist und ob ein »Abrutschen« im theologischen Niveau oder eine Schwäche im Umgang mit Begriffen schon zum Ausschluß führen muß. Die ersten Sammler waren darin toleranter als manch ein spätgeborener Beckmesser.

Aber: Es ist segensreich, daß dies eine offene Frage ist.

Die Entwicklung

Im 6. Kapitel hatten wir einen langen Weg nachvollzogen bei der Erarbeitung der Aussagen über Gott. Fast könnte man von einer Evolution Gottes[161] sprechen, wenn es nicht doch von Anfang an klar gewesen wäre, daß hier nur der Denkapparat der Menschen entwickelt werden mußte, die zunächst nur von Teilerfahrungen mit Gott sprechen konnten und die dann ihre Glaubensstücke zusammentrugen. Dabei war zu lernen, daß nicht alles zusammenpaßte.

Der schmerzlichste Unterschied bei der theologischen Entwicklungsarbeit ist wohl darin zu sehen, daß viele Glaubende aus Israel den Weg Jesu nicht mitgehen wollten, der doch im Namen des Gottes sprechen wollte, der auch schon Mose und die Propheten beauftragt hatte. Dabei müßten sich Juden und Christen eigentlich darin einig sein können, daß es überhaupt ein Wagnis ist zu vermuten, daß Gott zu uns in diese Welt sprechen wolle.

Könnte nicht derselbe Ausgangspunkt zum selben Ziel führen?

Die Dialektik

Im 5. Kapitel bei der Frage nach den sog. letzten Dingen stießen wir auf einen Gegensatz, nicht zwischen dem einen und dem anderen biblischen Autor, nicht zwischen einer früheren und einer neueren Aussage desselben Autors, sondern auf einen Gegensatz beim selben Verfasser innerhalb eines Satzes.

Offenbar wird das einem Menschen, der »Gott« denken will, zugemutet einzugestehen, daß die eigene Formulier- und Denkkunst nicht ausreicht für die Gottesthemen. Darum kann alle richtige, d. h. Gott gemäße Theologie nicht übermütig mit ihrem Thema umgehen. Sie kann Gott nicht definieren. Hätte sie es getan, hätte sie ihn schon verraten. Alle Ansätze, von Gott, von seinem Willen, von seinem Geist zu sprechen, sind nur Annäherungsversuche.

Und wir müssen Sätze sagen, die in dialektischer Spannung stehen. Aussagen, die sich eigentlich gegenseitig ausschließen, müssen dennoch beide behauptet werden:

Er kommt, und er ist schon da. Er bestimmt alles, und er läßt uns frei sein. Er ist der ganz Andere, und er zeigt sich in dem Menschen Jesus von Nazareth.

Wenn in unseren Gedanken und in unseren Schriften diese Art von Schwierigkeit nicht mehr erlebt würde, hätte unser Glaube sein Gegenüber verloren.[162]

3. Was das Neue Testament nicht mehr gelten läßt

Die Sammler unserer heiligen Schriften hatten ein großes Herz. Sie waren keine theologischen Prinzipienreiter, wie sie die Kirchengeschichte später leider zahlreich erlebt hat. Aber man hat doch nicht alles gewollt, was es gab. Da die Schriften, die sich zum Neuen Testament zusammenfügen sollten, zuerst in den Gemeindeversammlungen gelesen wurden, und das nicht nur einmal, ist anzunehmen, daß manche Texte, die sich als apostolische Briefe oder als Evangelien oder als Apostelgeschichten oder als Apokalypsen empfehlen wollten, bei diesem Gemeinde-Test schlicht durchgefallen sind.

Einige Beispiele aus den sog. Apokryphen können das erklären:

Ⓑ *Die gehorsamen Wanzen*

Als wir am ersten Tag in einer verlassenen Herberge anlangten und wegen eines Bettes zur Ruhe für den seligen Johannes in Verlegenheit waren, erlebten wir ein lustiges Stückchen von ihm. Es stand dort irgendwo ein Bett ohne Decken, darauf breiteten wir die Mäntel, die wir bei uns hatten, und forderten ihn auf, sich darauf zu legen und auszuruhen, während (wir) übrigen alle auf dem Boden schliefen. Als er sich nun niedergelegt hatte, wurde er von zahllosen Wanzen belästigt; und als sie ihm immer lästiger wurden und die Nacht schon zur Hälfte fortgeschritten war, sagte er zu ihnen, während wir alle es hörten: »Ich sage euch, ihr Wanzen, seid allesamt einsichtig, verlaßt augenblicklich eure Heimstatt, verhaltet euch ruhig an einem Ort und bleibt fern von den Knechten Gottes!« Und während wir lachten und uns noch länger unterhielten, ergab sich Johannes dem Schlaf. Wir aber sprachen nur noch leise und fielen ihm nicht lästig. Als aber der Tag heraufdämmerte, stand ich schon als erster auf und mit mir Verus und Andronikus; und da sahen wir an der Tür des Raumes eine Menge Wanzen. Während wir über den Anblick ihrer (großen) Menge außer uns waren und auch alle Brüder sich ihretwegen erhoben hatten, schlief Johannes (noch). Und als er erwacht war, zeigten wir ihm, was wir sahen. Er aber richtete sich im Bett auf, sah, daß .. und sprach zu den Wanzen: »Da ihr sehr einsichtig wart und euch vor meiner Strafe gehütet habt, (so) geht (nun wieder) an euren Platz.« Und als er das gesagt hatte und vom Bett aufgestanden war, eilten die Wanzen behende von der Tür zum Bett, stiegen an dessen Beinen empor und schlüpften in die Fugen. Und Johannes sagte wiederum: »Dieses Getier hörte die Stimme eines Menschen und hielt sich still für sich, ohne (den Befehl) zu übertreten. Wir aber hören die Stimme Gottes und sind seinen Geboten ungehorsam und leichtfertig – und wie lange?«

(Apostelgeschichte des Johannes. 60 f.)[163]

Solche Geschichten waren offenbar nicht Satiren gegen den immer alberner werdenden Wunderglauben, sondern ernst gemeinte Huldigungen an die zauberkräftigen Wundertäter. Ein solches magisches Verständnis des Lebens paßt nicht zum Neuen Testament.

Ⓒ *Der getaufte enthaltsame Löwe*

... ein großer und schrecklicher Löwe kam aus dem Tal des Feldes der Gebeine ... als ich mit meinem Gebet zu Ende war, hatte sich das Tier zu meinen Füßen geworfen. Ich ward voll heiligen Geistes, sah es an und sagte zu ihm: »Löwe, was willst du?« Da sagte er: »Ich möchte getauft werden.« Ich lobte Gott, der dem Tier Sprache verliehen hatte und seinen Dienern das Heil ... Nachdem ich mit diesen Worten gebetet hatte, nahm ich den (Löwen) bei seiner Mähne, und im Namen Jesu Christi tauchte ich ihn dreimal unter. Als er dem Wasser wieder entstieg, schüttelte er seine Mähne zurecht und sagte zu mir: »Gnade sei mit dir!« Und ich sagte zu ihm: »Desgleichen mit dir!« Als der Löwe nun zu dem Feld davonlief, voller Jubel – das wurde mir ja im Herzen offenbar –, begegnete ihm eine Löwin, und er wandte sein Gesicht nicht zu ihr hin, sondern er lief davon.

(Apostelgeschichte des Paulus)[164]

Hier ist nun nicht nur eine spektakuläre Tierbändigung aus Glauben erzählt, sondern darin zugleich – wie in jener ganzen Schrift immer wieder – die geschlechtliche Enthaltsamkeit gepredigt, unterstützt durch das Beispiel des Löwen, der nach seiner Taufe keine Löwin mehr ansehen mag. Diese Einstellung paßt zur Lehre der Enkratiten, die im 2. Jahrhundert in Syrien und Mesopotamien auftraten und Wein, Fleisch und Sexualität (auch in der Ehe) ablehnten.

Ⓓ *Der gescholtene Schöpfer*

Als die Himmel und ihre Mächte sich gefestigt hatten samt ihrer ganzen Einrichtung, da überhob sich der Archigenétōr [Erster Erzeuger] und ließ sich vom ganzen Heer der Engel preisen ... Er freute sich in seinem Herzen und brüstete sich .. und sprach: »Ich bin Gott, und es gibt keinen anderen außer mir.« Als er dies sagte, sündigte er gegen die Unsterblichen ... Als die Pístis [Glaube] die Gottlosigkeit des großen Árchōn [Herrscher] sah, wurde sie zornig und sprach unsichtbar zu ihm: »Du irrst, Sama'ēl!«, d. i. der blinde Gott. »Ein unsterblicher lichter Mensch existiert vor dir, der sich in euren Gebilden offenbaren wird. Er wird dich zertreten wie Töpferton, und du wirst mit den Deinigen zu deiner Mutter, dem Abgrund, hinabgehen ...«

(Die Schrift vom Ursprung der Welt. 151,3 ff.)[165]

Die Anspielung auf 2. Mose 20,2 f., den Anfang der Zehn Gebote, ist unübersehbar. Jahwe, der Gott des Alten Testaments wird degradiert. Er wird wie andere »Archonten« eingeordnet. Dies sind wohl zunächst Planetengötter, dann aber auch andere minderrangige Himmelsmächte, die die Verbindung der Menschen zu der oberen Welt blockieren. Die Pistis bzw. die Pistis-Sophia (Glaube-Weisheit) ist je nach der Spielart der Gnosis eine höher oder tiefer eingestufte Zwischengestalt zwischen der oberen Welt und den Herrschern der unteren. Der »lichte Mensch« ist eine messianische Rettergestalt. Alle diese Figuren könnten als handelnde Gestalten eines Mythos verstanden werden, wenn sie nicht zu sehr an bloß personifizierte Begriffe erinnern würden. Aber so oder so, zum biblischen Schöpfungsverständnis paßt das alles nicht.

Ⓔ *Das geborene Licht*

Als daher die Stunde näher kam, da trat die Macht Gottes offen in Erscheinung. Und das Mädchen (Maria) stand da, schaute zum Himmel und wurde wie eine Weinrebe. Denn schon war das Ende der Heilsereignisse im Vorschreiten. Als aber das Licht hervorgekommen war, betete Maria den an, von dem sie sah, daß sie ihn geboren hatte. Das Kind selbst aber sandte mit Macht Strahlen ringsumher nach Art der Sonne und war rein und höchst lieblich anzuschauen, da es allein als Friede überall Frieden verbreitend erschien. In jener Stunde aber, als er geboren wurde, hörte man eine Stimme vieler unsichtbarer Wesen, die einstimmig »Amen« sagten. Und das Licht selbst, das geboren wurde, vervielfachte sich und verdunkelte mit der Helligkeit seiner Leuchtkraft das Sonnenlicht. Und diese Höhle wurde von hellem Licht erfüllt samt dem süßesten Duft. So wurde dies Licht geboren, wie Tau vom Himmel auf die Erde herniedersteigt. Denn sein Duft riecht stärker als aller Wohlgeruch von Salben. Ich aber stand da, starr vor Verwunderung, und Furcht ergriff mich ... Und ich faßte Mut, neigte mich, berührte es, hob es in die Höhe mit meinen Händen in großer Furcht, und ich erstarrte vor Angst, denn es hatte kein Gewicht, so wie andere Menschenkinder, die zur Welt kommen. Und ich schaute es an, und es war keine Verunreinigung an ihm ...

(Kindheitsevangelium der Arundel-Handschrift.
Bericht der Hebamme.)[166]

Die Hebamme ist offenbar als gynäkologische Expertin Garantin für die Wunderhaftigkeit dieser Entbindung, die mit einer wirklichen Geburt eines Menschen nichts mehr zu tun hat, nicht einmal als legendäre Ausschmückung.

Ⓕ *Das Jesuskind schafft sich Sperlinge*

Als dieser Knabe Jesus fünf Jahre alt geworden war, spielte er an einer Furt eines Baches; das vorbeifließende Wasser leitete er in Gruben zusammen und machte es sofort rein; mit dem bloßen Worte gebot er ihm. Er bereitete sich weichen Lehm und bildete daraus zwölf Sperlinge. Es war Sabbat, als er dies tat. Auch viele andere Kinder spielten mit ihm. Als nun ein Jude sah, was Jesus am Sabbat beim Spielen tat, ging er sogleich weg und meldete dessen Vater Joseph: »Siehe, dein Knabe ist am Bach, er hat Lehm genommen, zwölf Vögel gebildet und hat den Sabbat entweiht.« Als nun Josef an den Ort gekommen war und (es) gesehen hatte, da herrschte er ihn an: »Weshalb tust du am Sabbat, was man nicht tun darf?« Jesus aber klatschte in die Hände und schrie den Sperlingen zu: »Fort mit euch!« Die Sperlinge öffneten ihre Flügel und flogen mit Geschrei davon.

(Kindheitsevangelium des Thomas. 2)[167]

Die Kindheitsgeschichten der Apokryphen wollen sicher zunächst die »fromme« Neugier befriedigen und erzählen, worüber die kanonischen Evangelien schweigen. Sie enthalten aber zugleich gnostische Theorien über Gott und die Welt. Hier wird Jesus als Kind schon als der Schöpfer geschildert und sein reales Menschsein in Frage gestellt. Und das ist typisch für die Gnosis, für die Jesus nur scheinbar Mensch war (Doketismus).

Zu erinnern ist hier auch an das schon Seite 78 zu Text ⑬ zitierte Stück Ⓐ aus den Apokryphen über die Beliebigkeit der von Jesus angenommenen Gestalten.

Ⓖ *Die schmerzlose Passion*

Und sie brachten zwei Übeltäter und kreuzigten den Herrn mitten zwischen ihnen. Er aber schwieg, wie wenn er keinen Schmerz empfände.

(Petrusevangelium. 10)[168]

Für die gnostische Ausprägung des Christentums waren weder die Geburt noch der Tod Jesu wie bei einem normalen Menschen. Was aber ist dann die Botschaft dieser Geschichten?

Ⓗ *Das folgsame Kreuz*

In der Nacht aber, in welcher der Herrntag aufleuchtete, als die Soldaten, jede Ablösung zu zweit, Wache standen, erscholl eine laute Stimme vom Himmel, und sie sahen die Himmel geöffnet und zwei Männer in einem großen Lichtglanz von dort herniedersteigen und sich dem Grabe nähern. Jener Stein, der vor den Eingang des Grabes gelegt war, geriet von selbst ins Rollen und wich zur Seite, und das Grab öffnete sich, und beide Jünglinge traten ein. Als nun jene Soldaten dies sahen, weckten sie den Hauptmann und die Ältesten – auch diese waren nämlich bei der Wache zugegen. Und während sie erzählten, was sie gesehen hatten, sehen sie wiederum drei Männer aus dem Grabe herauskommen und die zwei den einen stützen und ein Kreuz ihnen folgen und das Haupt der zwei bis zum Himmel reichen, dasjenige des von ihnen an der Hand Geführten aber die Himmel überragen. Und sie hörten eine Stimme aus den Himmeln rufen: »Hast du den Entschlafenen gepredigt?«, und es wurde vom Kreuze her die Antwort laut: »Ja.«

(Petrusevangelium. 35)[169]

Das Kreuz ist nun nicht mehr nur ein Hinrichtungsgerät oder die Stelle, an der Jesus starb, sondern es hat sich verselbständigt, kann sich bewegen und vielleicht sogar sprechen. Es ist aber zugleich hinter dem Auferstandenen, der alles überragt, offenbar doch nur etwas Zweites.

Die Texte Ⓐ[170] bis Ⓗ stammen aus dem Einflußbereich der Gnosis. Die folgenden Ⓘ bis Ⓛ aus dem frühen Katholizismus. Die neutestamentlichen Sammler hatten Vorbehalte in beide Richtungen.

Ⓘ *Der Gehorsam gegen Rom*

Nehmt unsern Rat an, und ihr werdet nichts zu bereuen haben! Denn es lebt Gott, und es lebt der Herr Jesus Christus und der Heilige Geist, und der Glaube und die Hoffnung der Auserwählten, daß derjenige, der demütig mit beharrlicher Sanftmut ohne Wanken die von Gott gegebenen Satzungen und Anordnungen befolgt, eingeordnet und eingerechnet sein wird in die Zahl derer, die durch Jesus Christus gerettet werden, durch den ihm die Ehre ist von Ewigkeit zu Ewigkeit. Amen.
Wenn aber einige dem, was von ihm durch uns gesagt wurde, nicht gehorchen, so mögen sie erkennen, daß sie sich in Verfehlung und nicht geringe Gefahr verstricken werden; wir aber werden unschuldig sein an dieser Sünde und unter inständigem Bitten und Flehen darum beten, der Schöpfer des Alls möge die abgezählte Zahl seiner Auserwählten auf der ganzen Welt unversehrt erhalten durch seinen geliebten Knecht Jesus Christus ...

(1. Klemensbrief 58,2–59,2)[171]

Die Gemeinde in Rom hält sich für berechtigt, die Gemeinde in Korinth zum Gehorsam aufzufordern. Grammatikalisch gesehen geht diese Forderung von Gott aus. Aber es sind die Römer, die die von Gott gegebenen Satzungen und Anordnungen hüten und auslegen. Ein Abweichen davon gilt schon als Sünde. Da wird der Grund gelegt für den Führungsanspruch Roms und das in einem unerträglich bigotten Stil.[172]

Ⓚ *Rom im Nacken*

Du, Herr, hast ihnen die Königsgewalt gegeben durch deine erhabene und unbeschreibliche Macht, damit wir die von dir ihnen gegebene

Herrlichkeit und Ehre anerkennen und uns ihnen unterordnen, keineswegs deinem Willen zuwider; gib ihnen, Herr, Gesundheit, Frieden, Eintracht, Beständigkeit, damit sie die von dir ihnen gegebene Herrschaft untadelig ausüben! ... (1. Klemens 61,1)
... Indem ihr ohne Böses nachzutragen in Liebe und Frieden mit beharrlicher Sanftmut die Eintracht pflegt, wie auch unsere erwähnten Väter Gefallen fanden, weil sie demütig waren in ihrem Verhalten gegen den Vater und Gott und Schöpfer und alle Menschen ... Es ist daher angebracht, daß wir uns diesen großartigen und zahlreichen Vorbildern zuwenden, den Nacken beugen und den Platz des Gehorsams einnehmen ... Denn Freude und Wonne werdet ihr uns bereiten, wenn ihr dem, was wir durch den Heiligen Geist geschrieben haben, Gehör schenkt ...

(1. Klemens 62,2–63,2)[173]

Die hier geforderte »grundsätzliche Staatstreue der Urkirche«[174] ist nun doch schon meilenweit entfernt von dem, was einst Paulus an die Römer geschrieben hatte: *»Jedermann sei untertan der Obrigkeit, die Gewalt über ihn hat. Denn es ist keine Obrigkeit außer von Gott.«* (Röm 13,1) Paulus, der noch nicht in Rom gewesen war, erwartet von der staatlichen Verwaltung ein rechtliches Handeln und rät deshalb zur Mitarbeit. Klemens, der in Rom lebt, hofiert die römischen Kaiser.

Dafür leiht er sich etwas von deren Selbsteinschätzung. Wenn so schnell nach der Verbeugung vor dem Kaiser gleich im übernächsten Absatz von der korinthischen Gemeinde verlangt wird, den »Nacken zu beugen«, weil sie ja immerhin durch den Heiligen Geist geschrieben haben, dann zeigt dieses imperiale Gehabe innerhalb der Christenheit doch eine wesentliche Veränderung der Atmosphäre an.[175]

Ⓛ *Die begrenzte Vergebung*

»Wenn nun«, sagte ich, »Herr, nachdem die Frau fortgeschickt worden war [wegen Ehebruch], die Frau umkehrt und zu ihrem Mann zurückkehren will, soll sie dann wieder aufgenommen werden?« »Ja, gewiß«, sagte er ... Nicht mehrmals allerdings, denn für die Sklaven Gottes gibt es *eine* Umkehr.

(Hirt des Hermas. mand. IV 1,7–8)[176]

Solch ein Rigorismus mag gut sein für ein elitäres Kirchenverständnis, aber das Matthäusevangelium hat doch eine andere Erinnerung bewahrt: »*Da trat Petrus zu ihm und fragte: Herr, wie oft muss ich denn meinem Bruder, der an mir sündigt, vergeben? Genügt es siebenmal? Jesus sprach zu ihm: Ich sage dir: nicht siebenmal, sondern siebzigmal siebenmal.*« (18,21 f.) Und das anschließende Gleichnis vom »Schalksknecht« sieht eine Korrespondenz zwischen Gottes Vergebung und der der Menschen.

Gerade solche praktischen Fragen werden die Gemeinden gründlich erörtert haben, ehe sie eine Schrift für ihre Lesungen in der Versammlung ablehnten, wenn es ihnen auch formal ausreichte, daß kein Apostel oder Apostelschüler für diese Texte eintreten konnte. Doch ist einzuräumen, daß in den sog. Apokryphen und in den sog. Apostolischen Vätern manch ein Satz steht, der in Tendenz und Niveau sich von solchen in der neutestamentlichen Sammlung nicht unterscheidet. Aber dazu kam viel Belangloses, Protzerei mit angeblichen Heldentaten von Aposteln, ermüdende Dialoge über die Rangeleien zwischen diffusen Himmelsmächten, unsinnige Spekulationen über das Ergehen solcher Personen, die im Neuen Testament nur beiläufig erwähnt werden. Es gab gute Gründe, die Zahl der neutestamentlichen Schriften zu begrenzen.

4. Was das Neue Testament als Kanon sein kann

Als die Reformation der ganzen Christenheit gründlich mißlungen war und sich eine selbständige evangelische Kirche bilden mußte, entstanden verschiedene (Gelegenheits-) Schriften, die später als die »Bekenntnisschriften« zusammengefaßt wurden und in denen zu lesen ist, was damals gemeinsame evangelische Überzeugung war. Die letzte dieser Schriften war die »Konkordienformel« von 1577. Dort heißt es im Einleitungsteil:

»Solchergestalt wird der Unterschied zwischen der Heiligen Schrift Altes und Neuen Testamentes und allen anderen Schriften erhalten, und bleibt allein die Heilige Schrift der einig Richter, Regel und Richtschnur, nach welcher als dem einigen Probierstein sollen und müssen alle Lehren erkannt und geurteilt werden, ob sie gut oder bös, recht oder unrecht sein.«[177]

Da steht also in der lateinischen Fassung das berühmte »sola sacra scriptura« (allein die Heilige Schrift), die Formel, mit der sich die evangelische Kirche immer wieder von der römischen abgrenzen mußte.

Aber was heißt das denn? Die vier Bezeichnungen »Richter, Regel, Richtschnur und Probierstein« können ganz unreformatorisch mißverstanden werden. Ein Stein und eine Schnur sind Sachen, die mit ihren materiellen Eigenschaften im Alltag nützliche Vergleiche ermöglichen. Aber taugen sie als Instrument für geistige Arbeit? Eine Regel bringt mehr oder weniger komplizierte Erfahrungen in eine Form, nach der sich dann jedermann richten kann. Und ein Richter spricht, wenn er etwas taugt, eindeutige Urteile über Schuldige, und wenn das nicht möglich ist, muß er auf ein Urteil verzichten, kann jedoch sein Gericht nicht in ein Diskussionsforum verwandeln.

Unsere Durchsicht biblischer Aussagen zeigte aber innerhalb der Schrift so viele Differenzen auf, daß es schwierig ist, Regeln daraus zu gewinnen und anzuwenden.

So hatte Ernst KÄSEMANN gute Motive, als er aus den Ergebnissen der Historisch-Kritischen Exegese die Frage ableitete: »Begründet der neutestamentliche Kanon die Einheit der Kirche?« In einem Vortrag zu diesem Thema antwortete er 1951 in Göttingen: »Der nt.liche Kanon begründet als solcher nicht die Einheit der Kirche. Er begründet als solcher, d. h. in seiner dem Historiker zugänglichen Vorfindlichkeit dagegen die Vielzahl der Konfessionen.«[178]

Das ist natürlich eine pointierte Aussage, die typisch ist für diesen streitbaren Mann, die aber auch wieder leicht mißverstanden werden könnte, als ob alle heute vorhandenen Konfessionen des Christentums, so wie sie sich geben, in den Aussagen des Neuen Testaments ihre Begründung hätten. Schon die mariologischen Dogmen Roms (z. B. über die unbefleckte Empfängnis und die Himmelfahrt Marias) sprechen dagegen. Aber auch manche Pflanze im großen Garten des Protestantismus wurzelt nicht im biblischen Kanon. Doch richtig ist, wie es unsere ersten sechs Kapitel zeigen, daß es ein Nebeneinander verschiedener, ja oft gegensätzlicher Aussagen in der Bibel gibt, und das von Anfang an.

Und das hat seinen Grund. Die Bibel ist eben in beiden Teilen nicht aus einer Hand. Da hat nicht ein religiöses Genie ein Benimmbuch für Gläubige geschrieben und auch nicht ein christliches Manifest für fromme Agitatoren, sondern da haben ganz unterschiedliche Menschen aus und von ihrem Glauben etwas festgehalten. Und es sind Gelegenheitsschriften entstanden, aber auch Erinnerungstexte, die nur dies verbindet, daß ihre Autoren demselben Gott vertrauen.

Das Neue Testament ist ein gemischter Chor, in dem alle, die da mitsingen, sich zu Jesus von Nazareth bekennen wollen. Jedoch – um diesen Vergleich noch etwas »auszubeuten« – einige Sänger sind noch im Stimmbruch und schwanken noch zwischen ihrem neuen und dem früheren Glauben. Einige Chormitglieder können den Ton nicht halten und sakken manchmal ab. Und es hat wohl keine und keiner in dieser »Liedertafel« das absolute Gehör.

Aber dennoch kann diese Singegemeinschaft, kann diese Glaubensgemeinschaft, die uns das Neue Testament geschrieben hat, eine Vorbildfunktion haben, eine Norm sein: Sie bekennen sich alle zu einem Menschen.[179] Das Neue Testament ist ein vielstimmiges Echo auf das Wirken einer Person. Die früher und wir heute glauben nicht an ein Buch, nicht an ein Prinzip, nicht an Formeln, nicht an eine Institution. Wir müssen nicht im Rudel dasselbe heulen. Wir bleiben verschiedene Leute. Und der Satz »Ich glaube an die eine Kirche« ist bekanntlich ein Glaubensartikel, aber er ergibt sich aus dem Vertrauen auf die Botschaft dieses Jesus.

Doch schon Paulus hat uns seine Erkenntnis mitgegeben: »*Wir haben aber diesen Schatz in irdenen Gefäßen, damit die überschwängliche Kraft von Gott sei und nicht von uns.*« (2. Kor 4,7)

8. Kapitel
Das Wort Gottes

Die Wirksamkeit der biblischen Texte

1. Wie Menschen das Wort Gottes hören

Bereits in den alten Schriften der Bibel selbst, ehe sie zu einem Kanon zusammengefaßt wurden, erzählten Menschen davon, wie sie Wort Gottes erlebt hatten und wie sie den Unterschied von seinem und ihrem Reden sahen. Und sie behaupteten, daß Gott ihr Wort für seins gebrauchen wollte.

Z. B. Mose: Als er berufen wurde, als Gott ihn aus dem Busch ansprach, der brannte, aber nicht verbrannte; als Gott sich ihm vorstellte als Gott der Väter, der für ihn dasein werde; und als er den Befehl hörte, daß er seine Leute aus Ägypten befreien sollte, da zweifelte er. Sein Zweifel galt aber nicht der Tatsache, daß er Gott gehört hatte, sondern der Möglichkeit, daß seine menschlichen Worte geeignet wären, Gottes Wort weiterzugeben: »*Mose aber sprach zu dem HERRN: Ach, mein Herr, ich bin von jeher nicht beredt gewesen, auch jetzt nicht, seitdem du mit deinem Knecht redest; denn ich hab eine schwere Sprache und eine schwere Zunge. Der HERR sprach zu ihm: Wer hat dem Menschen den Mund geschaffen? Oder wer hat den Stummen oder Tauben oder Sehenden oder Blinden gemacht? Habe ich's nicht getan, der HERR? So geh nun hin: Ich will mit deinem Munde sein und dich lehren, was du sagen sollst.*« (2. Mose 4,10–12)

Mose und die Leser der Bibel lernen also, daß nicht die rhetorische Kunst aus einem Menschenwort ein Gotteswort macht, sondern der Inhalt. Es muß dem Volk Gottes in dieser Situation genügen, daß der Gott, mit dem die Väter in ihrer Geschichte gute Erfahrungen gemacht hatten, zu ihnen halten will.

Z. B. Amos: Dieser Prophet, der kein professioneller Religiöser war, sondern Viehzüchter im Südreich Juda, der aber um 750 im Nordreich Israel Gottes Gericht ansagte, zierte sich nicht: »*Können etwa zwei miteinander wandern, sie seien denn einig untereinander? Brüllt etwa ein Löwe im Walde, wenn er keinen Raub hat? Schreit etwa ein junger Löwe aus seiner Höhle, er habe denn etwas gefangen? Fällt etwa ein Vogel zur Erde, wenn kein Fangnetz da ist? Oder springt eine Falle auf von der Erde, sie habe denn etwas gefangen? Bläst man etwa eine Posaune in einer Stadt und das Volk entsetzt sich nicht? Ist etwa ein Unglück in der Stadt, das der* HERR *nicht tut? ... Der Löwe brüllt, wer sollte sich nicht fürchten? Gott der* HERR *redet, wer sollte nicht Prophet werden?*« (Amos 3,3–8)

Amos und die Leser der Bibel lernen also, daß nicht eine fachliche theologische Ausbildung für die Weitergabe des Wortes Gottes qualifiziert. Fachmann war Amos für Rinder und Löwen und Vogelfallen. Aber er weiß, daß alles seinen Anlaß hat. Und wenn Gefahr droht (von Gott?), muß jeder reden, der einen Mund hat.

Z. B. Jeremia: Dieser zarte Mann, der um 626 zum Propheten berufen wurde, hält sich nicht für geeignet, gerade auch wegen des Inhalts seiner Prophetie: »*Und des* HERRN *Wort geschah zu mir: Ich kannte dich, ehe ich dich im Mutterleib bereitete, und sonderte dich aus, ehe du von der Mutter geboren wurdest, und bestellte dich zum Propheten für die Völker. Ich aber sprach: Ach, Herr* HERR, *ich tauge nicht zu predigen; denn ich bin zu jung. Der* HERR *sprach aber zu mir: Sage nicht: ›Ich bin zu jung‹, sondern du sollst gehen, wohin ich dich sende, und predigen alles, was ich dir gebiete. Fürchte dich nicht vor ihnen; denn ich bin bei dir und will dich erretten, spricht der* HERR. *Und der* HERR *streckte seine Hand aus und rührte meinen Mund an und sprach zu mir:*

Siehe, ich lege meine Worte in deinen Mund. Siehe, ich setze dich heute über Völker und Königreiche, dass du ausreißen und einreißen, zerstören und verderben sollst und bauen und pflanzen.« (Jeremia 1, 4–10)

Jeremia und die Leser der Bibel lernen also, daß nicht die Weisheit des Alters aus Menschenwort Wort Gottes macht und auch nicht die Begeisterung für dessen Inhalt. Jeremia litt unter dem Auftrag. Aber sollte er das nicht? Hatte Gott ihn nicht so bereitet, wie er war?

Z. B. Paulus: Nachdem ihn ein Wort Jesu, des Auferstandenen, vor Damaskus gestoppt hatte, hatte er begonnen, rund um das Mittelmeer den neuen Glauben bekannt zu machen. Eine seiner ersten Gemeinden lebte in Thessalonich. Dorthin schrieb er: *»Denn ihr wisst, dass wir, wie ein Vater seine Kinder, einen jeden von euch ermahnt und getröstet und beschworen haben, euer Leben würdig des Gottes zu führen, der euch berufen hat zu seinem Reich und zu seiner Herrlichkeit. Und darum danken wir auch Gott ohne Unterlass dafür, dass ihr das Wort der göttlichen Predigt, das ihr von uns empfangen habt, nicht als Menschenwort aufgenommen habt, sondern als das, was es in Wahrheit ist, als Gottes Wort, das in euch wirkt, die ihr glaubt.«* (1. Thessalonicher 2,11–13)

Paulus und die Leser der Bibel lernen also, daß auch das Prestige als väterlicher Gemeindegründer und Apostel nicht heißt, daß seine Predigt selbstverständlich als Gottes Wort gilt. Das kann nur am Inhalt gelegen haben, an der Wahrheit und an der Gnade Gottes, die in den Thessalonichern gewirkt hat. Und deshalb hört der Vater dieser Gemeinde nicht auf, Gott zu danken.

Z. B. Petrus: Dieser erste Christ, der deshalb der erste Stein im Bau der Kirche war, der Fels, der bereit war, mit Jesus zu sterben, hatte versagt und seinen Meister dreimal verleugnet. Ihm begegnete der Auferstandene: *»Als sie nun das Mahl gehalten hatten, spricht Jesus zu Simon Petrus: Simon, Sohn des Johannes, hast du mich lieber, als mich diese haben? Er spricht zu ihm: Ja, Herr, du weißt, dass ich dich lieb* *habe. Spricht Jesus zu ihm: Weide meine Lämmer! Spricht er zum zweiten Mal zu ihm: Simon, Sohn, des Johannes, hast du mich lieb? Er spricht zu ihm: Ja, Herr, du weißt, dass ich dich lieb habe. Spricht Jesus zu ihm: Weide meine Schafe! Spricht er zum dritten Mal zu ihm: Simon, Sohn des Johannes, hast du mich lieb? Petrus wurde traurig, weil er zum dritten Mal zu ihm sagte: Hast du mich lieb?, und sprach zu ihm: Herr, du weißt alle Dinge, du weißt, dass ich dich lieb habe. Spricht Jesus zu ihm: Weide meine Schafe!«* (Johannes 21,15–17)

Petrus und die Leser der Bibel lernen also, daß nicht die Felsenhaftigkeit des Charakters Petrus zum Amt eines Hirten für die Gemeinde qualifiziert. Dreimal wird er erinnert an sein dreimaliges Versagen. Und dreimal wird er trotzdem beauftragt, Gottes Wort weiterzugeben.

Für Bibelleser müßte es eigentlich klar sein, weil die »Träger« des Wortes Gottes das selber sagen, daß in ihren Wörtern nicht deshalb das Wort Gottes enthalten ist, weil sie so gute, unfehlbare und umfassend kompetente Vertreter desselben gewesen wären. Gott will das schwache Menschenwort als sein Instrument benutzen.

2. Was die Evangelischen vom Wort Gottes sagen

In der Konkordienformel von 1577 heißt es im zweiten Kapitel der gründlichen Erklärung (solida declaratio) vom freien Willen:

»Diese Predigt sollen nun alle die hören, die da wollen selig werden. Dann die Predigt Gottes Worts und das Gehör derselben seind des Heiligen Geistes Werkzeug, bei mit und durch welche er kräftig wirken und die Menschen zu Gott bekehren und in ihnen beides, das Wollen und das Vollbringen, wirken will. Dieses Wort kann der Mensch, so auch noch nicht zu Gott bekehret und wiedergeboren ist, äußerlich hören und lesen, dann in diesen äußerlichen ›Dingen‹ ... hat der Mensch auch nach dem [Sünden-]Fall etlichermaßen einen freien Willen, daß er zur Kirchen gehen, der Predig zuhören oder nicht zuhören mag. Durch dieses Mittel, nämblich die Predigt und Gehör seines Worts, wirket Gott und bricht unsere Herzen und zeucht den Menschen, daß ... durch die Predigt ... von der gnadenreichen Vorgebung der Sünden in Christo ein Fünklein des Glaubens in ihm angezündet wird ...«[180]

Die Verfasser der Bekenntnisschriften und ihre Leser lernen also, daß weder die Bibel, noch die Predigt über die Bibel direkt mit Gottes Wort gleichzusetzen sind, sondern, daß »bei, mit und durch (in der lateinischen Fassung: cum quibus et per)« das geschriebene und gepredigte Wort der Menschen Gott wirkt.

Etwa 400 Jahre später erschien im Jahre 1975 ein evangelischer Erwachsenen-Katechismus[181] im Auftrag der Evangelisch-Lutherischen Kirche Deutschlands, der ein »Kursbuch des Glaubens« sein wollte, also die wichtigsten Überzeugungen der evangelischen Kirche heute in der Tradition der Reformation darlegen wollte. Er ist also ein mindestens offiziöses Dokument. Dort heißt es zu unserem Thema: »Gott hat durch Menschenmund geredet. Seine Botschaft begegnet uns darum in einer geschichtlichen Sprache: in der Sprache eines antiken Volkes mit seiner oft fremdartigen Bilderwelt, die manches in einen mißverständlichen, allzu menschlichen Zusammenhang zu bringen scheint. Muß mein Leben an die Geschichte eines orientalischen Volkes und seines Religionsstifters gebunden sein? Dieser Anstoß läßt sich nicht beseitigen. Er ist nur die Kehrseite jener befreienden Erfahrung, daß Gott sich zum Partner des Menschen macht und in das menschliche Leben eingeht ...

Daß die biblische Botschaft eine lebendig machende Kraft in sich hat, ist Erfahrung der meisten Christen; wie man sich das erklären soll, darüber gehen die Meinungen auseinander. Eine Theorie, die besonders von den reformierten und lutherischen Dogmatikern des 17./18. Jahrhunderts ausgebildet wurde, in ihren Wurzeln aber viel älter ist, besagt: Der Heilige Geist hat den Schreibern der biblischen Bücher sowohl den Inhalt als auch die Worte eingegeben; so ist die Bibel Gottes geschriebenes Wort und damit irrtumsfrei. Diese Lehre von der Verbalinspiration (wörtliche Eingebung) haben später viele Theologen kritisiert: Hier sei die Menschlichkeit der Verfasser nicht ernst genommen, man habe die Bibel zum ›papierenen Papst‹ gemacht. Die alten Dogmatiker haben in der Tat nicht genügend bedacht, daß Gott sich des Wortes wirklicher Menschen bedient, um mit uns zu reden (wie ja auch Jesus wahrer Mensch ist) ...«

Die Autoren des Erwachsenenkatechismus und ihre Leser lernen also, daß evangelische Christen die Bibel nicht für irrtumsfrei halten[182], daß sie nicht nur aus dem Hebräischen und Griechischen, sondern auch aus antikem in heutiges Denken übersetzt werden muß, daß dieses aber erhellend und hilfreich ist, weil Gottes Wort auch für heute »bei, mit und durch« diese Texte zu uns sprechen könnte.

3. *Woran das Wort Gottes zu erkennen ist*

Die Reformatoren hatten gemeint, das »Fünklein des Glaubens« werde durch die Zusage der Sündenvergebung »angezündet«. Das wird man aber noch etwas genauer sagen können. Wenn unsere Herzen brennen, wie bei den Jüngern von Emmaus[183], dann ist die Erfahrung gemacht, daß »meine Sache verhandelt wird« (mea res agitur). Das ist so, als erhielte ich einen Brief, in dem mir ein Mensch seine Liebe erklärt. Oder auch: als brächte mir die Post eine Vorladung vor Gericht. Selbst wenn in solchen Texten irgendwelche Fehler enthalten wären, wüßte ich doch, daß ich gemeint bin.

Gottes Wort ist also daran zu erkennen, daß es persönlich wird.

Wenn es dabei um so etwas wie Sündenvergebung gehen soll, heißt das aber auch, daß nicht belanglose oder halbwichtige Themen verhandelt werden. Für Paul TILLICH ist Gott »die Antwort auf die Frage, die in der Endlichkeit des Menschen liegt, er ist der Name für das, was den Menschen unbedingt angeht.«[184] Was die Menschen zumeist beschäftigt, geht sie eigentlich gar nichts an, z. B. das intime Leben anderer Leute; manches geht uns mehr oder weniger an, und wir lernen unsere Interessen mit denen anderer abzustimmen oder leider auch gegen sie durchzusetzen. Wenn es aber etwas gäbe, was unbedingt und unweigerlich gelten soll, dann müßte das Vorrang haben und sonst alles zurücktreten, zweit- oder drittrangig werden. Und es könnte sein, daß ich vor dem, was mich unbedingt angeht, meine ureigensten Interessen abwerten, ja sogar gegen sie handeln müßte. Jesus von Nazareth ist deshalb in den Tod gegangen.

Gottes Wort ist also daran zu erkennen, daß mein Leben einen (neuen) Bezugspunkt erhält und daß damit eine neue Wertung erfolgt, die ich vielleicht nicht gleich oder auch überhaupt nicht durchschaue und die dennoch gilt.

Wenn Gottes Wort Vergebung bringen will, geht es offenbar um die Ermutigung zum Vertrauen. LUTHER sagt in seinem Großen Katechismus zum ersten Gebot: »Was heißt ein Gott haben oder was ist Gott? Antwort: Ein Gott heißet das, dazu man sich versehen soll alles Guten und Zuflucht haben in allen Nöten. Also daß ein Gott haben nichts anders ist, denn ihm von Herzen trauen und gläuben ... Denn die zwei gehören zuhaufe, Glaube und Gott. Worauf Du nu (sage ich) Dein Herz hängest und verlässest, das ist eigentlich Dein Gott ... Darümb sage ich abermal, daß die rechte Auslegung dieses Stücks sei, daß ein Gott haben heißet etwas haben, darauf das Herz gänzlich trauet.«[185]

Das Wort Gottes ist dann daran zu erkennen, daß es mein Grundvertrauen herauslockt und ermöglicht.

Aber in welchen Bibeltexten geschieht das und wie?

4. *Wie das Wort Gottes menschliche Sprache gebraucht*

Eine der ganz großen Entdeckungen der Theologie im 20. Jahrhundert ist die sog. Formkritik. Nach Vorarbeiten von Hermann GUNKEL waren es vor allem Martin DIBELIUS und Rudolf BULTMANN, die das neue Forschen auf den Weg brachten.[186] Unabhängig voneinander haben beide versucht, die Geschichte der Überlieferung von Jesu Worten und Taten vor der Literaturwerdung zu erkennen. Dazu unterschieden sie verschiedene Gattungen von Texten und fragten nach ihrem ursprünglichen Sitz im Leben.

Wahrscheinlich haben sich die beiden Pioniere dieser Arbeit am biblischen Text gleich zuviel vorgenommen. Sie wollten einerseits die Gestaltungsgesetze für bestimmte Gattungen feststellen, um nicht zu falschen Akzentsetzungen bei der Einzelauslegung zu kommen (literarisches Interesse), andererseits bemühten sie sich, hinter den von den Gemeinden gestalteten Evangelien zu den Erstfassungen von Jesusworten zurückzugelangen (historisches Interesse). Beide Autoren erinnern ein wenig an den Seefahrer Kolumbus, der unversehens mehr entdeckt hatte, als er ahnen konnte. Inzwischen ist die Formkritik erheblich vorangekommen.[187] Es werden viel mehr große und kleine und kleinste Formen untersucht. Es gibt viel mehr Fragestellungen zur Entwicklung der Texte. Das kann hier unmöglich auch nur umrissen werden, aber es fehlt noch immer die Erfüllung eines Wunsches, den Dibelius 1933 im Vorwort einer neuen Auflage seines Buches so formulierte: »die Texte der Evangelien nach ihrem eigenen Wesensgesetz zu verstehen«.[188]

Dazu gehört allerdings mehr als die Aufzählung von Äußerlichem, das Feststellen von Formeln und Reihenfolgen, auch mehr als das Spähen hinter den Kulissen, mehr als rein literarisches oder rein historisches Interesse. Weiter führt vor allem die Frage, warum eine bestimmte literarische Gattung für eine Aussage gewählt wurde, welche weltanschaulichen Voraussetzungen zu ihr gehören und warum andere literarische Formen untauglich erschienen. Wesentlich ist allen Bibeltexten, daß sie von Gott her reden. Gerade auch der »reine« Historiker muß erkennen, daß diese Texte sich selber so verstehen und daß sie sich darin von anderer Literatur unterscheiden. Die Frage, wie die Rede von Gott her zur literarischen Gattung paßt, oder umgekehrt, müßte dann aber für die unterschiedlichen Gattungen biblischer Texte gesondert gestellt werden. Versuchen wir, das bei einer Auswahl zu tun:

4.1 Das Gebot

Gott spricht zu mir direkt. Nehmen wir eines der Zehn Gebote als Beispiel: *»Du sollst nicht töten!«* Es ist als Befehl formuliert. Das Hebräische kennt keinen verneinten Imperativ. Der Sinn ist also auch: »Töte nicht!« Die Form erklärt mir, daß ich gemeint bin und daß ein Gegenüber spricht, das ein absolutes Recht hat, mich einzuweisen in das richtige Verhalten.[189] Aber auch diese Form ist von Menschen formuliert. Die Exegeten vermuten, daß priesterliche Kreise an diesen Geboten gearbeitet haben. Aber die Erstformulierer und die Überlieferer waren überzeugt, daß sie einen Satz hören und sagen, der sie und alle unbedingt angeht. Und darum wäre es unangemessen, dem absoluten Willen eine relative Form zu geben: Handelt, wie es euch gefällt! Nein, hier haben Form und Inhalt das richtige Verhältnis. Aber wenn mich dieser Satz als ein Wort Gottes trifft, dann geschieht das nicht schon durch seine »Du-Form«, sondern durch seinen Inhalt. Und ich akzeptiere dann, daß Leben heilig ist.

4. 2 Das Gleichnis

Gott spricht zu mir indirekt durch eine Rätselgeschichte. Diese Form hatte schon im Judentum Tradition. Jesus hat sie offenbar besonders gern verwendet. Nehmen wir aus der Fülle seiner Geschichten Matthäus 20,1–15: *»Denn das Himmelreich gleicht einem Hausherrn, der früh am Morgen ausging, um Arbeiter für seinen Weinberg einzustellen.«* So beginnt der Text, und er erzählt dann, wie der Weinbergbesitzer Arbeiter anstellt, die einen Dēnár als üblichen Tageslohn erhalten. Am Mittag und am Abend stellt er noch einmal Arbeiter ein. Bei der Auszahlung nach der Arbeit erhalten alle denselben Lohn. Der Besitzer des Weinbergs antwortet auf das Murren derer, die von Anfang an dabei waren: *»Habe ich nicht Macht zu tun, was ich will, mit dem, was mein ist? Siehst du scheel drein, weil ich so gütig bin?«* Das Gleichnis ist die Literaturform des Neuen Testaments, die am genauesten erforscht und diskutiert wurde. Der Gang der Forschung ist sehr spannend.[190] Einige Ergebnisse können genannt werden. So unterscheidet sich z. B. das echte Gleichnis von der Allegorie dadurch, daß nur ein Vergleichspunkt wichtig ist, für den die Geschichte erzählt ist. So sind in unserem Text Markt, Lohn und Tageszeiten kein eigenes

Thema für die Auslegung der Geschichte. Es geht nur um die Güte des Herrn. Und dies ist wichtig: Die Gleichnisse werden nicht zur Verbreitung allgemeiner Weisheit erzählt, sondern sie reden von Gott. »Das Himmelreich gleicht ...« Was unter arbeitsrechtlichen Kriterien ein höchst ärgerliches Ereignis wäre, ist für den Glauben höchst tröstlich. Aber darauf muß man erst kommen.

Und schließlich: Gleichniserzählungen kann man nicht einfach durch einen kurzen Satz ersetzen, der die Erzählung überflüssig machen würde. Die Sprachform gehört zum Thema. Das Himmelreich oder das Reich Gottes oder der Glaube an Gott sind nicht etwas, worüber der Mensch verfügen könnte. Die Sprachformen des Definierens wären deshalb unangemessen. Nur in Bildern, in Sprachweisen, die das Geheimnisvolle hüten, nur annäherungsweise ist vom Absoluten, vom ganz Anderen, zu reden. Doch auch durch eine Rätselgeschichte kann mich das Wort Gottes erreichen. Und ich ahne, daß da einer ist, der weiß, was ich brauche.

4.3 Das Gebet

Gott spricht zu mir durch Sätze, die ihm gelten.[191] Er wird angeredet im Gebet, nachdem er zum Beter in dessen Schicksal gesprochen hatte. Nehmen wir als Beispiel den bekannten 23. Psalm. *»Der Herr ist mein Hirte ... Und ob ich schon wanderte im finstern Tal, fürchte ich kein Unglück; denn du bist bei mir, dein Stecken und Stab trösten mich ...«* Die Gelehrten erklären uns, daß es sich um die Gattung des Vertrauensliedes handelt. In dieser Form wird in der Regel in der 3. Singularform berichtet, was geschah, und in der 2. Singularform der Dank und das Vertrauen ausgesprochen. Doch diese abstrakte Formenbeschreibung rückt den Text weit weg von meiner Seele.

Lese ich aber für mich das Gebet oder höre mit, wie es ein anderer liest, dann bin ich vielleicht ganz in seiner Nähe oder gar an seiner Stelle. Mein Kummer und seine Not oder sein und mein Glück fließen ineinander. Und sein Vertrauen und sein Trost stecken mich an. Und ich glaube, daß Gott auch in dem, was mit mir geschehen ist und geschehen wird, mit mir reden will und daß ich antworten darf. Wenn bei irgendeiner Form biblischer Texte, dann wäre es bei einem Gebet ganz und gar unangemessen, das Menschliche an dem Menschenwort zu entfernen und eine theologisch reine liturgische Sprache zu erfinden. Das war auch bei Hiob zu lernen (vgl. zu Text ㉜). Gerade im Beten eines anderen kann mich Gott ansprechen. Und ich hoffe dann: Er ist auch mein Hirte.

4.4 Die Lehre

Gott spricht durch das Nachdenken von Vordenkern. Nehmen wir das bekannte Hohelied der Liebe aus 1. Korinther 13. Das ist auch ein Lied, auch ein Stück poetischer Weltliteratur. Aber zunächst war es das Produkt theologischer Arbeit des Apostels Paulus: »*Wenn ich mit Menschen- und mit Engelzungen redete und hätte die Liebe nicht, so wäre ich ein tönendes Erz oder eine klingende Schelle. Und wenn ich prophetisch reden könnte und wüsste alle Geheimnisse und alle Erkenntnis und hätte allen Glauben, sodass ich Berge versetzen könnte, und hätte die Liebe nicht, so wäre ich nichts ... Nun aber bleiben Glaube, Hoffnung, Liebe, diese drei; aber die Liebe ist die größte unter ihnen.*« Die Vorgänge in der Gemeinde in Korinth hatten Paulus ins Grübeln gebracht. Was war da nicht alles entstanden und aufgebrochen! Sein Problem war nicht der Mangel an Geist und Mut, sondern die Fülle. Er hatte zuvor schon die vielen »Gaben« ein wenig sortiert. Nun sagt er vor seinem Liebes-Kapitel: »*Ich will euch einen noch besseren Weg zeigen.*« Er will also lehren, weitergeben, was ihm deutlich geworden ist.

Paulus war ein gebildeter Mann. Er hatte rabbinische Theologie studiert und kannte sich aus in der zeitgenössischen griechischen Philosophie. Wenn er nun kritisch über das Erkennen redet, dann gleicht er nicht dem berühmten Fuchs, der Weintrauben verschmäht, weil er sie nicht bekommt. Und dasselbe gilt für Rhetorik, für Begeisterung und für Askese. Er kennt das alles, und er kann das alles. Aber er durchschaut das alles auch: Stückwerk. Der Lehrer der Gemeinden hat das alles durchdacht. Er kennt die Grenzen und die Gefahr. Ohne die Liebe zu Gott und zu den Menschen wäre alles theologische Reden nur eine Trommelei zur eigenen Ehre, wäre alle Wohltätigkeit nur Eigennutz. Es gibt also eine unangemessene Erörterung Gottes, eine, die ihn zum Objekt menschlicher Klugheit macht. Es gibt also eine unangemessene Zuwendung zu den Menschen, eine, die sie instrumentalisiert. Es ist gut, daß da einer durchschaut und uns einweist. Und das kann mich treffen. Da kann in der Lehre des Apostels Wort Gottes begegnen, und mir wird dann der Maßstab des Unbedingten (wieder) klar.

4.5 Das Streitgespräch

Gott spricht in der Kontroverse. Nehmen wir als Beispiel den Streit um das Halten des Sabbat nach Markus 2,23–27: »*Und es begab sich, dass er am Sabbat durch ein Kornfeld ging, und seine Jünger fingen an, während sie gingen, Ähren auszuraufen. Und die Pharisäer sprachen zu ihm: Sieh doch! Warum tun deine Jünger am Sabbat, was nicht erlaubt ist? ... Und er sprach zu ihnen: Der Sabbat ist um des Menschen willen gemacht und nicht der Mensch um des Sabbats willen.*« Also nicht der Mundraub war das Problem. Anstoß nahmen die Pharisäer an der Entheiligung des Sabbats.

Streitgespräche sind in der Antike beliebte literarische Formen, insbesondere bei den Rabbinen. Die christliche Gemeinde führte diese Tradition fort und gestaltete die Texte auch nach ihrem Ermessen um. Aber selbst BULTMANN hält für wahrscheinlich, daß Jesus »dies oder jenes Wort der Streitgespräche in einem Disput mit Gegnern wirklich gesprochen habe«, obwohl die Szenen in ihrer letzten Fassung »ideale Konstruktionen« sind.

Aber wie auch immer, was besagt die Nutzung dieser Form selbst? Schon im Rabbinat war diese Art der Auseinandersetzung bei allen sportiven Motiven eine Methode der Wahrheitssuche. Sie geschieht öffentlich, damit die Hörer sich daran beteiligen können. Daß es nicht um die Vernichtung des »Gegners« geht, läßt sich schon daran ablesen, daß häufig hochgestellte Persönlichkeiten die Frager sind.[192] Warum sollte das bei den Streitgesprächen Jesu anders sein?

In unserem Text, auch wenn wir ihn als ideale Szene verstehen, läuft alles auf die Überzeugung hinaus: Der Sabbat ist um des Menschen willen gemacht. Diese Erkenntnis kann und soll verallgemeinert werden: Die Arbeit, das Spiel, die Sexualität, die Kunst, die Wissenschaft, das Vaterland, alles ist um des Menschen willen gemacht und nicht umgekehrt (vgl. dazu die Texte ① und ②).

Wenn das aber stimmt, dann müßte auch sagbar sein: Das Streitgespräch ist um des Menschen willen gemacht. Auch in den Kontroversen wirbt Jesus oder wirbt die Gemeinde um die Zustimmung der anderen Menschen zu seiner Botschaft. Ihr Einwand gehört mit zum Thema und zum Entstehen vom Verstehen. Es wäre also ganz unangebracht, Häme zu empfinden über eine »Abfuhr« des Gegners. Und es wäre abwegig zu meinen, daß die Glaubensentfaltung ohne Auseinandersetzung geschehen könnte. Ein harmonistisches Gemeindeverständnis wäre ästhetisch gesehen Kitsch und theologisch gesehen Lüge. Jedenfalls für unsere Streitgespräche gilt, daß auch in einer heißen Auseinandersetzung mit einer anderen Position oder Konfession aus dem Munde des Streitpartners Erkenntnis der Wahrheit kommen kann, auch wenn mir weh tut, was er sagt. Und obwohl ich meine Gedanken wohlgeordnet und meine Ergebnisse gut begründet hatte, kann mir die andere Meinung Respekt abverlangen. Und ich könnte mich dafür öffnen, daß Gott eine Verbundenheit in der Verschiedenheit will, die wir theologisch nicht ausformulieren können.[193]

4.6 *Die Legende*

Gott spricht auch durch die Einfühlungsgabe der Glaubenden. Nehmen wir als Beispiel die Geschichte von der Ehebrecherin, die nach Johannes 7,53–8,11 vor Jesus geschleppt wurde, damit er quasi als Rabbi das Urteil, das nur ein Todesurteil hätte sein können, sprechen sollte. Es wird erzählt, daß Jesus dazu geschwiegen habe und mit dem Finger in den Sand geschrieben habe. *»Als sie nun fortfuhren, ihn zu fragen, richtete er sich auf und sprach zu ihnen: Wer unter euch ohne Sünde ist, der werfe den ersten Stein auf* *sie.«* Da verkrümelten sich alle, die Ältesten zuerst. Und Jesus fragte die Frau: »*Wo sind sie, Frau? Hat dich niemand verdammt? ... So verdamme ich dich auch nicht; geh hin und sündige hinfort nicht mehr.«* In der revidierten Lutherübersetzung, also in unserer Normalbibel, steht als Anmerkung zu diesem Text die Notiz: »Der Bericht 7,53–8,11 ist in den ältesten Textzeugen des Johannesevangeliums nicht enthalten.« Er ist also nicht »echt«, ist später dazuerzählt worden und müßte eigentlich nach den strengen Regeln der Textkritik aus der Bibel ausgeschieden werden, obwohl sich alles nach unseren Vorstellungen so zugetragen haben könnte. Hier steht nun eine Diskussion über den Begriff der Echtheit an.[194] Wenn nur das als echt gelten dürfte, von dem bewiesen werden könnte, daß es wirklich passiert ist oder wirklich von einer bestimmten Person gesagt oder geschrieben worden ist, dann bekäme der Ausdruck »Dünndruckbibel« noch einen ganz anderen Sinn. Dann müßten wir uns auch von allen anderen Legenden trennen, auch von den Weihnachtsgeschichten und von den Ostergeschichten am leeren Grab.

Das täte sicher vielen weh. Wir hängen an diesen Erzählungen. Und ich habe die »vom ersten Stein« gerade deshalb als Beispiel ausgesucht, weil sie eine meiner liebsten Bibelgeschichten ist. An ihr möchte ich verdeutlichen, daß es an der Zeit ist, die guten (d. h. die stimmigen) Legenden[195] zu rehabilitieren. Nun kann ich verstehen, daß die Sprachform der Legende einen schlechten Ruf bekommen hat, wenn ich an die Wucherungen denke, die diese Form erlitten hat, z. B. in den neutestamentlichen Apokryphen.[196] Aber da Bibelkritik »genau hinsehen« heißt, müssen wir das auch hier tun.[197] Legenden sind also nicht so passiert, wie erzählt, aber sie sprechen von realen Personen. Das unterscheidet sie z. B. von Märchen. Eine Legende will von einer historischen Person etwas Typisches und für sie Wesentliches aussagen, etwas, das die Bedeutung dieser Gestalt ins rechte Licht rückt. Christus-Legenden drücken also den Glauben an ihn aus, wie das auch ein Gedicht oder ein Choral oder eine Predigt tut. Alles dies kann Anrede Gottes an mich werden.[198] Weil die Geschichte aus Johannes 8 eine der besten Entfaltungen der Art ist, wie Jesus mit Menschen umgegangen ist, ist sie in einem tieferen Sinn echt.

Wenn man Legende also nicht nur negativ definiert als »nicht passiert«, sondern positiv als eine Erzählung, die Bedeutung bekennt und dabei nichts verzeichnet, dann sollten wir dankbar sein für jede gute Legende, weil sie vielleicht über unser Gefühl mehr Verständnis vermittelt als ein kalter Lehrsatz.

Dann wäre es aber einerseits unangemessen, Legenden zu »verteidigen« mit der These, sie seien zuverlässige Tatsachenberichte. Unter solchem Anspruch würden die schönen Geschichten zerbrechen. Und es wäre andererseits unangemessen, solche Geschichten, die aus der Phantasie gebildet wurden, dies aber in Treue zu ihrer Hauptgestalt, als Lüge abzutun.[199]

Wenn Gott will, kann mir auch in Legenden sein Wort begegnen. und ich erfahre z. B. aus Johannes 8, daß auch mir gilt: Dann verurteile ich dich auch nicht.

Zusammenfassung

Die Bibel kennt noch viele andere literarische Formen. Die Theologie scheint mir noch ganz am Anfang zu stehen im geistlichen Verständnis dieser Mannigfaltigkeit. Da steht uns im einzelnen noch viel Arbeit ins Haus.

Aber bedenken wir doch, was die Tatsache dieser Fülle von Sprachformen für den Glauben bedeutet. Ich darf noch einmal erinnern an die Erschaffung der Sprache durch Gott nach der ersten Schöpfungsgeschichte (Text ①). Adam probierte nach dieser Erzählung seine Redefähigkeit zunächst an den Tieren aus, für die er sich Namen ausdachte. Außerdem hat er vielleicht zwischen den Obstbäumen Selbstgespräche geführt. Aber alle einsamen Menschen wissen: Das ist nicht der Sinn der Sprache. Doch dann ist die »ischâh« da. Er lernt jubeln, er lernt das Zwiegespräch. Und es liegt in der Konsequenz dieser Erzählung anzunehmen, daß die Zwei im Paradies darangingen, alle Formen der Kommunikation durchzunehmen. Mit Recht werten wir eine Sprache um so höher, je mehr Variation sie bietet in der Wortwahl, in der Grammatik und in den literarischen Formen. Das gilt für die zwischenmenschlichen Beziehungen, dann aber auch genauso für die von Gott und Mensch.

Da wir Menschen so unterschiedliche Wesen sind, wie wir das täglich erfahren, haben wir auch sehr verschiedene Lieblingsformen des Sprechens. Und da ist es ein Segen, daß uns das Wort Gottes, das uns unbedingt angeht, in so vielen Formen begegnen kann und will. So sollte jede und jeder die Ohren spitzen, um nicht zu überhören, wenn gerade ihre oder seine Ansageform dran ist als Gebot oder Lehre, als Streitgespräch oder Choral, als Gleichnis oder Bekenntnis.

Noch eine Verständigung mit der Leserin oder dem Leser

1. Ich hatte Ihnen versprochen, Informationen für Ihre eigene Meinungsbildung bereitzustellen. Ich wollte dabei so objektiv wie möglich vorgehen. Aber nun muß ich natürlich einräumen, daß ich bei der Auswahl von Themen[200] und Texten für diese Themen und bei der Auswahl dessen, was wiederum bei diesen Texten erklärungsbedürftig sei, immer nach meinem Ermessen vorgegangen bin. Ich konnte meine Leserin oder meinen Leser nicht dazu befragen. Darum bitte ich, daß Sie, wenn Sie Zweifel an meiner Objektivität haben, mit jemandem (vielleicht in einer Gruppe?) darüber reden oder mir schreiben.[201]
2. Im letzten Kapitel bin ich persönlicher geworden. Sie haben das daran gemerkt, daß ich am Ende jeweils in der Ichform rede. Das geschah absichtlich. Vom Worte Gottes kann man nicht so referieren wie über philologische Fragen. Da bin ich immer selber im Spiel. Ich räume gern ein, daß andere Menschen von Gottes Wort anderswo und anderswie getroffen werden können und dann vermutlich auch ganz anders sprechen.
3. In meinen Anmerkungen habe ich allerdings neben Quellenhinweisen und dergleichen auch Distanzierungen vollzogen. Es gibt nämlich Entstellungen biblischer Texte und Fehldarstellungen Andersdenkender, über die man sich, gelinde gesagt, öffentlich wundern darf.[202] Aber Anmerkungen kann man auslassen.
4. Ich hatte eine Denkentlastung angekündigt, weil ich diese selbst erfahren hatte bei meinem Kennenlernen biblischer Gegensätze und innerbiblischer Toleranz. Ich freue mich darüber,

– daß ich nicht auf die naturkundliche Naivität der Schöpfungstexte festgelegt bin;

- daß ich Legendarisches nicht für passiert halten soll;
- daß Irrtümer in der Bibel eingestanden werden;
- daß schwache theologische Positionen durch bessere korrigiert werden und daß dies erkennbar ist;
- daß Mißverständliches ausgeräumt werden darf und Ungenauigkeiten justiert werden.

5. Und dazu gibt es manche direkte Ermutigung für den Glauben:
- z.B. die Konzentration auf das Wichtige;
- z.B. das Verständnis für Entwicklungen;
- z.B. die Kompetenz der Basis in den ersten Gemeinden für den Glauben;
- z.B. die Freiheit für Verschiedenheit mit der Geduld zum Suchen der Gemeinsamkeit.

Wenn jemand meint, die Historisch-Kritische Exegese der Bibel zerstöre den Glauben, man müsse darum die Kritik bekämpfen oder man müsse den Glauben aufgeben, dann hat solcher jemand entweder nicht dieselbe Bibel auf dem Tisch wie ich, oder derjenige läßt für seine Kritik nicht die biblischen Kriterien gelten. Ich finde die Historisch-Kritische Exegese nicht nur spannend und erhellend, ich halte sie auch für einen Segen beim Umgang mit der Bibel, weil sie das tut, was die Bibel selber verlangt. Ihre Widersprüche – das müßte nun klar sein – laden doch energisch dazu ein, zu vergleichen, zu differenzieren, zu sortieren und zu gewichten, kurz: Kritik zu üben. Aber das macht uns bibelkundig und öffnet uns für Gott, wenn er das will.

Anmerkungen

(Ein Ⓦ bedeutet, daß es sich um ein wissenschaftliches Buch handelt, das z. B. die Kenntnis der alten Sprachen voraussetzt.)

1 Widersprüche gelten für viele Menschen als etwas Schlechtes, etwas, das beseitigt werden müßte. Widersprüche in der Bibel würden demnach deren Autorität untergraben. So sagte es jedenfalls Gerd LÜDEMANN, Professor für Neues Testament in Göttingen, in seinem Buch Ⓦ Ketzer. Die andere Seite des frühen Christentums. Radius-Verlag, Stuttgart (RV), 1995, S. 9: »Die Heilige Schrift ist, pointiert gesagt, Menschenwort (und nicht Gotteswort) von Menschen zu einer Zeit gesammelt, als das Christentum seine Anfänge bereits hinter sich hatte.« Und in einem Interview im Spiegel (8/1996, S. 60) sagte er: »Deshalb habe ich zum Beispiel pointiert behauptet: Die Bibel ist nicht ›Gottes Wort‹ …, weil Menschen sie geschrieben haben und sie deshalb voller Ungereimtheiten, Widersprüche und Irrtümer steckt.« (Vgl. Anm. 182)

Gibt es denn Widersprüche in der Bibel? Antwort: Ja. Kann deshalb das Wort Gottes uns nicht in der Bibel ansprechen? Antwort: Nein. Widersprüche in der Bibel können sogar segensreich sein, weil sie die Lesenden nachdenklich machen, weil sie einen Lernprozeß eröffnen, weil sie helfen können, Wichtiges von Unwichtigem zu unterscheiden. Das soll in diesem Buch erklärt werden.

2 Die Wendung stammt von Paul TILLICH. Vgl. Anm. 184.

3 G. LÜDEMANN in dem Spiegelinterview (a. a. O., S. 60): »Ganz gleich, was die Kirche gegen mich unternimmt, ich bin entschlossen, diesen Konflikt durchzustehen. Es geht mir um zwei Punkte. Erstens zu klären, ob die Theologie eine kirchliche oder eine freie Wissenschaft ist, sie kann nur das eine oder das andere sein. Und zweitens zu erreichen, daß nicht weiterhin in den Gemeinden die historisch-kritische Erforschung der Bibel totgeschwiegen wird, unter anderem mit der Folge, daß viele Gläubige ein ganz falsches Bild von Jesus haben.«

Gegen diesen Vorwurf des bewußten Verschweigens spricht z. B. die Tatsache, daß schon 1964, als Lüdemann noch zur Schule ging, der spätere Landesbischof in Hannover, Horst HIRSCHLER, ein Heft über die Gottessohnschaft Jesu geschrieben hat, in dem er die Ergebnisse der Bibelkritik für junge Leute zu vermitteln suchte, und 1970 eine Unterrichtshilfe zum selben Thema. (Horst Hirschler: Jesus Christus. Sohn Gottes. In: das gespräch. Nr. 54. Jugenddienst-Verlag, Wuppertal; und: Ders.: Jesus von Nazareth – Sohn Gottes. In: Göttinger Quellenhefte. Nr. 2. Vandenhoeck & Ruprecht, Göttingen ((V&R)) S. dazu auch unser ganzes Kapitel 2 und Anm. 73.)

4 Man nennt das Kreationismus. Vgl. dazu Werner GITT: Das biblische Zeugnis der Schöpfung. Hänssler-Verlag, Neuhausen-Stuttgart, 6. Aufl., 1995, der als Professor der Ingenieur-Wissenschaft und Direktor in der Physikalisch-Technischen Bundesanstalt in Braunschweig viele »theologische« Bücher geschrieben hat – bei Nutzung nordamerikanischer Titel. (Vgl. Anm. 22 und 24)

5 Das griechische Wort »apokrýph« heißt wörtlich »verborgen«. Es bezeichnet Schriften, die nicht in eine offizielle Sammlung (= Kanon) aufgenommen wurden.

Die Apokryphen des Alten Testaments standen diesem aber so nahe, daß sie häufig in dessen Anhang mit abgedruckt werden (Luther: »nützlich und gut zu lesen«).

Die neutestamentlichen Apokryphen gelten allerdings als irreführend. (Vgl. unser 7. Kapitel)

6 »Apostolische Väter« ist ein Sammelname für eine Gruppe frühkatholischer Schriften aus der Zeit nach der zweiten Generation. (Vgl. Anm. 156)

7 Man könnte noch viele weitere Themen aufgreifen und gegensätzliche Aussagen konfrontieren, z. B.: Heiliger Geist, Rechtfertigung, Apostelamt, Kirche, Juden und Christen, Mission, Soziales, Frauen in der Kirche, Kirche und Staat. Aus Platzgründen war das nicht möglich.

8 Neben der revidierten Übersetzung von Martin LUTHER (Abschluß der Revision 1984, Überarbeitung zur neuen Rechtschreibung und einige Verbesserungen 1999) können als zuverlässig empfohlen werden die Zürcher Bibel und die Übersetzung von Hermann MENGE (etwas veraltet). Vorsicht ist anzuraten bei sog. Übertragungen, bei denen »freier« übersetzt wurde und dadurch die jeweilige Theologie des Autors miteinfließen konnte, so z. B. bei Hans BRUNS und bei Jörg ZINK und für das Alte Testament bei Martin BUBER. Bei der sog. Einheitsübersetzung, die vor allem für

ökumenische Andachten geeignet ist, muß auf vatikanische Tendenzen bei den Anmerkungen geachtet werden.

9 M. W. gibt es nur eine deutschsprachige Kommentar-Reihe, die alle Schriften der Bibel behandelt und die auch für Nichttheologen verständlich sein will: »Das Alte Testament Deutsch« (ATD) und »Das Neue Testament Deutsch« (NTD), V & R.

10 Dabei schien es mir hilfreich, einige von den Texten, die das Neue Testament nicht gelten lassen wollte, zu dokumentieren, weil nicht anzunehmen ist, daß sich die Leserin oder der Leser für den Vergleich auch noch eine Quellensammlung jener Schriften anschaffen wird.

11 Eckige Klammern »[ ]« enthalten Einfügungen des Verfassers in ein Zitat.

Damit auch solche Personen, die die alten Sprachen nicht kennen, Fremdwörter richtig aussprechen können, gebe ich diese Hilfen:

»–« über einem Vokal bedeutet, daß er lang gesprochen wird.

»´« über einer Silbe bedeutet, daß sie betont wird.

Alle Bibel-Zitate sind kursiv gesetzt.

12 In den literargeschichtlichen Fragen folge ich Ⓦ Otto KAISER: Grundriß der Einleitung in die kanonischen und deuterokanonischen Schriften des Alten Testaments. 3 Bde. Gütersloher Verlagshaus (GVH), 1992–1994.

13 Ⓦ Hans J. KRAUS: Geschichte der historisch-kritischen Erforschung des Alten Testaments. Neukirchener Verlag (NV), 4. Aufl., 1988. Die Diskussion ging und geht natürlich weiter. Heute sieht man noch klarer, daß jene klassischen »Quellenschriften« vor ihrer Schriftlichkeit eine längere mündliche Tradition hatten und daß sie danach immer wieder redigiert wurden.

14 Daß immer wieder von dem Apfel als Frucht der Versuchung die Rede ist, halte ich für die Folge lateinischer Wortspielerei. In der Vulgata, der lateinischen Normalübersetzung der Bibel, heißt es in Vers 17: »de ligno autem scientiae boni et mali ne commedas«. (Vom Holz der Kenntnis von gut und böse sollst du nicht essen.) Und dieses »mali« wäre, wenn man es kurz ausspräche der Genitiv von »málum« (das Böse), wenn man es lang ausspräche der Genitiv von »mā́lum« (der Apfel). Im hebräischen Urtext gibt es keinen Anhalt für solche Mehrdeutigkeit.

15 Daß Mann und Frau nach dieser Schöpfungsgeschichte nicht gleichzeitig geschaffen werden, dient dem Schreiber des 1. Timotheusbriefes (einem Paulusschüler) zu einem zweifelhaften Argument: *»Einer Frau gestatte ich nicht, dass sie lehre, auch nicht, dass sie über den Mann Herr sei, sondern sie sei still. Denn Adam wurde*

zuerst gemacht, danach Eva.« (2,12 f.) Dem liegt »der Gedanke zugrunde, daß alles früher Erschaffene wertvoller ist als das später Erschaffene«. (Paul BILLERBECK: Kommentar zum Neuen Testament aus Talmud und Midrasch. Bd. 3. Becksche, München, 1926, S. 645) Zu beachten ist, daß diese Theorie als persönliche Meinung des Autors eingeführt wird (»gestatte ich nicht«) , also nicht als Weisung Gottes. Dem stünde ja auch entgegen, daß im jüngeren Schöpfungstext ② festgestellt wird, daß Mann und Frau gleichzeitig geschaffen wurden. Außerdem wäre nach dieser Theorie der Hafer ja auch wertvoller als das Pferd und die Butterblume wertvoller als das Rind.

16 Luther übersetzt futurisch (»werden ein Fleisch sein«). Das Hebräische kennt aber kein Futur. So ist es auch nicht möglich, diese Aussage vom Einssein so zu verstehen, als werde sich dieses erst nach dem Sündenfall ereignen, oder gar, als wäre es von Gott erst für die gefallene Welt gedacht. Richtig die Einheitsübersetzung: »Darum verläßt der Mann Vater und Mutter und bindet sich an seine Frau, und sie werden ein Fleisch.

17 Eine Verbindung von solcher Hybris mit der Sexualität des Menschen ließe sich gedanklich nur so herstellen, daß man wie im Polytheismus den Gottheiten sexuelle Interessen und Erfahrungen unterstellen würde. Dann könnte der Geschlechtsverkehr als etwas Göttliches interpretiert werden. Das ist jedoch für den Schöpferglauben des Jahwisten eine Absurdität. Jahwe hat nicht Sexualität, sondern er schafft sie zur Freude der Menschen. Und so zeigen die Verse 24 f., daß Geschlechtlichkeit schon vor dem Sündenfall zum Leben gehört. Für den Jahwisten ist sie ein Stück aus dem Paradies.

18 Das entspricht babylonischer Tradition, in der z. B. ein Mythos von einer Göttin »Tiamat«, einer Meeresgottheit, erzählt wurde, die einst alle Götter gebar, dann aber von Marduk besiegt werden mußte, um aus ihr Himmel und Erde zu bilden. Dieser polytheistische Gedanke ist allerdings für P völlig verblaßt. Für ihn schafft Gott souverän und ohne Kampf die Welt, in der der Mensch leben kann. Vgl. Gerhard ISERMANN: Revitalisierung der Mythen? Gegen den Mißbrauch alter Geschichten für neue Interessen. In: Vorlagen. Neue Folge. Lutherisches Verlagshaus, Hannover (LVH), (V), Nr. 9, 1990, S. 28–32.

19 Z. B. Gerhard VON RAD: Das erste Buch Mose. ATD. Nr. 2. 1950. Und: Ⓦ Claus WESTERMANN: Genesis. In: Biblischer Kommentar. Altes Testament. Nr. I/1. NV, 1974.

20 Mag sein, daß in Frühformen der mündlichen Tradition der Gedanke an eine »Mutter Erde«, an eine selbständige Göttin, wie sie sonst überall in der Antike geglaubt wurde, eine Rolle spielte.

Aber bei P ist das alles entmythisiert – wie der Glaube an eine Meeresgöttin oder an Sternengötter. In Vers 16 wird ja fast parodistisch von den Sternen nur noch als von Beleuchtungskörpern geredet (Motto: Vom Gott zur Laterne!) P ist also vor 2500 Jahren schon viel aufgeklärter als manche astrologische Zeitgenossen heute.

21 Erst nach der Sintflut ist für P eine andere Ordnung gegeben (vgl. 9,2), für J schon nach dem Sündenfall (vgl. 4,4).

22 Es gab immer wieder Versuche, das Sechs-Tage-Schema des priesterschriftlichen Schöpfungstextes mit den heutigen naturwissenschaftlichen Kenntnissen zu »versöhnen«. So berief man sich gern auf die Aussage des 2. Petrusbriefes: *»... dass ein Tag vor dem Herrn wie tausend Jahre ist ...«* (3,8) Man müßte dann aber die Zahl erheblich vergrößern. Eine andere Variante findet sich in einem kreationistischen Biologiebuch, wo »geglaubt« wird, daß Gott in den sechs Schöpfungstagen nur die Grundtypen aller Lebewesen geschaffen habe, während die Entfaltung dieser Grundtypen erst nach der Schöpfungswoche geschah. (Reinhard JUNKER / Siegfried SCHERER: Entstehung und Geschichte der Lebewesen. Weyel, Gießen, 2. Aufl., 1988) Daß in diesen sechs Tagen aber nicht nur die Lebewesen entstanden, sondern u. a. auch die Himmelskörper, mußte diese Biologen wohl nicht beschäftigen. Und sie übersahen großzügig, daß es bei J heißt: »Gott der HERR machte ›alle‹ die Tiere auf dem Felde und ›alle‹ die Vögel unter dem Himmel.« (2,19) W. GITT verteidigt das Sechs-Tage-Schema dagegen mit einer seltsamen Logik: »Die Schöpfungswerke demonstrieren die Allmacht Gottes und seine große Kraft (Röm 1,20), deren Auswirkung nicht an lange Zeiträume gebunden ist. Durchgängig wird bei allen Schöpfungszeugnissen, deren es zahlreiche in der Bibel gibt, ein Akt des Geschehens vermittelt, der ohne Zeitaufwand abläuft. Auch Psalm 33,9 bezeugt das rasche zeitliche Geschehen des schöpferischen Handelns. *›Denn so er spricht, so geschieht's; so er gebeut, so steht's da ...‹* Würden wir hier willkürlich Millionen- oder Milliardenzeitalter einführen, so nähmen wir Gott die Ehre.« (a. a. O., S. 39)

Wieso nehmen wir Gott die Ehre, wenn wir das literarische Werden der Schöpfungstexte verstehen und wenn wir für die Verfasser von 1. Mose 1 anmerken, daß sie noch nicht unsere naturwissenschaftlichen Standards hatten?

23 Vgl. C. WESTERMANN: »Die gleiche Entscheidung ist bei den Redaktoren des Pentateuch und den Redaktoren des Kanons wirksam, wenn sie ganz verschiedene Schöpfungsdarstellungen nebeneinander stehen lassen. Sie bedeutet, daß im Reden von der Schöp-

fung die Mehrstimmigkeit in der Folge verschiedener Stimmen gewahrt werden muß.« (a. a. O., S. 119)

24 Anders W. GITT über den jahwistischen Schöpfungstext: »Alles, was hier über den Menschen gesagt wird, geschieht – zeitlich gesehen – am sechsten Schöpfungstag ... wird deutlich, daß 1. Mose 2,7–25 so anthropozentrisch (auf den Menschen hin) ausgerichtet ist, daß es nicht mehr das Thema ist, etwas über die Erschaffung der übrigen Dinge zu sagen.« (a. a. O., S. 127) Um die Sechs-Tage-Theorie retten zu können, muß Gitt den Vers 2,5 aus seiner »Menschen-Schöpfungs-Geschichte« streichen. Dort war nämlich mitgeteilt, daß es noch keine Pflanzen auf der Erde gab (die doch nach dem Text von P schon am dritten Tag geschaffen waren), als Jahwe den Mann erschuf.

25 Martin LUTHER gewann seinen reformatorischen Durchbruch, seine Erkenntnis von der Gerechtigkeit, die vor Gott gilt, 1512 beim Studium des Römerbriefes. Für den Beginn der sog. Dialektischen Theologie steht die Schrift von Karl BARTH: Der Römerbrief. Kaiser, München, 2. Aufl., 1922.

26 In den literargeschichtlichen Fragen folge ich Ⓦ Eduard LOHSE: Die Entstehung des Neuen Testaments. In: Theologische Wissenschaft (TW). Bd. 4. Kohlhammer, Stuttgart, 1972, 5. Aufl., 1991.

27 In der Apostelgeschichte heißt er auch nach dem Bekehrungskapitel 9 immer noch Saulus. Erst ab 13,9 wechselt Lukas zu »Paulus« über.

28 Die Wendungen »nach dem Fleisch« und »nach dem Geist« haben dieselbe griechische Präposition (»katá«), die Luther mit »nach« übersetzt, deren Sinn aber nur mit dem etwas umständlicheren »in Hinsicht auf« genau wiederzugeben ist. Auch die Wendungen »aus dem Samen« und »aus der Auferstehung« haben dieselbe Präposition (»ek«). Einige Ausleger übersetzen sie uneinheitlich, einmal zeitlich (»seit«) und einmal begründend (»durch«). Dabei wird übersehen, daß in einem so parallel gebauten Satz so dicht nebeneinander eine Vokabel nicht zwei verschiedene Bedeutungen haben kann. Von den Sinnvarianten dieser Präposition paßt zu beiden Wendungen nur die Angabe des Ursprungs: Der Same des Ahnherrn und die Auferstehung von Toten (ohne Artikel im Urtext) sind verschiedene Quellen des Lebendigseins.

Die Stelle ist schlecht übersetzt bei J. ZINK und bei H. BRUNS, die beide die Parallelität der Verszeilen zerstört haben.

29 Ⓦ Ernst LOHMEYER: Das Evangelium des Markus. Kritisch-Exegetischer Kommentar über das Neue Testament. V & R. (KEK) 14. Aufl., 1957, S. 19 f.

30 Um die Texte der drei Evangelien besser vergleichen zu können, hat man sie schon früh in Spalten nebeneinander gedruckt. Eine solche Zusammenschau heißt auf Griechisch »Synópse« und die ersten Evangelisten sind demgemäß die Synoptiker.

Zu empfehlen ist eine deutschsprachige Synopse: Rudolf PESCH / Ulrich WILCKENS / Reinhard KRATZ: Synoptisches Arbeitsbuch zu den Evangelien. 5 Hefte. Benziger, Köln / GVH, 1980.

31 M. LUTHER hat in diesem Vorgang die Begründung für die christliche Taufe gesehen, also nicht erst in dem sog. Taufbefehl von Matthäus 28,19. Vgl. sein Lied im Evangelischen Gesangbuch (EG) Nr. 202: »Christ, unser Herr, zum Jordan kam / nach seines Vaters Willen, / von Sankt Johann die Taufe nahm, / sein Werk und Amt zu erfüllen. / Da wollt er stiften uns ein Bad, / zu waschen uns von Sünden / . . .« Leider ist dieses Lied wegen dogmatischer Überfrachtung so gut wie unsingbar.

32 Die Erzählung setzt eine ziemlich aufwendige Rahmenhandlung voraus, in der dann allerdings auch etwas Bedeutsames zu erwarten wäre. Eine Adoption würde dem entsprechen. Eine bloße Mitteilung vom Vater an den Sohn, daß er Wohlgefallen an ihm habe (so Luther), was beide immer schon wußten, wäre zu belanglos, um so erzählt zu werden. Das muß die Himmel nicht zerreißen. (Vgl. auch Hebr 1,5 und 5,5)

33 Ulrich WILCKENS: Das Neue Testament. Furche, Hamburg, 1970.

34 G. ISERMANN, Revitalisierung, a. a. O., S. 12–14 und 41–42. Wenn das, »was in Maria entstanden ist« vom Heiligen Geist ist, heißt das nicht, daß der Heilige Geist der Vater Jesu sei, wie sich das griechische Mythologie für den Göttervater Zeus in seinen vielen Gestalten vorstellen konnte. (Vgl. zu Text ⑥)

Wenn Gerhard LÜDEMANN in seinem Buch Ⓦ »Jungfrauengeburt? Die wirkliche Geschichte von Maria und ihrem Sohn Jesus« (RV, 1977, S. 72) von einer »Zeugung durch den Heiligen Geist« schreibt, verdirbt er die Pointe des Textes.

35 Seltsamerweise ist in unseren Bibeln und Kommentaren dieses Kapitel in der Überschrift als »Stammbaum« bezeichnet. Das ist nicht korrekt. Ein Stammbaum enthält alle Nachkommen eines Paares in allen Verzweigungen (daher der Name), also auch alle Töchter und alle kinderlosen Abkommen.

Wenn G. LÜDEMANN (Jungfrauengeburt?, a. a. O., S. 70) von einem gradlinigen Stammbaum spricht, konstruiert er einen klassischen »Widerspruch im Adjektiv« und macht aus einem Baum einen Mast.

36 Angeblich haben 72 Dolmetscher diese älteste griechische

Übersetzung des Alten Testaments geschaffen. Daher der Name »Die Siebzig« , lateinisch »Septuaginta« (abgekürzt: »LXX«).

37 *»Ist er* [Jesus] *nicht der Zimmermann, Marias Sohn, und der Bruder des Jakobus und Joses und Judas und Simon? Sind nicht auch seine Schwestern hier bei uns?«* (6, 3)

Danach hat Maria noch mindestens sechsmal geboren. Und die Vorstellung, daß sie auch Enkelkinder hatte, ist erlaubt.

Dazu heißt es im Katechismus der ECCLESIA CATHOLICA, einem lehramtlichen Text, der die Glaubensnorm für alle Katholiken einschärfen will: »Die Kirche [gemeint ist die römische] hat diese Stelle immer in dem Sinn verstanden, daß sie nicht weitere Kinder der Jungfrau Maria betreffen. In der Tat sind Jakobus und Josef [bei Markus : Joses], die als ›Brüder Jesu‹ bezeichnet werden (Mt 13,55), die Söhne einer Maria, welche Jüngerin Jesu war und bezeichnenderweise ›die andere Maria‹ genannt wird (Mt 28,1). Gemäß einer bekannten Ausdrucksweise des Alten Testaments handelt es sich dabei um nahe Verwandte Jesu.« (Ecclesia Catholica: Katechismus der Katholischen Kirche. Oldenbourg u. a., München u. a., 1993, § 500, S. 158) Diese »Auslegung« von Markus 6,3 par war nötig, um die Jungfräulichkeit Marias vor, bei und nach der Geburt Jesu glauben zu können: »daß Maria stets wirklich Jungfrau geblieben ist, auch bei der Geburt des menschgewordenen Gottessohnes . . . Die Liturgie der Kirche preist Maria als die ›allzeit Jungfräuliche‹ [semper virgo].« (Katechismus, a. a. O., § 499) Darum lehrt Rom auch die unbefleckte Empfängnis Marias (»immaculata conceptio«), wonach Maria schon bei der Empfängnis durch ihre Mutter (Anna) von der Erbsünde freigestellt worden sei.

Wie unbiblisch diese Versuche sind, eine ewige Jungfrauenschaft für Maria zu verteidigen, zeigt sich einmal daran, daß jene andere Maria, die nach Matthäus 27,56 nur zwei Söhne hat, dann auch die Mutter der anderen Geschwister Jesu (nach Mk 6,3 par) sein müßte, aber dann natürlich auch die Mutter Jesu. Dann wäre wiederum die erste Maria überflüssig. Außerdem wird in dem viel älteren Paulustext Galater 1,19 Jakobus ganz arglos als Bruder Jesu bezeichnet. Und der Hinweis auf eine alttestamentliche Stelle (1. Mose 13,8) durch diesen Katechismus ist deshalb problematisch, weil dort die Verwendung des Wortes »Bruder« eine besondere friedensstiftende Pointe hat, die nicht zu verallgemeinern ist. Zudem verlieren die vatikanischen Autoren bei ihrer Rettungsaktion völlig die Schwestern Jesu aus dem Blick.

Wenn die ersten Gemeinden schon vor Markus – an eine ewige Jungfrau hätten glauben wollen, hätte man eine solche Aussage von Geschwistern Jesu nicht durchgehen lassen.

Ähnlich widersprüchlich sind die Aussagen von Gerd LÜDEMANN zu dieser Stelle, wenn auch bei gegenläufiger Tendenz. In seinem Buch »Jungfrauengeburt?« (a. a. O., S. 57 ff.) vertritt er die These, Maria sei vergewaltigt worden und Jesus also ein uneheliches Kind. Weil in Israel Söhne in der Regel nach ihren Vätern benannt wurden, folgert Lüdemann aus der Wendung »Marias Sohn« in Markus 6,3, daß Jesus keinen legitimen Vater gehabt habe. Er nennt dafür drei Gründe: »1. Die Wendung wird in Jesu Heimatstadt (Nazareth oder Kapernaum) ausgesprochen. 2. Sie erscheint auf den Lippen derjenigen, die Jesus nicht völlig verstanden haben bzw. ihm gegenüber feindlich sind. 3. Markus wiederholt den Satz von Mk 6,3 nicht. Er beantwortet den Vorwurf nicht dadurch, daß er ihn zurückweist, sondern indem er in V. 4b die Verwandten für unwichtig erklärt.« (S. 60) Es ist aufschlußreich, wie Lüdemann argumentiert. Auf der schon zitierten Seite heißt es: »Aber Illegitimität dürfte gleichwohl vorgelegen haben, sonst wäre Jesus nicht nach seiner Mutter benannt worden.« So ähnlich klingt es noch auf S. 80. »Daher drängt sich – so schockierend dies im ersten Augenblick auch sein mag – die Annahme einer Vergewaltigung der Maria als Erklärung dieses dunklen Flecks in ihrer Geschichte und in der Geschichte ihres Sohnes Jesus geradezu auf ... Man mag hiergegen allgemein einwenden, in diesem Falle sei Maria nicht mehr als jüdische Mutter einer großen Familie akzeptabel gewesen ... Doch sind sexuelle Makel einer Frau, zu denen auch eine Vergewaltigung zählt, im damaligen Judentum nur bei einer Ehe mit einem Priester von Belang (Joseph aber war kein Priester).« Nun: Was »vorgelegen haben dürfte« und was »sich aufdrängt«, ist wissenschaftlich gesehen bestenfalls eine Hypothese. 40 Seiten später hat sich Lüdemann dann aber so mit seinen Vermutungen angefreundet, daß sie zu Tatsachen aufgewertet werden: »Jesus *wurde* vorehelich geboren und daher nach seiner Mutter benannt.« (S. 122) Oder: »Dies setzt *zwingend* eine Kritik an seiner unehrenhaften Herkunft voraus und legt den Finger auf einen wunden Punkt, den nicht genannten Vater, womit die Mutter automatisch ins Zwielicht gerät.« (S. 129) (Hervorhebungen von G.I.) Hier ist aber exegetisch gar nichts zwingend. Allenfalls sind die Folgerungen Lüdemanns zwanghaft, weil er offenbar »schockierenden« Thesen nicht widerstehen kann.

Jedenfalls sind seine drei Begründungen nicht ausreichend. Als Literatur-Historiker weiß Lüdemann, daß es sich in dem Markustext um eine von der Tradition gestaltete Geschichte handelt, die auf den Spruch in Vers 4 zu erzählt wird (was BULTMANN ein Apóphtegma nennt). Über die historischen Familienbeziehungen läßt sich Markus 6 nichts Zuverlässiges entnehmen, nur über die Art, wie in den Gemeinden vor der Abfassung dieses Evangeliums über Jesus und Maria geredet wurde.

Dabei kann sich in den 70 Jahren bis zum Markusevangelium eine Marienverehrung entwickelt haben – ohne die späteren vatikanischen Verstiegenheiten. Man vgl. dazu die sog. Kindheitsgeschichten bei Matthäus und Lukas, von denen auch Lüdemann annimmt, daß sie von den beiden Evangelisten vorgefunden und bearbeitet worden sind (so in seinem neuesten Werk: Jesus nach 2000 Jahren. Was er wirklich sagte und tat. Zu Klampen, Lüneburg, 1999, S. 164 und 344). Sie dürften also etwa ebenso alt sein wie das Markusevangelium, das ebenfalls den beiden vorgelegen hatte. In diesen Kindheitsgeschichten wird von Maria sehr ehrerbietig geredet.

Die Wendung »Sohn der Maria« muß keinen negativen Beigeschmack gehabt haben. Und dafür liefert Lüdemann selber den Beweis, der oben schon aus seiner Seite 80 zitiert wurde: Wenn ein sexueller Makel nur bei Priesterehen »von Belang« war, sackt doch die ganze Makeltheorie in sich zusammen. Das ist auch besser so. Sonst müßte sich Lüdemann noch fragen lassen, warum er ausgerechnet den römischen Makel-Begriff verwendet. Wünscht er sich heimlich eine unbemakelte Empfängnis des Erlösers?

Als evangelischer Theologe wäre Lüdemann seinen Leserinnen und Lesern in diesem Zusammenhang noch eine Klarstellung schuldig gewesen: Wenn eine Frau, wann auch immer und wie auch immer, vergewaltigt wurde, ergibt das keinen »dunklen Fleck«, weder in ihrer Geschichte noch in der ihres dadurch entstandenen Kindes, wohl aber bei dem »Mann«.

Übrigens hatte sich Lüdemann noch zu Weihnachten 1996 in einer Pressemitteilung an den Evangelischen Pressedienst zu der erstaunlichen Aussage aufgeschwungen: »So wurde Jesus nachweislich von Frau und Mann in der Lust des Geschlechtsaktes gezeugt.« (epd-Landesdienst Niedersachsen-Bremen. 45/96, S. 3) Nun habe ich natürlich gar nichts gegen gute sexuelle Erfahrungen der jungen Mirjam aus Nazareth. Aber wie führt der Professor diesen »Nachweis« 1996 in Göttingen – ca 2000 Jahre und ca 3000 km von jenem »Akt« entfernt?

Jedenfalls ist Lüdemann in seinem Buch über die Jungfrauengeburt nicht mehr auf die »Lust«erfahrung der Maria zurückgekommen. Eine »Vergewaltigung« ist ja sicher auch noch schockierender. Aber offenbar war der Tobak noch nicht stark genug. Deshalb hat der biblische Sexualforscher in seinem letzten Werk noch mal kräftig nachgelegt: »... daß Jesus durch diesen Schatten in seiner Herkunft stigmatisiert worden sein muß. Er lernte also früher oder später, was es heißt, als Sohn einer Hure zu gelten.« (a. a. O., S. 880) Es bleibt sein bitteres Geheimnis, wieso für ihn eine Vergewaltigte unversehens zu einer Hure werden kann. Für Lüdemann steht das alles in Markus 6,4: »*Nirgends gilt der Prophet als ehrlos außer in seiner Vaterstadt und bei seinen Verwandten und in seinem Haus.*« (Übersetzung nach Lüdemann) Da steht im griechischen tatsächlich ein Wort (»átimos«), das »unehrenhaft« bedeuten kann. Man kann es aber auch (wie alle anderen Übersetzer) mit »nicht anerkannt« wiedergeben: nicht als Prophet anerkannt. Jedenfalls ist es nach dem Zusammenhang völlig unsinnig zu behaupten, Jesus sei »in seiner Heimat Nazareth angegriffen unter Hinweis darauf, daß er ein Bastard ohne rechten Vater sei« (a. a. O., S. 879), steht doch in demselben Vers nicht das Wort Heimat, sondern »Vaterstadt« (griechisch: »pátris«), was nicht zu einem vaterlosen und darum ehrlosen Bastard paßt. Und wieso soll dieser auch in seiner Familie ehrlos sein? Und sind die Geschwister Jesu dann auch Hurenkinder, wenn für die auch kein Vater benannt wird? Immerhin hatte der älteste Bruder Jesu doch später den ehrenvollen Beinamen »der Gerechte«.

Das Lehramt des Vatikan und der Lehrstuhl des Göttinger Neutestamentlers sind geographisch und theologisch weit auseinander. Aber es ist tragisch und grotesk zugleich, wie beide beim Begründen ihrer Thesen die Widerlegung gleich mitliefern. Merke: Fixe Ideen machen zu fixe Exegeten.

38 Vgl. Anm. 35. Ein »Stammbaum« geht immer von einem Vorfahrenpaar aus und führt in die Gegenwart. Das Gegenstück wäre eine »Ahnentafel«, die in die Vergangenheit führt, aber dann auch alle weiblichen Vorfahren enthalten muß.

39 Adolf SCHLATTER: Das Neue Testament. Calwer Verlagsbuchhandlung, Stuttgart, 1931.

40 Wie alle großen Religionen gibt es auch die Gnósis nur in verschiedenen »Konfessionen«. Das erste größere Werk, das diese Varianten referiert und zugleich die Gemeinsamkeit (existential) interpretiert stammt von Ⓦ Hans JONAS: Gnosis und spätantiker Geist. (Teil I. Die mythologische Gnosis. 1934. Teil II,1. Von der Mythologie zur mystischen Philosophie. 1954!!, V & R) Im unvollendeten letzten Teil (11,2. 1994) ist ein Aufsatz abgedruckt, der auch für Laien das Wesen der Gnosis im Unterschied zur klassischen Religion der Hellenen erklärt: »Typologische und historische Abgrenzung des Phänomens Gnosis« (S. 328–346). 1945 wurden in Nag Hammádi (Ägypten) Schriften entdeckt, die zum größeren Teil zur Gnosis zu zählen sind. Jonas hat diese in seinem zweiten

Band schon mitberücksichtigt. Jetzt haben Gerd LÜDEMANN und Martina JANSSEN diese Texte aus dem Koptischen übersetzt und herausgegeben: Ⓦ Bibel der Häretiker. Die gnostischen Schriften aus Nag Hammâdi. RV, 1997. Es gibt natürlich auch andere gnostische Schriften, die nicht in der zufälligen Sammlung aus Ägypten »standen«. Und nicht alle Texte dieser Bibliothek sind gnostisch. So gehört seltsamerweise ein Auszug aus PLATOs Politeia dazu. Und einige Bücher »standen« sogar doppelt in dieser Bibliothek. Also ist das Buch von Lüdemann und Janßen offenkundig keine gnostische »Bibel« im Sinne des jüdischen oder des christlichen Verständnisses eines Kanons, wie Lüdemann selber im Vorwort auch festhält. Warum hat er sich dann aber auf so einen Etikettenschwindel eingelassen?

41 Johann Wolfgang VON GOETHE: Faust. Studierzimmer: »Wir sehnen uns nach Offenbarung / die nirgends würd'ger und schöner brennt / als in dem neuen Testament. / Mich drängt's, den Grundtext aufzuschlagen, mit redlichem Gefühl einmal / das heilige Original / in mein geliebtes Deutsch zu übertragen. / Geschrieben steht: ›Im Anfang war das Wort!‹ / Hier stock ich schon! Wer hilft mir weiter fort? / Ich kann das Wort so hoch unmöglich schätzen ...«

42 Das nennt man Doketismus (von griechisch: »dokeín«, scheinen). Gemeint ist eine Lehre, nach der Jesus nur zum Schein Mensch war, also auch nicht gelitten hat und auch nicht selber am Kreuz gestorben ist. Vgl. die Texte Ⓔ bis Ⓖ im 7. Kapitel.

43 Werbeslogan der Diakonie.

44 In Vers 13 wird die Gotteskindschaft der Glaubenden abgesetzt von der Menschenkindschaft, die durch physische Zeugung entsteht. Das ist vermutlich eine Anspielung des Johannesevangeliums auf die vaterlose Gottessohnschaft Jesu nach Matthäus und Lukas (vgl. Texte ⑤ und ⑥). Für den vierten Evangelisten gilt dieses Wunder einer neuen Kindschaft nun allen (mündlicher Hinweis von Horst HIRSCHLER).

45 Vgl. Martin KARRER: Jesus Christus im Neuen Testament. NTD. Ergänzungsreihe. 1998, S. 324: »Die Anliegen des Mt und Lk sind im Grundsatz auch ohne eine jungfräuliche Geburt aussagbar.«

46 Ⓦ Ludwig WITTGENSTEIN: Tractatus logico-philosophicus. edition suhrkamp. Nr. 2. Frankfurt, 1960, S. 115.

Es ist in diesem Zusammenhang aufschlußreich, daß in der Gnosis unter den mythischen Gestalten auch öfter vom »Schweigen« als einer handelnden Person die Rede ist. (Vgl. die Bibel der Häretiker, a. a. O., z. B. S. 233, 255, 266) Aber auch diese Gestalten des

Schweigens teilen sich mit. Um so präziser ist demgegenüber der Johannestext: Im Anfang war das Wort.

47 Vgl. zum ganzen Kapitel Otto SCHNÜBBE: Vom Sinn des Kreuzes Jesu Christi. Die Liebe Gottes hat sühnende Kraft. V. Nr. 24, 1994.

48 Hans-Jürgen HERMISSON: Das vierte Gottesknechtslied im deuterojesajanischen Kontext. In: Bernd JANOWSKI / Peter STUHLMACHER (Hrsg.): Der leidende Gottesknecht. In: Forschungen zum Alten Testament. Nr. 4. Mohr, Tübingen, 1996, S. 7 ff.

49 Vgl. Ⓦ Norbert LOHFINK (Hrsg.): Gewalt und Gewaltlosigkeit im Alten Testament. In: Quaestiones disputatae. Herder, Freiburg (QD), Nr. 96. 1983.

50 Martin LUTHER und die meisten anderen Bibelübersetzer bringen das »Lamm« in der ersten Zeile des Doppelsatzes unter (»das Lamm, das zur Schlachtbank geführt wird«). Die Septuaginta und in ihrer Folge die Apostelgeschichte (8,32), aber auch Claus WESTERMANN (Das Buch Jesaja. Kapitel 40–66. ATD. Nr. 19. 1966) tun das in der zweiten Zeile (»ein Lamm, das vor seinem Scherer verstummt«).

Übrigens werden in der Regel Lämmer nicht geschoren, höchstens ausnahmsweise, um sie abzuhärten. (Auskunft des Landesschafzucht-Verbandes Niedersachsen)

Es muß also einen sehr starken »Sog« geben, ein Lamm in den Prophetentext einzubringen, wenn selbst gestandene Exegeten dem nicht widerstehen können. M. E. kann das nur in der Tatsache begründet sein, daß im Gottesdienst sonntäglich das »Christus, du Lamm Gottes« (»agnus Dei«) gebetet wird. Aber für die Liturgie reicht ja als Motiv für eine Lamm-Gottes-Theologie auch der Beleg aus dem Johannesevangelium aus.

51 Vgl. Ⓦ Bernd JANOWSKI: Er trug unsere Sünden. In: Ders. Peter STUHLMACHER (Hrsg.): Der leidende Gottesknecht. A. a. O., S. 43.

52 DUDEN: Das Herkunftswörterbuch. Die Etymologie der deutschen Sprache. Duden. Nr. 7. Bibliographisches Institut. Mannheim, 1963, S. 695.

53 So noch in dem Weihnachtslied »O, du fröhliche« von Heinrich HOLZSCHUHER (1829), Vers 2: »Christ ist erschienen, uns zu versühnen« (EG 44).

54 U. WILCKENS, Das Neue Testament, a. a. O.

55 Vgl. dazu Ⓦ Joachim JEREMIAS: Die Abendmahlsworte Jesu. V & R. 3. Aufl., 1959, S. 95 f.

56 Wörtlich wäre zu übersetzen: »Er ist aufgeweckt worden.« Und gemeint ist: Gott hat ihn auferweckt.

57 Da in einer solchen Kurzformel nicht das Wie erklärt werden kann, darf unterstellt werden, daß dieses kleine Bekenntnis genauso verstanden werden will wie die Stelle bei Jesaja: Die Treue des Boten besiegelt die Versöhnung der Empfänger der Botschaft im Auftrag des Absenders.

58 Z. B. Rudolf BULTMANN, Ferdinand HAHN, Eduard LOHSE.

59 Z. B. Oscar CULLMANN, Joachim JEREMIAS, Hans Walter WOLFF.

60 J. JEREMIAS, a. a. O., S. 76.

61 J. JEREMIAS, a. a. O., S. 73–78.

62 Vgl. Matthäus 13,31–33; 44–46; 47–50 (mit 24–30); Lukas 15,1–10.

Daß Jesus neben dem Brot-Leib- und dem Wein-Blut-Vergleich auch noch seine ganze Person mit dem Passalamm verglichen haben könnte, ist unwahrscheinlich. Was wäre der Vergleichspunkt bei der Mahlzeit? Das Lamm ist schon lange vorher (im Tempel) geschlachtet. Es ist jetzt eine gebratene Speise. Auch verwandte Jesus keine Dreifachgleichnisse. Und es würde im Text ja auch das Deutewort »Das Lamm bin ich« fehlen. Zudem hätte dann das Johannesevangelium keinen Grund gehabt für seine Änderung der Datierung, um Jesus als Passalamm deuten zu können.

63 Vgl. J. Jeremias, a. a. O., S. 171.

64 Vgl. dazu Eberhard *Jüngel*: Gott als Geheimnis der Welt. Mohr, Tübingen, 1947, S. 401: »Jesu Gleichnisse von der Gottesherrschaft sind aber Ereignisse, deren Pointe beim Hörer selbst ›zünden‹ soll ... Dazu muß freilich schon während der Rede der Hörende in die Rede selber so einbezogen werden, daß er vom Wortgeschehen des Gleichnisses mitgenommen wird auf dem Weg zur Pointe.« Das gilt noch deutlicher von Gleichnishandlungen.

Völlig abwegig ist Lüdemanns Theorie: »Wenn feststeht, daß ... Jesus das erste Abendmahl mit seinen Jüngern gefeiert hat, bei dem er ihnen seinen Leib und sein Blut austeilte und bei dem sie symbolisch, wirklich oder wie auch immer seinen Leib aßen und sein Blut tranken, dann steht damit zugleich die Unhistorizität der so beschriebenen Einsetzung des Abendmahls fest. Die Jünger können doch gar nicht Jesu Leib gegessen und sein Blut getrunken haben, denn zum Zeitpunkt der Einsetzung des Abendmahls war Jesus noch gar nicht gestorben ...« (G. LÜDEMANN, Jesus nach 2000 Jahren, a. a. O., S. 131) Dazu muß also erst einer Professor in Göttingen werden, damit die Christenheit erfährt, daß Jesus vor seinem Tode noch nicht tot war. Ob sich das die ersten Christen nicht auch schon denken konnten und deshalb diese Mahlzeit nicht »kannibalistisch« mißverstanden?

65 Vgl. Bernd JANOWSKI: Sühne als Heilsgeschehen. In: Wissenschaftliche Monographien zum Alten und Neuen Testament. Nr. 55. NV, 1982.

66 Während in den Religionen rund um Israel in den Heiligtümern Götterbilder auf Sockel gestellt wurden und so Gott im Tempel festgehalten werden sollte, stellten die Israeliten nur ein Postament (die Lade mit dem Golddeckel) in ihr Zeit der Begegnung bzw. in den Tempel. Ob Gott sich dort einstellen werde, damit Mose oder der Hohepriester vor ihm knien könnte, lag bei ihm.

67 Ein Vergleich der verschiedenen Übersetzungsversuche mit ihrer Deutbarkeit auf Jesus als »hilastērion« wirkt erheiternd und ernüchternd zugleich. Eine Auswahl:

Martin LUTHER (Übersetzung von 1522): »den hat Gott vorgestellt zu einem Gnadenstuhl durch den Glauben«; Ludwig ALBRECHT (Übersetzung von 1922): »Den hat Gott öffentlich zur Schau gestellt als Gnadenstuhl«; Karl BARTH (Der Römerbrief von 1922): »Diesen bestimmte Gott zur Versöhnungsdecke durch seine Treue«; Fritz TILLMANN (Übersetzung von 1951): »Ihn hat Gott in seinem Blut als Sühnemal aufgestellt«; Friedrich PFÄFFLIN (Übersetzung von 1957): »ist von Gott wie ein Zufluchtsort in die Menschheit hineingestellt«; Ulrich WILCKENS (Der Brief an die Römer von 1987; »welchen Gott öffentlich eingesetzt hat als Sühnort – durch Glauben – in seinem Blut«; Lutherrevision (von 1984): »Den hat Gott für den Glauben hingestellt als Sühne«; Fridolin STIER (Übersetzung von 1989): »Ihn hat Gott vorn hingestellt als durch Glaube zu erlangende Versöhnung«.

Beschränken wir uns bei der Sichtung auf die Unterschiede beim Substantiv: Der Deckel der Bundeslade war kein Abstraktum (gegen: Sühne, Versöhnung), kein Opfer (gegen: Sühnemittel, Sühneopfer), kein Zeichen (gegen: Versöhnungsdecke, Sühnemal, Zeichen, Versöhnungszeichen). Er war einerseits etwas Sichtbares, andererseits kann aber Jesu Kreuzestod nicht mit einem Sitzmöbel zusammengedacht werden. Für die richtige Übersetzung von »hilastērion« / »kappōreth« ist doch zu erinnern, daß damit die Goldplatte auf der Bundeslade bezeichnet wurde als der Ort der Begegnung. Vgl. 2. Mose 25,22: *»Dort will ich dir begegnen ... will ich mit dir alles reden, was ich dir gebieten will für die Israeliten.«* Die Übersetzung muß also die Räumlichkeit der Vorstellung wiedergeben. Für die Versöhnung gibt es jetzt einen neuen Platz. Jesus ist der neue »Zufluchtsort« (Pfäfflin) oder der »Sühnort« (Wilckens, der besser »Versöhnungsort« geschrieben hätte) oder, wie ich im Hinblick auf jene »Festplatte« auf der »Schatztruhe« Israels vorschlage, die »Basis der Versöhnung«.

68 Vgl. vor allem Eduard LOHSE: Märtyrer und Gottesknecht. Untersuchungen zur urchristlichen Verkündigung vom Sühntod Jesu Christi. In: Forschungen zur Religion und Literatur des Alten und Neuen Testaments. Neue Folge. V & R (FRL) Nr. 46. 1955.

Offenbar war die Umwelt Jesu bzw. seiner Jünger voller Zwangsvorstellungen über die Notwendigkeit von Sühnehandlungen. Das waren Maßnahmen der Menschen, die Gott gnädig stimmen sollten. Jedoch gibt es außer dem Willen Gottes selbst zur Versöhnung (für dessen Glaubwürdigkeit Jesus starb) keinen Grund, auf eine Überwindung unserer Trennung von Gott (Sünde), zu hoffen. Und wenn »Sühne« etwas anderes aussagen soll als das Wort »Versöhnung«, die nach der Meinung des Neuen Testaments nur von Gott ausgehen kann, dann ist der Begriff untauglich. Vgl. dazu Text ㉞.

69 A. SCHLATTER, a. a. O.

70 Zitiert nach Ⓦ Wilhelm SCHNEEMELCHER (Hrsg.): Neutestamentliche Apokryphen in deutscher Übersetzung. Bd. I. Evangelien. Mohr, Tübingen, 1987, S. 158. (Vgl. die Texte Ⓔ bis Ⓖ in Kapitel 7)

71 Umstritten ist auch die Frage, ob Jesus selber das Wort in seinem endzeitlichen Sinn auf sich bezogen hat oder ob erst die spätere Gemeinde das Wort auf ihn angewendet hat. Vgl. zum ganzen Ⓦ Ferdinand HAHN: Christologische Hoheitstitel. Ihre Geschichte im frühen Christentum. FRL. Nr. 83. 1963, § 1. Menschensohn, S. 13 ff. und M. KARRER, Jesus Christus im Neuen Testament, a. a. O., 4.9. Der Menschensohn, S. 287 ff.

72 In 1. Timotheus 2,6 wird der Text von Markus 10,45 sinngemäß zitiert, aber in gefälligeres Griechisch übertragen, womit der Bezug auf Jesaja 53 unkenntlich wird.

73 Vgl. Ⓦ Eduard LOHSE: Die Briefe an die Kolosser und an Philemon. KEK. Bd. IX/2. 1968. Lohse sagt dies (S. 254) unmißverstehbar und begründet die Aussage. Daß Schüler unter dem Namen ihrer Meister schrieben, war in der Antike üblich und wurde nicht als anstößig empfunden.

Seltsam Gerd LÜDEMANN (Spiegel-Interview, a. a. O., S. 60), der behauptet, daß die Kirche »die historisch-kritische Erforschung der Bibel totgeschwiegen habe« und daß die Befunde nur »diskret und verschlüsselt in Sätzen, die allein Fachleute verstehen«, mitgeteilt würden. (S. 66) Eben jener Eduard Lohse ist nicht nur als Professor für Neues Testament in Göttingen ein Kollege von Lüdemann, sondern auch bis zu seinem Ruhestand der Landesbischof der Kirche, zu der Lüdemann gehört.

74 Anders Ⓦ Udo SCHNELLE: Einleitung in das Neue Testament.

Uni-Taschenbücher (UTB). Nr. 1830. V & R. 1994, S. 162: »... er dürfte um das Jahr 70 abgefaßt sein.«

75 Ein negatives Beispiel ist ANSELM von Canterbury (1033–1109), der sich in seinem Buch Ⓦ »Cur deus homo« (warum Gott Mensch werden mußte) darüber Gedanken machte, »ob es Gott geziemt, die Sünde durch bloßes Erbarmen ohne Abzahlung der Schuld nachzulassen« und »daß in der Welt nichts weniger zu ertragen ist, als daß das Geschöpf dem Schöpfer die schuldige Ehre nimmt und nicht abzahlt, was es nimmt«. Wissenschaftliche Buchgesellschaft, Darmstadt (WBG), 1956, S. 5.

76 Martin KARRER: Jesus Christus ... a. a. O., 1998, S. 129: »Offen und öffnend ringt das Neue Testament um das Verständnis von Jesu Tod. Es wartet mit keiner geschlossenen Lösung auf.«

77 Zum ganzen Kapitel vgl. Ⓦ Hans GRASS: Ostergeschehen und Osterberichte. V & R, 2. Aufl., 1962. Ⓦ Ulrich WILCKENS: Auferstehung. Das biblische Auferstehungszeugnis, historisch untersucht und erklärt. Kreuz-Verlag, Stuttgart, 1970.

78 Wer also aus dem deutschen Wort »Auferstehung«, das »Aufstand« und »Stehvermögen« anklingen lassen soll, politisches Kapital schlagen möchte, mißbraucht die Quellen.

79 Anders Udo SCHNELLE, a. a. O., S. 162: »Der Phil ist wahrscheinlich in Rom um 60 geschrieben.«

80 Vgl. Ⓦ Ernst KÄSEMANN: Kritische Analyse von Phil. 2,5–11. In: Ders.: Exegetische Versuche und Besinnungen. Bd. 1. V & R, 2. Aufl., 1960, S. 51–95; hier S. 65 ff.

81 Vgl. Ulrich WILCKENS: Hoffnung gegen den Tod. Die Wirklichkeit der Auferstehung Jesu. Hänssler-Verlag, Neuhausen-Stuttgart, 1996, S. 113 f.

82 So z. B. Ⓦ Ernst LOHMEYER: Die Briefe an die Philipper, an die Kolosser und an Philemon. KEK. Bd. IX. 3. Aufl. 1954, S. 94. Anders E. KÄSEMANN, a. a. O., S. 73, der den Begriff Knecht aus dem Hellenismus ableitet, wo der Mensch als Sklave der Materie, der Gestirne und der Mächte gesehen werde. Aber so oder so, ob alttestamentlich oder hellenistisch gedeutet, mehr als eine Anspielung gibt Vers 7 sowieso nicht her.

83 Wenn zu Gottes Sein und dem Sein des Menschen Jesus abstrakt nach einer Gemeinsamkeit gefragt wird, setzt man die Kategorie des Seins über Gott. Und man gelangt zu undenkbaren Widersprüchen. Nimmt man unseren Text entsprechend seinem Denkansatz konkret bei der Bewegung Gottes hin zu den Menschen, ist das Gott-gleich-Sein sagbar: »Zwischen Jesus Christus und Gott besteht insofern Wesenseinheit, als Jesus Christus vollkommen bestimmt ist von dem Wesen Gottes, das Liebe ist. Deswegen kann

(und muß) gesagt werden: Er hat am Wesen Gottes teil; er ist eines Wesens mit Gott.« (Ⓦ Wilfried HÄRLE: Dogmatik. de Gruyter, Berlin, 1995, S. 344).

84 E. KÄSEMANN, a. a. O., S. 83: »... daß hier eine andere christologische Überlieferungsform vorliegt als bei Paulus im allgemeinen und deshalb wie oft gerade in den urchristlichen Hymnen nicht von der Auferstehung, sondern von der Erhöhung gesprochen wird ...«

Ähnlich deutet U. WILCKENS, Auferstehung (a. a. O., S. 69 ff.) Matthäus 28,16 ff.: »Jesus stellt sich zuerst in der Position vor, die er als Auferstandener einnimmt: ›*Mir ist gegeben alle Gewalt im Himmel und auf Erden.*‹ So hat Matthäus die Selbstvorstellung Jesu verstanden. Als Auferstandener ist er von Gott in die Schlüsselposition der himmlischen Macht eingesetzt worden ... Auch Matthäus hat also im Sinne der ältesten Christologie die Auferweckung Jesu als seine Entrückung in den Himmel und seine Einsetzung in eine unvergängliche Machtstellung aufgefaßt.«

85 Vgl. E. KÄSEMANN, a. a. O., S. 87–90.

86 Anders U. SCHNELLE, a. a. O., S. 120: »... im Spätherbst 55 n. Chr. in Makedonien geschrieben ...«

87 Wegen der Parallele in Vers 16 muß es sich in Vers 12 um einen genitivus objectivus handeln (Enthüllung des Jesus als Christus: Gott enthüllt Jesus).

88 U. WILCKENS, Das Neue Testament, a. a. O.

89 Das griechische Wort ist durch einen Dativ ergänzt (»erschien ihm«). Eine passivische Übersetzung (»wurde gesehen«) würde wie im Deutschen eine Präposition erfordern (»hypó« / »von«).

90 Eine solche Geschichte gibt es erst in den neutestamentlichen Apokryphen. Das sog. Hebräerevangelium (aus der ersten Hälfte des zweiten Jahrhunderts) schreibt: »Als aber der Herr das Leintuch dem Knecht des Priesters gegeben hatte, ging er zu Jakobus und erschien ihm.« W. SCHNEEMELCHER, a. a. O., Bd. 1, S. 147.

91 Eine »unzeitige Geburt« (so Luther) müßte nach dem Werdegang des Apostels eine »Spätgeburt« sein. Das aber gibt das Wort nicht her. Man könnte auch »Fehlgeburt« übersetzen. Das aber würde nicht passen, weil eine Fehlgeburt immer eine Totgeburt (abortus) ist. Vgl. Willibald PSCHYREMBEL: Klinisches Wörterbuch. de Gruyter, Berlin, 257. Aufl., 1994, S. 459. Richtig muß übersetzt werden: »Mißgeburt«.

92 So berichtet Apostelgeschichte 9 von Lichterscheinungen, von einer Stimme und von schockartigen Folgen für Paulus. Er war für einige Zeit blind und aß und trank nichts. Vgl. aber auch 1. Korinther 9,1.

93 Vgl. Ⓦ Gerd LÜDEMANN: Die Auferstehung Jesu. Historie, Erfahrung, Theologie. RV, 2. Aufl., 1994. Er versucht, die Erscheinungen Jesu als Visionen der Jünger tiefenpsychologisch zu erklären. Er verweist dazu auf nordamerikanische Berichte über Hinterbliebene, die ihre Lebensgefährten nach deren Tod wieder gehört oder gesehen haben wollen (S. 115). Es gab danach drei Faktoren, die eine Verarbeitung der Trauer behinderten: »1. Ein plötzlicher Tod. 2. eine ambivalente Beziehung zum Verstorbenen, die mit Schuldgefühlen verbunden war, und 3. eine abhängige Beziehung.« Dieses Schema überträgt Lüdemann nun zunächst auf Petrus. Zuvor aber hatte er schon die Ostererfahrung von Petrus und Paulus parallelisiert (S. 111):
»a) Beide erfahren eine ›originale‹ Offenbarung, während alle anderen Osteroffenbarungen abhängige Offenbarungen sind. Die Schau Christi durch Petrus hat alle anderen Schauungen des Erhöhten im Jüngerkreis geprägt mit der Ausnahme der Vision der Paulus, der Jesus und Petrus in seiner vorchristlichen Zeit ja gar nicht gekannt hatte. b) Bei beiden steht ferner eine Vision Jesu in einer unauflösbaren Beziehung zur Verleugnung Jesu bzw. zur Verfolgung seiner Gemeinde. c) Bei beiden wird das Schuldgefühl durch die Gnadengewißheit abgelöst.«

Für die Unterscheidung von originaler und abhängiger Offenbarung beruft sich Lüdemann auf Paul TILLICH (Ⓦ Systematische Theologie Bd. 1. Evangelisches Verlagswerk, Stuttgart, 3. Aufl., 1996, S. 151 ff.), ändert aber dessen Verständnis, ohne das mitzuteilen. Für Tillich ist »abhängige Offenbarung« die »Erleuchtung« späterer Generationen durch die ersten Zeugen, während Lüdemann die Zeitgenossen, also die anderen Apostel und Jakobus, meint, denen Paulus doch eigene Erfahrungen mit Jesus nachsagt (1. Kor 15,3–7). Da es über deren eigene Ostererfahrungen gar keine originalen Aussagen dieser Menschen gibt, muß der Göttinger Professor zu dem Thema wohl eine eigene Offenbarung erlebt haben.

Zum Vergleich von Petrus und Paulus hält er übrigens den entscheidenden Unterschied selber fest: Paulus kannte Jesus gar nicht. Also konnte aus seinem Unterbewußtsein auch keine Erinnerung an dessen Aussehen oder Stimme aufsteigen, die sich zu einer Halluzination hätte verdichten können. Dennoch sollen nach Lüdemann beide »originale Offenbarung« erfahren haben. Da Lüdemann diese Wendung mit Sicherheit nicht supranaturalistisch meinen kann, d. h., da er nicht an einen Eingriff von außerhalb in die Seelen der Apostel denkt, hält er offenbar die Erscheinung auch bei Paulus für eine ungekonnte Trauerreaktion. Dazu muß Lüdemann zuerst den großen Paulus auf petrinisches Mittelmaß zurückstutzen und für ihn ein Schuldbewußtsein konstruieren, wie es der wankelmütige »Felsen« wohl haben mußte. In einer Verteidigung seines Auferstehungsbuches (Ⓦ Gerd LÜDEMANN: Zwischen Karfreitag und Ostern. In: Hansjürgen VERWEYEN: ((Hrsg.)): Osterglaube ohne Auferstehung? QD. Nr. 155. 1995, S. 39.) schreibt er: »Führen wir das Gedankenexperiment durch, man hätte Paulus vor der Damaskusvision analysieren können, so dürfte die Analyse in seinem Unbewußten eine starke Strömung zu Christus hin gezeigt haben, ja, die Annahme seiner unbewußten Christlichkeit liegt dann nicht so fern. Die vehement ablehnende aggressive Haltung des Paulus gegen die Christen, sein Eifer, mag damit zusammenhängen, daß die Grundelemente der christlichen Predigt und Praxis ihn unbewußt angezogen haben. Jedoch aus Angst vor seinen unbewußten Strebungen hat er diese auf die Christen projiziert, um sie dort um so ungestümer attackieren zu können. Mit der Vision Christi ergab sich für Paulus eine Umschichtung. Der mit der Verfolgung der Gemeinde aufgestaute Schuldkomplex wurde durch die Gewißheit, in Christus zu sein, abgelöst.«

Was ist davon zu halten?

1. Psychoanalytische Aussagen über einen Menschen (wie Petrus), über den wir nur einige knappe schriftliche Äußerungen anderer und keine einzige eigene haben, sind fragwürdig. Der Verzicht auf eine Untersuchung (Exploration) an und mit dem »Patienten« (also eine Ferndiagnose) ist unwissenschaftlich.

2. Psychoanalytische Aussagen über mehrere oder gar viele Menschen zugleich, die ganz verschiedene Schicksale und Prägungen (Alter, Geschlecht, Bildung, Beruf, Gruppenzugehörigkeit usw.) haben, sind fragwürdig. Der Verzicht auf individuelle Erklärung (also eine Seriendiagnose) ist unwissenschaftlich.

3. Eine psychoanalytische Aussage ohne Fachausbildung nur nach angelesenen Erkenntnissen und ohne Selbstanalyse (also eine Liebhaberdiagnose) ist unwissenschaftlich.

Schon der leichtfertige Umgang Lüdemanns mit dem psychiatrischen Vokabular überführt ihn. Im Vorwort zur zweiten Auflage seines Auferstehungsbuches schreibt er: »Viele Christenmenschen sind heute einer schizophrenen Bewußtseinsspaltung verfallen.« (so auch noch öfter). Offenbar hatte Lüdemann noch nie mit Menschen zu tun, die tatsächlich an Schizophrenie erkrankt waren.

Der Versuch, die sog. Visionen der ersten Zeugen psychoanalytisch zu erklären, erweist sich medizinisch und historisch als Überschätzung der Erkenntnismöglichkeit. Es ist bedauerlich, daß damit das sonst – in seinen philologisch-historischen Teilen – sorgfältig gearbeitete Buch in Mißkredit gerät. Wo Lüdemann Recht hat (historisch), sagt er allerdings nicht viel Neues; wo er Neues sagt (psychoanalytisch), hat er nicht Recht.

94 Vgl. Markus 4,3–8; 4,30–32; Matthäus, 13,24–30.

95 Das sagt sogar G. LÜDEMANN, Auferstehung, a. a. O., S. 51.

96 Diskutiert wurde, ob die letzten Seiten des Evangeliums verloren gegangen sein könnten; ob Markus noch einen zweiten Teil schreiben wollte (wie die Apostelgeschichte des Lukas oder die Offenbarung des Johannes); ob die Auferstehung Jesu ein esoterisches Geheimnis bleiben sollte; ob ein Streit aufgekommen war, wer (die Frauen oder Petrus oder Johannes) wo (in Galiläa oder in Jerusalem) die erste Erscheinung hatte, und daß darum bestimmte Erzählstücke später unterdrückt wurden.

97 Vgl. dazu Luise SCHOTTROFF: Maria Magdalena und die Frauen am Grabe Jesu. In: Dies.: Befreiungserfahrungen. Studien zur Sozialgeschichte des Neuen Testaments. In: Theologische Bücherei. Nr. 82. Chr. Kaiser, München, 1990, S. 147: »Vielmehr ist das ›aleípheinc‹ / salben als Beträufeln von Kopf oder Füßen vorzustellen, ein Akt der Ehrung ... Man muß im Rahmen der antiken Sitte verschiedene Salbungen für unseren Zusammenhang unterscheiden. Man salbt den Kopf, um Menschen zu ehren, z. B. salbt der Gastgeber den Gast. Man wäscht und salbt die Leiche nach dem Sterben, ehe sie in den Sarg gelegt wird oder ohne Sarg bestattet wird. Man beträufelt die Leiche mit Aromaöl oder gibt ihr Duftstoffe bei, um den Toten zu ehren.«

98 L. SCHOTTROFF (Maria, a. a. O., S. 149) nimmt die genannten Probleme als einen Beweis für die Zähigkeit und den Mut der Frauen, die sich durch ihren Gang zum Grab selbst gefährdeten. Denn Trauer für einen Gekreuzigten war mit Kreuzigung bedroht.

99 Auffällig ist, daß in allen Namenslisten der Frauen immer Maria aus Magdala als erste genannt wird (wie Petrus in den Jüngerlisten). Vgl. dazu Luise SCHOTTROFF: Frauen in der Nachfolge Jesu in neutestamentlicher Zeit. In: Befreiungserfahrungen, a. a. O., S. 116: »Aus Mk 15,47–16,8 läßt sich also folgern, daß eine Gruppe von Frauen nach Jesu Tod eine entscheidende Bedeutung für die Weiterführung der Botschaft vom Reiche Gottes hatte. Daß Maria Magdalena dabei war, scheint am festesten im Bewußtsein der Überlieferer geblieben zu sein. Daß hier auf einmal Frauen als isolierte Gruppe handeln, spricht für das Alter dieser Tradition: Es gibt keinen anderen Grund, von diesen Frauen zu erzählen, als die Erinnerung an das wirkliche Geschehen.«

Das ist ein schöner Gedanke, aber historisch gesehen auch nur eine Hypothese.

100 Anders L. SCHOTTROFF (Maria a. a. O., S. 151 f.), die den

Markusschluß für eine beabsichtigte Pointe hält, als Schlußpunkt für den Bericht eines doppelten Versagens. Sowohl Petrus, der seinen Herrn verleugnet hatte (14,66–72), wie nun auch die Frauen, die den Mund nicht aufkriegen, haben versagt. Der ehrfürchtige Gang zum Grab mit den Duftölen ist Unglaube, der Jesus tot sieht, während der Glaube ihn als Auferstandenen in Galiläa gesucht hätte.

101 Vgl. unser Kapitel 8.

102 Vgl. E. LOHSE, Märtyrer, a. a. O., S. 43: »... sind die Lehrer der Mischna sorgsam darauf bedacht, daß nach Möglichkeit [sogar] der Körper der Hingerichteten durch den Vollzug der Strafe nicht zerstört wird, sondern unversehrt erhalten bleibt ..., weil er sonst nicht an der Auferstehung teilhaben könnte.« In derselben »Logik« spricht denn auch G. LÜDEMANN (Jesus nach 2000 Jahren, a. a. O., S. 320), daß der Engel das Grab geöffnet habe, offenbar nicht für die ersten Osterzeugen, sondern »damit der wiederbelebte Jesus heraustreten kann«.

103 Anders z. B. Josh MCDOWALL: Die Tatsache der Auferstehung. Christliche Literaturverbreitung, Bielefeld, 1993 (Originaltitel der amerikanischen Ausgabe: The Resurrection Factor. San Bernardino, CA, USA, 1981). Er hat viele »Beweise« gesammelt für die These, daß das Grab leer gewesen sei. Aber er ist bei allem Sammelfleiß doch kein gründlicher Bibelleser, weil er die literarische Art der Bibel und ihrer Entstehung nicht erkennt. Wenn er z. B. (S. 89 f.) als Tatsache einbringt, daß die Römer am Grab Jesu ein Siegel angebracht hätten und daß Siegelbruch damals mit dem Tode bestraft wurde, dann setzt er zunächst einmal voraus, daß man diesen Teil der Legende für historisch halten kann, um dann damit zu beweisen, daß es sich bei dem ganzen Text nicht um eine Legende handelt.

Der Baron von Münchhausen läßt grüßen.

104 Später wird Maria von Magdala gleichgesetzt mit der Maria aus Bethanien (der Schwester von Martha und Lazarus; Joh 11,2–45), die ihn gesalbt hatte (Joh 12,1–8) und auch mit der »Sünderin« (Lk 7,36–50). Das Neue Testament gibt für diese Identifizierungen keinen Anlaß.

105 Vgl. dazu unser Kapitel 8.

106 Und alle (autofahrenden) Exegeten können sich nicht vorstellen, daß von Jesu Erscheinung begeisterte und gehgeübte Menschen 46 km an einem Tag zu Fuß schaffen könnten. Aber solche realistischen Überlegungen passen natürlich überhaupt nicht zur Auslegung einer Legende.

107 Eine solche Theorie ergäbe ja auch erhebliche seelsorgerli-

che Probleme. Was sollen Menschen erwarten, die z. B. ein Bein verloren haben? Ist zu glauben, daß sie in ihrer versehrten Körperlichkeit vor Gott gerufen werden? Und: Was sollen Kinder für ihre senil gewordenen Eltern erwarten? Ist zu glauben, daß Gott sie in ihrem Verfallsstadium vor dem Tode auferstehen läßt? Wie ist es überhaupt mit der Identität eines Menschen bestellt? Wir erleben andere Menschen nur auf der Strecke ihres Lebens in immer wieder anderen Befindlichkeiten. Könnte zu glauben sein, daß Gott, von dem jedes Leben ausgeht und zu dem es hinführt, diese Lebenslinie vom Anfang oder Ende her als einen Punkt sieht, in dem die verschiedenen Phasen des Lebens zusammenfallen? Dann wäre er es, der unsere Identität garantiert. Und der Zustand einer Leiche wäre geistlich belanglos.

108 Wir singen ja auch oft – wenn wir gern singen – Lieder mit, deren Wortlaut nicht unserem Wissensstand oder unserem Stil entspricht. Z. B.: Mein Auge schauet [nämlich den Himmel], / was Gott gebauet / zu seinen Ehren / und uns zu lehren, / wie sein Vermögen sei mächtig und groß / und wo die Frommen / dann sollen hinkommen, / wann sie mit Frieden / von hinnen geschieden / aus dieser Erden vergänglichem Schoß.« (Paul GERHARDT, EG 449,2)

109 Vgl. H. GRASS, a. a. O., S. 234: »Der Grundgedanke der subjektiven Visionshypothese ist der, daß nicht die Erscheinungen des Auferstandenen den Osterglauben hervorgerufen haben, sondern daß umgekehrt der Osterglaube die Visionen erzeugte.« Und S 248: »Die objektive Visionshypothese . . . ist . .. eine theologische und keine historische Hypothese, weil sie an dem transsubjektiven Ursprung der Ostervisionen und des Osterglaubens und an der transzendenten Wirklichkeit des in diesen Visionen Geschauten und Geglaubten festhält.«

110 In Kapitel 6 wird die Entwicklung des biblischen Gottesbegriff dargestellt, der eine gewisse Bandbreite der Aussagen zuläßt. Wer aber die Vorstellung pflegt, daß Gott zwar am Anfang alles gestartet habe, die Welt sich dann aber selbst überlassen habe (Deismus), oder wer den Tod nicht nur eines Gottesbegriffs, sondern auch den Tod Gottes proklamiert (Atheismus) oder wer Gott nur für einen Ausdruck für menschliche Tiefenerfahrung hält (Mystik), kann die Selbstaussagen der Osterzeugen sicher nicht akzeptieren.

111 Es werden vier Möglichkeiten diskutiert. a) Es ist ein Wort des irdischen Jesus. b) Es ist ein Wort des erhöhten Christus, gesprochen direkt zu Paulus. c) Es ist ein Wort eines urchristlichen Propheten, von Christus eingegeben. d) Es ist ein Traditionsstück aus dem Judentum, das Paulus im Sinne von a) versteht. Dazu

verkompliziert sich das Problem durch die Frage, was denn das Herrenwort beinhalten soll x) Vers 15 oder y) die Verse 16 f.

Zu y): Ungefähr dieselbe Aussage macht Paulus 1. Korinther 15,51, nennt aber den Inhalt dort nicht ein Herrenwort, sondern ein »Geheimnis«. Also ist die Annahme x) richtig. Zu a): In dem uns bekannten Schrifttum gibt es kein Jesuswort über die Verstorbenen, wie es in Vers 15 steht. Zu d): Aus dem zeitgenössischen Judentum ist nur ein Wort mit gegenteiliger Tendenz bekannt: »Wisse also, daß die Übrigbleibenden weitaus seliger sind als die Gestorbenen.« (4. Esra 13,24. Zitiert nach Emil KAUTZSCH: Die Pseudepigraphen des Alten Testaments. Mohr, Tübingen, 1962, S. 396). So bleibt nur zu wählen zwischen b) und c). Da im ganzen Abschnitt Paulus sich mit anderen im Wir« zusammenfaßt, paßt die Annahme, daß er sich auf eine Spezialoffenbarung nur für ihn beruft (b), nicht ins Bild.

112 »Erzengel« ist eine Eindeutschung des griechischen Wortes »archángelos«, was soviel heißt wie »führender Bote«. Im frühen Mittelalter wurde eine ganze Rangordnung für die Engel ausgedacht. Vgl. DIONYSIUS Areopagita (Pseudonym): Über die himmlische Hierarchie. (ca 500) Dadurch bekam das Engelwesen allerdings eine eigene Wertigkeit, die nicht der Bibel entspricht.

113 Der 2. Thessalonicherbrief, der nicht von Paulus geschrieben sein kann, scheint diesen falschen Enthusiasmus noch weiter zurückdrängen zu wollen. Weil sich inzwischen eine Gruppe von Gemeindegliedern auf den 1. Thessalonicherbrief berief, mußte der Eindruck korrigiert werden, daß Paulus jenen Enthusiasmus unterstützt habe.

Anders allerdings G. LÜDEMANN: Er beurteilt den 2. Thessalonicher in seinem Buch »Ketzer« (a. a. O., S. 117) und dann in seinem Spiegel-Interview (a. a. O., S. 61) so negativ, daß sogar der Spiegel-Redakteur, Werner HARENBERG, den unbekannten Autor jenes Briefes in Schutz nimmt: »Die meisten gehen mit dem Pseudo--Paulus nicht so hart ins Gericht wie Sie.« Für Lüdemann ist der Verfasser des 2. Thessalonicher ein Fälscher, den er richtig eifrig moralisch verdammt: »Dessen Autor gibt sich als Paulus aus und bekräftigt dies noch: Er habe den Brief geschrieben ›mit meiner, des Paulus, Hand‹. Alles gelogen.«

Schaut man sich nun in Lüdemanns Buch die Anklage genauer an, muß man m. E. zu einem Freispruch kommen – mindestens aus Mangel an Beweisen.

Zunächst referiert Lüdemann den Unterschied in der Lehre vom Ende der Welt bei den beiden Thessalonicherbriefen. Im ersten zeigt sich eine Naherwartung des Endes, das unmittelbar bevorsteht (vgl.

1. Thess 4,13–18, unseren Text ㉓). Im 2. Brief wird – weil wohl einige Zeit vergangen ist – dieser Erwartung widersprochen: ». . *so bitten wir euch, liebe Brüder, dass ihr euch in eurem Sinn nicht so schnell wankend machen lasst – weder durch eine Weissagung noch durch ein Wort oder einen Brief, die von uns sein sollen –, als sei der Tag des Herrn schon da.«* (2. Thess 2,1–2) mit dem Wort »Brief« ist nach Lüdemann hier der 1. Thessalonicherbrief gemeint, der mit dem fiktiven 2. »verdrängt« werden sollte. Nun ist die Vorstellung, daß durch eine Fälschung ein Paulusbrief aus dem Verkehr gezogen werden sollte oder könnte, der in vielen Abschriften in den paulinischen Gemeinden verbreitet war, schon reichlich abenteuerlich. Aber vor allem müßte ja der im 2. Brief angegriffene Satz »Der Tag des Herrn sei schon da« tatsächlich im 1. Brief stehen, wenn der gemeint sein könnte. Das ist aber nicht der Fall, wie Lüdemann selber auf S. 123 seines Buches einräumt.

Um seine Verdrängungstheorie aufrecht erhalten zu können, schreibt er dazu: »Bedenkt man aber die fortgeschrittene Zeit, so *mußte* die Lektüre des 1. Thess unweigerlich zu dem Urteil führen, wie es in der Parole enthalten ist.« Die Heraushebung des Wortes »mußte« stammt von Lüdemann.

Ich weigere mich entschieden, ein solches Muß anzuerkennen. Es ist durchaus denkbar, daß in Thessalonich noch längere Zeit das Ende »nah« erwartet wurde. Gibt es das doch sogar in unserer Zeit! Daß der Tag »da sei«, ist eben etwas anderes, als daß er »nahe bevorstehe«. So mutet die Argumentation des Professors für das Neue Testament nicht sehr präzise an.

114 Neben der Johannes-Offenbarung im Neuen Testament gibt es in den Apokryphen noch Apokalypsen z. B. von Petrus, Paulus und Thomas.

115 Thomas MANN: Bekenntnisse des Hochstaplers Felix Krull. Gespräch von Krull mit Professor Kuckuck. 3. Buch, 5. Kapitel. Ob diese Wertung durch Krull für Mann auch eine Hochstapelei sein soll?

116 Martin LUTHER: Vorlesung zu 1. Mose. (1535–1545) WA 43,481.

117 Was bewiesen wird durch die Bücher des Zeichners Jean EFFEL, z. B. seine »Heitere Schöpfungsgeschichte für fröhliche Erdenbürger« (Rowohlt, Reinbek, 1.–527. Tausend, 1965–1997). Sein Witz ist aber wohl nur etwas für leicht lachende Leute.

118 Da das Alter der ersten drei Texte nicht genau zu bestimmen ist (sie sind sicher älter als die Bücher, in denen sie erhalten sind), ist ihre Reihenfolge in diesem Kapitel gegriffen.

119 Dafür spricht auch, daß in Vers 3 schon der Inhalt von 5 bis

9 vorweggenommen ist, und die neutrale Verwendung des Wortes »Aramäer«. Diese galten später als Feinde Israels.

120 Z. B. Martin NOTH, Gerhard VON RAD.

121 Z. B. Leonhard ROST, Horst Dietrich PREUSS.

122 Vgl. zum ganzen Christoph GOLDMANN: Ursprungssituationen biblischen Glaubens. V & R, 1970.

123 »Abraham« ist die aramäische Fassung des hebräischen »Abram«. In 1. Mose 17,1–5 wird das Nebeneinander der Varianten nachträglich theologisch »gedeutet«.

124 Vgl. Ⓦ Horst Dietrich PREUSS: Theologie des Alten Testaments. Bd. 1. Kohlhammer, Stuttgart, 1991, S. 75: »Daß die sog. Credotexte den Sinai unerwähnt lassen, bietet aber nun für die Abtrennung der Sinaitradition kein Argument, denn diese Bekenntnisse nennen nur die Heilstaten Jahwes an seinem Volk, nicht aber die Verpflichtungen dieses Volkes durch Jahwe. Wie das christliche Credo sagen sie nichts von dem, was die jeweilige Gemeinschaft, die durch dankbar bekannte Gottestaten bestimmt ist, zu tun hat.«

Das ist eine seltsame Argumentation. Es wird nicht bestritten, daß die Sinaitradition bzw. die Erinnerung an die Gesetzgabe hier fehlt. Aber man soll sich darüber nicht wundern, weil einmal nur die Heilstaten Jahwes an seinem Volk aufgezählt würden (Als ob die Hebräer ihr Gesetz nicht immer als Gnade und Heil verstanden hätten!) und weil zweitens im christlichen Credo nichts über unser Ethos stünde. Falsch ist schon dieser Vergleich. Schon der Wortsinn von »Credo« macht das deutlich. Wer einen Text anfängt mit den Worten »Ich glaube an ...«, verwendet ein anderes literarisches Genus als einer, der sagt »Mein Vater war ...«. Auch eine Zusammenfassung der Familienerfahrung mit Gott kann bekennend (konfessorisch) sein, ist aber deshalb noch nicht eine Zustimmung zur Lehrgrundlage der Glaubensgemeinschaft (konfessionell). So spricht das Argument von Preuß eigentlich nur gegen die Verwendung der Vokabel »Credo« für unseren Text.

Aber auch wenn das »alte geschichtliche Credo« nur ein »nicht ganz so altes Familien-Summarium« wäre etwa aus der Zeit des Exils, hätte es doch die viel ältere Formel vom »Gott der Väter« getreulich überliefert.

Zur Wertung des Gesetzes in Israel vgl. Ⓦ Otto KAISER: Der Gott des Alten Testaments. Theologie des Alten Testaments. Teil 1. Grundlegung. UTB. Nr. 1747. S. 328: »... versteht man das Überlegenheitsgefühl, das den Juden bei dem Gedanken an die Tora erfüllte: Er sah in ihrem Besitz den Erweis der Bevorzugung seines Volkes durch den einzigen und wahren Gott ..., nach dessen wegweisendem Wort er nicht zu suchen brauchte.«

125 Bei der Ergänzung war man allerdings an die Zehnzahl gebunden, weil man die Gebote an den Fingern abzählen können wollte.

126 Die Konfessionen und die Religionen zählen die Gebote verschieden. Die Lutheraner haben die Zählung von den Katholiken übernommen. Die Reformierten zählen das von den Katholiken weggelassene Bildverehrungsverbot als zweites (»Du sollst dir kein Bildnis noch irgendein Gleichnis machen ... Bete sie nicht an und diene ihnen nicht!« Heidelberger Katechismus. Frage 92) Dafür fassen sie das neunte und das zehnte der katholischen Zählung als ihr zehntes zusammen. (Beide beginnen mit »Du sollst nicht begehren ...«) Exegetisch gebe ich den Reformierten Recht.

Juden zählen den Einleitungssatz als erstes Gebot (»Ich bin der Herr, dein Gott, der dich aus Ägypten geführt hat«). In ihrem zweiten Gebot fassen sie die Verbote der Verehrung von anderen Göttern und von Bildern zusammen und zählen dann weiter wie die Reformierten. (Vgl. Jakob J. PETUCHOWSKI: Die Stimme vom Sinai. Ein rabbinisches Lesebuch zu den Zehn Geboten. Herder, Freiburg, 1981).

Man wünscht sich zu diesem Zähl-Chaos einen »ökumenischen Ausschuß« und eine »Gemeinsame Erklärung«.

127 Dem entspricht heute noch der Voodoo-Kult, ein magischer Geheimkult in Mittelamerika, der mit Praktiken an Figuren Schädigungen bei den abgebildeten Personen hervorrufen will.

128 Vgl. Friedrich von SCHILLER: Wilhelm Tell. 3. Akt, 3. Szene: »Verachtest du so deinen Kaiser, Tell, / und mich, der hier an seiner Statt gebietet, / daß du die Ehr' versagst dem Hut, den ich / zur Prüfung des Gehorsams aufgehangen?«

129 Eine Theologie des Namensschutzes Gottes vertreten die Zeugen Jehovas. Sie haben sich dabei aber fatal vertan und sich einen falschen Namen gegeben. Weil sich die Juden sichern wollten gegen einen Mißbrauch des Namens Gottes aus Unaufmerksamkeit, hatten sie zu den Konsonanten von »Jahwe« die Vokale des Wortes »adonaí« (Herr) in Punktform daruntergesetzt, das sie statt dessen lesen wollten. Kombiniert man fälschlich die Vokale des einen mit den Konsonanten des anderen Wortes, ergibt das ein Nicht-Wort: »Jehova«.

130 Die Frage hat durch die Diskussion um das Berliner Mahnmal neue Aktualität erhalten. Richard SCHRÖDER hat vorgeschlagen, den Text »Du sollst nicht morden!« auf eine Stele zu setzen, und in Zustimmung und Ablehnung seines Vorschlages ist dieser Text ohne ausreichende Prüfung immer wieder als Sinn des sechsten (kt/lt: fünften) Gebotes zitiert worden. Als Übersetzung ist die

Fassung falsch. 1. lexikalisch gesehen: Während die deutsche Sprache nur zwei Formen des Genus hat, nämlich das Aktiv und das Passiv, kennt das Hebräische ein halbes Dutzend, darunter auch das sog. »Pi'el«, ein Genus, das Intensität und Wiederholung ausdrückt (ähnlich im Deutschen der Unterschied von sehen und sichten, von ziehen und züchten). Nur dieses Genus hat im Hebräischen immer den Sinn von »morden«. Das sog. »Qal« entspricht unserem Aktiv. Es heißt meistens »töten«, gelegentlich »morden«. Das Wort muß also je nach dem Zusammenhang übersetzt werden. Das Gebot »Lo tirzách« steht im Qal. Vgl. Ⓦ Ernst JENNI: Das hebräische Pi'el. EVZ-Verlag, Zürich, 1968. Und: Ⓦ Heinz-Josef FABRY / Helmer RINGGREN (Hrsg.): Theologisches Wörterbuch zum Alten Testament. Bd. VII. Kohlhammer, Stuttgart, 1993. 2. formkritisch gesehen: Innerhalb einer Reihe von Geboten, die alle generell und apodiktisch formulieren, kann nicht das Verständnis eines Gebotes sozusagen aus der Reihe genommen werden, um eine Einzelfallauslegung herzustellen.

131 Z. B. Albrecht ALT und Martin NOTH.

132 Vgl. z. B. 1. Mose 21,22–34.

133 Gebetet werden 5. Mose 6,4–9; 11,13–21; 4. Mose 15,37–41.

134 H. D. PREUSS: Theologie ..., a. a. O., Bd. 1, S. 129.

135 Die Göttinnen und Götter in den Mythen der Nachbarvölker Israels sind mit den Menschen verwandt, sind nur graduell, nicht qualitativ verschieden gedacht. Darum konnte man dort erzählen, daß Gottheiten und Menschen sexuell verkehrten und Halbgötter bzw. Halbmenschen in die Welt setzten. Vgl. G. ISERMANN, Revitalisierung ..., a. a. O., S. 10 ff.

136 Darum ist es verfehlt, wenn Gerd LÜDEMANN in seinem Interview mit den Evangelischen Kommentaren (10/1995, S. 608) erklärt, daß Jesus »weder sündlos noch irrtumslos« war. Daß sich Jesus geirrt hat, z. B. über die Art seines Todes, war schon gesagt (S. 70 und 127). Sündlosigkeit ist aber ein ganz anderes Thema, und es spricht nicht für die systematische Kraft Lüdemanns, daß er beide Stichworte in einen Topf wirft. Sünde ist die Trennung oder Abkehr des Menschen von Gott. Daß sich der Offenbarer Gottes beim Offenbaren Gottes von Gott abgekehrt hätte, das ist ein Selbstwiderspruch Lüdemanns innerhalb eines Satzes.

In dem schon erwähnten Spiegel-Interview (a. a. O., S. 62) enthüllt Lüdemann, daß er nicht wie die Bibel einen existentiellen Sündenbegriff hat, sondern einen sexual-moralistischen. Er fragt im Hinblick auf Matthäus 5,28 (»*Wer eine Frau ansieht, sie zu begehren, der hat schon mit ihr die Ehe gebrochen in seinem Her-*

zen.«): »Warum soll für Jesus etwas anderes gelten als für jeden anderen Mann?« Antwort: Was für Jesus galt, soll ja auch für alle Männer und Frauen und Kinder gelten dürfen. Er unterschied das Grundübel (die Abkehr von Gott) von dessen Metastasen (den Einzelfehlern), und er bietet die Chance, den Grundschaden zu heilen. Von daher können auch die Einzelfehler bearbeitet werden. Übrigens: Jene Stelle aus der Bergpredigt verbietet nicht das erotische Interesse, sondern die sexuelle Besitzgier.

Daß Lüdemann mit dem Sündenbegriff seine Probleme hat, zeigt sich auch in seinem Buch »Ketzer« (a. a. O., S. 219). Da ist er fatal ungenau, wenn er erklärt, Jesus sei nicht sündlos, denn »er ließ sich ja von Johannes ›zur Vergebung der Sünden‹ taufen (Mk 1,9) und nannte allein Gott gut (Mk 10,17 f.), womit ›Jesus auf die Seite der sündigen Menschheit‹ tritt.«

Aber bei Markus 1,9 steht überhaupt nicht, wie Lüdemann durch seine Anführungszeichen als Zitat ausgibt, daß sich Jesus »zur Vergebung der Sünden« taufen läßt. In seinem Buch »Jesus nach 2000 Jahren« (a. a. O., S. 21) erklärt Lüdemann nun neuerdings schlankerhand, daß Markus diese Wendung bewußt übergangen habe. »Jesus durfte sich nicht zur Vergebung der Sünden taufen lassen. Mit Mk beginnt daher, zum ersten Mal sichtbar, eine Umbiegung der Taufe Jesu.« Das ist aber etwas tollkühn, weil in Mk 1,4 steht, daß Johannes »predigte die Taufe der Buße zur Vergebung der Sünden«. Sollen das die Leser des Markusevangeliums nach fünf Versen schon wieder vergessen haben? Jesu Taufe galt nicht seiner Sünde, sondern der der anderen. Sie hob die Trennung von Gott auf. Seine Taufe deuten die ersten Christen deshalb als Ankündigung seines stellvertretenden Todes.

Und in Mk 10,17 geht es um eine persönliche seelsorgerliche Anrede an einen reichen Jüngling, für den Jesus nur ein Rabbi (Meister) sein sollte. Der junge Mann weigerte sich, in Jesus mehr zu sehen. Dann ist das Gottesprädikat »gut« aber auch nicht angemessen.

137 Der Pantheismus setzt das All (griechisch: »pan«) als etwas Lebendiges mit Gott (griechisch: »theós«) gleich. Es gibt verschiedene Varianten dieses Gottesbegriffs.

138 Vgl. O. KAISER, Theologie . . ., a. a. O., Bd. 1, S. 157: »Die Einheit der Gottesbezeugungen des Alten Testaments in ihrer Verschiedenheit beruht darauf, daß sie sämtlich die Grundbeziehung zwischen Jahwe als dem Gott Israels und Israel als dem Volk Jahwes begründen und voraussetzen . . .«

139 Anders U. SCHNELLE, a. a. O., S. 99, der den 2. Korinther nicht für eine Komposition hält und ihn in das Jahr 55 datiert, geschrieben aus Makedonien.

140 Es gibt unter den Exegeten eine Diskussion von drei Möglichkeiten der Deutung: a) Gott war in Christus. Und er versöhnte die Welt (eine Aussage über Gottes Sein und eine über sein Tun). b) Gott war in Christus, die Welt versöhnend (Gottes Sein in Christus diente nur der Versöhnung). c) Gott versöhnte in Christus die Welt (keine Aussage über das Sein Gottes). Ich halte aus sprachlichen Gründen die zweite Deutung für die richtige. Wenn die anderen Nuancen von Paulus gewollt wären, hätte er das im Griechischen auch ausdrücken können. Aber wie auch immer, da das Sein immer die Voraussetzung für das Tun ist, bleibt immer die Aussage, die für jüdische Ohren unerhört war, daß Gott in Christus war.

141 A. SCHLATTER, a. a. O.

142 Seltsam, daß die Deutsche Bibelgesellschaft, Stuttgart immer noch die schlechter bezeugte Textvariante bevorzugt.

143 Vgl. Johannes SCHNEIDER: Die Kirchenbriefe. NTD. 1961, Nr. 10. S. 178. Er fragt, ob es Bedingungen für das Bleiben der Christen in Gott und Gottes in den Christen geben könne. Nach den Versen 13–15 nennt er: 1. das volle (rechtgläubige) Christusbekenntnis, 2. die Erfüllung des Liebesgebotes und 3. den Geistbesitz. Das ist deshalb eine Fehldeutung, weil damit so getan wird, als stünde im Urtext nicht »agápē«, sondern »érōs«, als sei Gottes Bleiben in uns eine Sache unserer Qualität, an der Gott Wohlgefallen hätte. Umgekehrt ist es richtig.

144 Darum ist es unverständlich, wenn G. LÜDEMANN (Spiegel-Interview, a. a. O., S. 60) behauptet, die Bibel könne nicht Gottes Wort sein, weil sie »den Haß gegen Juden schürt«. Das paßt nun zu dieser Stelle überhaupt nicht. Aber auch bei solchen Bibelversen, in denen Kritik an Juden formuliert ist, muß doch immer beachtet sein, daß sie von jüdischen Autoren stammen.

Wer seine eigenen Leute kritisiert, bleibt doch mit ihnen solidarisch, ja übt diese Kritik doch gerade aus Solidarität und leidet unter der Situation. Vgl. dazu vor allem Römer 9–11. Das gilt natürlich auch von solchen Texten, bei denen von späteren Verfassern (Pseudepigraphen oder Redengestaltern) eine Judenkritik jüdischen Menschen (z. B. Aposteln) in den Mund gelegt wird. Man tat das doch nur, weil man diese verehrte.

Übrigens ist beachtenswert, daß alle Passionslieder in unserem Gesangbuch (EG), die auf die Schuld an Jesu Tod eingehen, sie als die eigene Schuld bekennen: »Was ist doch wohl die Ursach solcher Plagen? Ach, meine Sünden haben dich geschlagen.« (Johann HEERMANN, EG 81,3)

145 Daß eine solche Spielidee nicht völlig unsinnig ist, beweisen die Funde von Nag Hammâdi (Stadt am Nil, wo 1945 Papyrus-

Codices mit vor allem gnostischen Schriften gefunden wurden) und von Qumrân (Ort am Toten Meer, wo ab 1947 Schriften aus verschiedenem Material gefunden wurden, z. T. alttestamentliche Texte, z. T. Schriften einer jüdischen Sondergruppe, der Essener).

146 Vgl. dazu allerdings Peter STUHLMACHER: Vom Verstehen des Neuen Testaments. NTD-Ergänzungsreihe. Nr. 6. 1979, S. 38: »Wer die Instanz für die Auswahl und Zusammenstellung der kanonischen Schriften sein sollte, konnte im 2. Jahrhundert nicht mehr strittig sein. Es waren die Bischöfe und Metropoliten, also die Repräsentanten jenes gemeindeleitenden und zugleich über die traditionelle Lehre wachenden Amtes ...« Das ist ein höchst mißverständlicher Satz. Stuhlmacher versäumt es, an dieser Stelle zu erklären, daß der Begriff des Bischofs einen Wandel durchgemacht hat. So gab es epískopoi (Aufseher) schon bei den Pharisäern. Und Philipper 1,1 (S. 39) beweist, daß es in einer Gemeinde mehrere Episkopen geben konnte. Das Amt glich also zu jener Zeit mehr dem heutigen Pfarramt (allerdings ohne dessen Verwaltungsaufwand). Und erst später hat sich der sog. monarchische Episkopat als Aufsichtsstelle einer Region entwickelt. Eine Metropolitanverfassung schließlich bildete sich erst im vierten Jahrhundert.

147 In unserer Zeit gab es einen ähnlichen Ablauf beim Entstehen neuer geistlicher Lieder. Zuerst sangen einzelne Gruppen die neuen Gesänge, dann die Gemeinden. Und erst als sie sich dort bewährt hatten, kamen sie offiziell in den »Kanon« des Evangelischen Gesangbuches.

148 Vgl. Ⓦ Gerhard DELLING: Der Gottesdienst im Neuen Testament. V & R, 1952, S. 89 ff.

149 Vgl. Hans VON CAMPENHAUSEN: Die Entstehung des Neuen Testaments. In: Ⓦ Ernst KÄSEMANN (Hrsg.): Das Neue Testament als Kanon. V & R, 1970, S. 110: »Hätte man einen Christen um das Jahr Hundert gefragt, ob seine Gemeinde ein heiliges und verbindliches Buch göttlicher Offenbarung besäße, so hätte er die Frage stolz und ohne zu zögern bejaht: die Kirche besaß solche Bücher, das ›Gesetz und die Propheten‹, das heute so genannte Alte Testament.«

150 Es gab erhebliche Unterschiede in der ersten Christenheit, ja Kritik und Anfeindungen. Schon Paulus mußte darüber schreiben. Bahnbrechend für die Erforschung solcher Differenzen war das Buch von Ⓦ Walter BAUER: Rechtgläubigkeit und Ketzerei im ältesten Christentum. In: Beiträge zur historischen Theologie. Nr. 10. Mohr, Tübingen, 1934. Für ihn war das, was später als Häresie galt, oft die ursprüngliche Form des Christentums.

Daß am Anfang der Kirche schon eine einheitliche Rechtgläubigkeit bestanden hätte, von der sich später eine Ketzerei nach der anderen getrennt hätte, ist sicher ein falsches Bild. Bauer entwickelt seine neue Sicht vorsichtig und vorurteilsfrei. Das läßt sich leider nicht von G. LÜDEMANNs Buch »Ketzer« (a. a. O.) sagen. Er möchte sich an Bauer anschließen und seine Arbeit weiterführen. Dabei zeigt er sich aber viel hypothesenfreudiger als sein Meister – mit der nun schon bekannten Lust an schockierenden Behauptungen.

So hält Lüdemann – wie die meisten Neutestamentler den Kolosser- und den Epheserbrief für Pseudepigraphen, d. h. für Schriften, die nicht von Paulus selbst geschrieben sind, sondern von Schülern des Paulus, die er »Linkspauliner« nennt, um sie besser von den anderen Schülern des Apostels unterscheiden zu können, den »Rechtspaulinern«, die die Briefe an Timotheus und Titus geschrieben haben. (Die aus den politischen Parlamenten stammenden Begriffe »links« und »rechts« passen aber überhaupt nicht in diesen Zusammenhang und sind Effekthascherei.) Lüdemann interessiert besonders die innere Verwandtschaft der beiden »linkspaulinischen« Schriften.

Er referiert dazu eine »faszinierende Hypothese« des Nordamerikaners Edgar J. GOODSPEED, der behauptet, der unbekannte Verfasser des Epheserbriefes habe als erster eine Sammlung von Paulusbriefen zusammengestellt und den Epheserbrief als Einleitung für die Sammlung selber dazugeschrieben. Lüdemann nennt diese Hypothese auf S. 135 seines Buches »bestechend«, sagt aber auch: »Leider gibt es keinen einzigen äußeren Beleg für den Geniestreich Goodspeeds ... Drei Seiten später heißt es noch: »... er mag in der Tat als Einleitung in das erste Corpus Paulinum [Sammlung paulinischer Schriften] verfaßt worden sein.« Und auf der nächsten Seite meint er nach weiteren Quellenprüfungen, die Theorie sei »in den Bereich des Möglichen gerückt (nicht mehr!)«. Dieses »nicht mehr« ist Originalton von Gerd Lüdemann. Aber auf Seite 154 ist dann alle historische Vorsicht vergessen, und der Autor faßt zusammen, als wäre er der Fraktionssprecher der »Linkspauliner« gewesen: »Die vom Vf. des Eph. veranstaltete Paulusbriefsammlung war eine Rettungstat unerkannten Ausmaßes und hatte einschneidende Konsequenzen für alle künftigen christlichen Briefe und Briefsammlungen.« Dieses Vergessen früherer Behutsamkeit kennen wir ja nun schon (vgl. Anm. 37 und 113).

151 Die Sammlung alttestamentlicher Schriften war gegen Ende des 1. Jahrhunderts abgeschlossen. Vgl. dazu Ⓦ Rudolf SMEND: Die Entstehung des Alten Testaments. (TW). Bd. 1. Kohlhammer, Stuttgart, 1978, S. 13 ff.

152 Vgl. U. SCHNELLE, a. a. O. S. 418: »Der Prozeß der ntl. Ka-

nonsbildung wurde wesentlich von den Gemeinden getragen und bestimmt, in denen die einzelnen Schriften Autorität besaßen. Nicht autoritative Setzungen von Einzelpersonen, Bewegungen oder Synoden riefen die Sammlung Heiliger Schriften hervor, sondern es handelte sich um einen Vorgang mit innerer Folgerichtigkeit und Notwendigkeit ...

Als Sammlungsprozeß war die Kanonsbildung zugleich ein Selektionsvorgang. Dabei widerstand die Alte Kirche sowohl der Versuchung der Reduktion (MARKION, TATIAN) als auch der Gefahr einer Inflation (Gnosis) maßgeblicher Schriften. Mit dem Kanon von 27 Schriften hielt die Kirche an der Pluralität fest, ohne den Pluralismus zum Programm zu machen.«

Vgl. Ⓦ Johannes WIRSCHING: Kirche und Pseudokirche. Konturen der Häresie. V & R. 1990, S. 98: »Indem die alte Kirche nicht ein, sondern vier Evangeliumsbücher kanonisierte, hat sie gewiß zunächst der Tatsache unterschiedlicher Gemeinde- und Gottesdiensttraditionen Rechnung getragen ... Zugleich aber und vor allem hat die Alte Kirche sich damit in einem unvergleichlichen Akt der Selbstkritik unter die Vorläufigkeit aller menschlichen Bezeugung Jesu Christi gebeugt.«

153 MURATORI war der Name eines Bibliothekars aus Mailand, der 1740 ein fast vollständiges Verzeichnis der Schriften entdeckte, die um das Jahr 200 in Rom zum Neuen Testament gezählt wurden.

154 Eine »Offenbarung des Petrus« stammt wahrscheinlich aus Ägypten und ist um 135 entstanden. Die Schrift enthält genüßliche Ausmalungen der Höllenstrafen.

Die »Weisheit Salomos« gehört zu den alttestamentlichen Apokryphen ist natürlich nicht von Salomo, sondern von einem unbekannten jüdischen Philosophen aus dem ersten Jahrhundert vor Christus. Die Weisheit ist in dieser Schrift ein selbständiges Wesen.

Es ist ein apokrypher Laodizenerbrief erhalten, der offenbar nach dem Hinweis von Kolosser 4,16 (auf einen Brief an die Gemeinde in Laodizäa) die entsprechende Lücke in der Sammlung schließen sollte. Er enthält aus den echten Paulinen abgeschriebene Gedanken. Der Verfasser und die Abfassungszeit sind nicht zu bestimmen.

Von einem Alexandrinerbrief ist nichts bekannt.

Der »Hirt des Hermas« gehört zu den sog. Apostolischen Vätern. (S. Anm. 156 und 157)

155 Vgl. Ⓦ Wilhelm SCHNEEMELCHER: Zur Geschichte des neutestamentlichen Kanons. In: Ders., Apokryphen, a. a. O., Bd. 1, Evangelien, S. 7 ff.

156 »Apostolische Väter« ist ein katholischer Begriff aus dem 17. Jahrhundert, der nahelegen will, daß die betreffenden Autoren beinahe dieselbe Autorität hätten wie die Apostel. Das ist eine späte Absicherung der eigenen Position durch den Katholizismus dieser »Väter«.

157 Der 1. Klemensbrief ist ein Schreiben aus Rom an die Gemeinde in Korinth. Dort hatte es wieder einmal Streit gegeben, und Klemens wollte ihn schlichten. Er war wohl ein Presbyter (um 100); später galt er als ein erster »Bischof« in Rom.

Der Barnabasbrief ist wohl um 130 geschrieben, der Ort ist strittig. Der Verfasser gibt sich als Lehrer aus. Sicher ist nur, daß er nicht der namensgleiche Gefährte des Paulus ist.

Die »Didaché« (griechisch = Lehre, d. h. der Apostel) ist eine Gemeindeordnung, die vielleicht in Syrien am Anfang des zweiten Jahrhunderts entstanden ist. Über den oder die Verfasser läßt sich nichts ausmachen.

Der »Hirt des Hermas« ist eine Apokalypse. Der Autor Hermas will der Bruder eines römischen Bischofs Pius sein. Geschrieben ist der Text wohl am Anfang des zweiten Jahrhunderts.

158 Ein Hebräerevangelium ist in Bruchstücken erhalten. Es war vermutlich ein Evangelium für ägyptische Judenchristen, wie das Ägypterevangelium eines für ägyptische Heidenchristen war, von dem auch Teile erhalten sind. Die Zeit- und die Verfasserfrage sind nicht zu beantworten.

Eine Apostelgeschichte des Paulus ist erhalten. Sie stammt aus Kleinasien. Der Verfasser, so berichtet später TERTULLIAN (160–225), soll überführt worden sein, die Geschichten erfunden zu haben, um Paulus zu verherrlichen. Das dürfte um 190 geschehen sein.

159 Vgl. dazu G. LÜDEMANN, Ketzer, a. a. O., S. 214: »Nun wird man die Eigendynamik der einzelnen Gemeinden nicht unterschätzen dürfen. Vieles ergab sich aus der Tradition und aus dem gewohnheitsmäßigen Vollzug ohnehin von selbst. Liturgische Formen hatten sich längst eingespielt und waren eine sozialpsychologische Notwendigkeit. Die Glaubensregel und ›alles das, was man für die apostolische Hinterlassenschaft hielt‹ (HARNACK), bildeten einen festen Kern. Aber auch der Geist redete weiterhin durch die Propheten und andere Geistträger. Auf Dauer konnte es freilich so nicht weitergehen. Ein Ketzer, Markion, lieferte den entscheidenden Anstoß zum Neuen Testament. Als er neben dem Lukasevangelium (die) Paulusbriefe kanonisierte, zwang er die Kirche förmlich dazu, ihnen einen kanonischen Status zuzuweisen – oder sie ganz zu verwerfen. Das ist um so erstaunlicher, als die Theologie

der Kirche, die die Paulusbriefe kanonisierte, ganz und gar unpaulinisch war.«

Ein seltsamer Text! Einerseits lobt der Autor die »Eigendynamik der einzelnen Gemeinden«, andererseits kritisiert er die Kirche, die die Paulusbriefe kanonisierte, obwohl sie selber eine ganz und gar unpaulinische Theologie hätte. Hier zeigt sich wieder einmal die systematisch-theologische Schwäche dieses Professors der Theologie, für den offenbar Gemeinden nicht Kirche sind, der aber auch als Historiker den Nachweis schuldig bleibt, wer denn diese Kirche war, die zugleich gegen Paulus war und für ihn. Dabei ist zu prüfen, inwieweit Kirche für Lüdemann inzwischen ein Schreckgespenst geworden ist. Aber zu der Zeit, über die er schreibt, gab es doch noch gar keine Landeskirchenämter!

160 Martin LUTHER: Das Neue Testament. (1522) Vorrede auff die Episteln St. Jakobi und Judas. WA DB 7,384: »Auch ist das der recht prufestein alle bucher zu taddeln, wenn man sihet, ob sie Christum treiben, odder nit ... Was Christum nicht leret, das ist nicht Apostolisch, wens gleich Petrus odder Paulus leret; Widerumb, was Christum predigt, das ist Apostolisch, wens gleych Judas, Annas, Pilatus und Herodes thett.«

161 So spricht Otto KAISER, Theologie, a. a. O., S. 153, von den »Wandlungen Jahwes, ... vom Berggott zum Schöpfer der Welt und Herrn der Völker und Zeiten«. Und das scheint bei ihm nicht nur eine stilistische Entgleisung zu sein. Jedenfalls ist bei Kaiser nicht zu lesen, daß mit dem »Berggott« in unzureichender Begrifflichkeit doch schon von demselben Gegenüber die Rede ist, zu dem auch die Christen beten.

162 Wenn G. LÜDEMANN immer wieder behauptet, die Bibel könne nicht Gottes Wort sein wegen ihrer vielen Widersprüche (Spiegel-Interview, a. a. O., S. 60), dann ist gegen ihn an dieser Stelle unseres Gedankenganges die Frage zu stellen, welche Art von Widerspruch er denn wohl gemeint hat oder ob er die Unterschiede bei den Unterschieden ignorieren möchte. Immerhin schreibt er ja doch in seiner Bibel der Häretiker den interessanten Satz: »Es ist ... ein häufig zu beobachtendes Phänomen, daß religiöse Rede paradoxe Rede ist.« (a. a. O., S. 327)

163 Zitiert nach W. SCHNEEMELCHER, a. a. O., Bd. II, Apostolisches ..., S. 178 f.

164 Zitiert nach W. SCHNEEMELCHER, a. a. O., Bd. II, S. 242.

165 Zitiert nach H. JONAS, a. a. O., Bd. 1, S. 401.

166 Zitiert nach W. SCHNEEMELCHER, a. a. O., Bd. I, S. 370.

167 Zitiert nach W. SCHNEEMELCHER, a. a. O., Bd. I, S. 353.

168 Zitiert nach W. SCHNEEMELCHER, a. a. O., Bd. I, S. 185.

169 Zitiert nach W. SCHNEEMELCHER, a. a. O., Bd. I, S. 187.

170 S. zu Text ⑬, S. 78.

171 Zitiert nach Joseph A. FISCHER (Hrsg.): Die Apostolischen Väter. WBG, 1956, S. 99.

172 Horacio E. LONA: Der erste Clemensbrief. Kommentar zu den Apostolischen Vätern. Bd. 2. V & R, 1998, S. 583: ... betrachtet sich der Verfasser als das Organ, das den Willen Gottes zur Sprache gebracht hat ... das Bewußtsein, in der Auseinandersetzung als Instrument Gottes zu dienen.«

173 Zitiert nach J. A. Fischer, a. a. O., S. 103 f.

174 Hugo RAHNER nach J. A. FISCHER, a. a. O., S. 9 f.

175 Vgl. H. E. LONA, a. a. O., S. 88: »Mag auch die Rom-Idee auf einem religiösen Fundament stehen, sofern sie mit der römischen Religion untrennbar verbunden war, so ist die jeweils herrschende Gottesvorstellung doch eine ganz andere. Dennoch ist der Eindruck nicht unbegründet, daß etwas von dieser Idee auch in den Christen der Hauptstadt lebendig war.«

176 Zitiert nach Ulrich H. KÖRTNER / Martin LEUTZSCH: Papiasfragmente. Hirt des Hermas. In: Schriften des Urchristentums. Bd. 3. WBG. 1998, S. 199.

177 Konkordienformel. Epitomé. Die Bekenntnisschriften der evangelisch-lutherischen Kirche. V & R, 2. Aufl., 1952, S. 769.

178 Ⓦ Ernst KÄSEMANN: Exegetische Versuche und Besinnungen. Bd. 1. V & R. 1960, S. 214 ff.

179 »Aber Jesus Christus läßt sich nicht in ein Prinzip verwandeln, aus dem wir alles, was noch vor uns liegt, folgerichtig entwickeln könnten. Die Zukunft ist nicht in unsere Verfügung gegeben, auch nicht in die unserer theologischen Entwürfe. Das ist gemeint, wenn wir von Gott als Person sprechen. Eine Person läßt sich nicht definieren. Unser Glaube ist ein personaler Bezug ...

Deshalb ist Mißtrauen geboten, wo die Bibel als das letzte Wort ausgegeben wird. Das ist nichts anderes als ein Versuch, sich von dem Weg des Lernens und der Hoffnung in unangreifbare Bastionen zurückzuziehen, ein im tiefsten Grunde hoffnungsloser Versuch, mag er sich noch so sehr in der Haltung äußerster Ehrerbietung gegenüber der Bibel ergehen.« (Ingo BALDERMANN: Einführung in die Bibel. UTB. Nr. 1486., 4. Aufl., 1993, S. 283 f.)

180 Konkordienformel. Solida Declaratio. II. Vom freien Willen. In: Bekenntnisschriften, a. a. O., S. 892f.

181 Werner JENTSCH u. a. (Hrsg.): Evangelischer Erwachsenenkatechismus. Kursbuch des Glaubens. Im Auftrag der Katechismus-Kommission der Vereinigten Evangelisch-Lutherischen Kirche Deutschlands. GVH, 1975, S. 64 und 1266.

182 Vgl. dazu noch einmal die Zitate LÜDEMANNs in Anm. 1. Es ist doch schwer zu begreifen, wo die angesagte »Pointe« steckt. Welcher ernst zu nehmende Theologe in Wissenschaft, Kirchenleitung oder Gemeinde hat denn in diesem Jahrhundert behauptet, daß die Bibel nicht Menschenwort sei? Mit was für Pappkameraden (ein von Lüdemann geliebter Begriff) setzt sich der Mann denn da auseinander? Sowohl unser Hinweis auf die offiziellen Bekenntnisschriften wie auch der auf den offiziösen Erwachsenenkatechismus überführt Lüdemann der Unfähigkeit zum fairen Streit.

183 Vgl. unseren Text ㉑.

184 Ⓦ Paul TILLICH: Systematische Theologie. Evangelisches Verlagshaus, Stuttgart, 3. Aufl., 1956, Bd. 1. S. 247.

185 Martin LUTHER: Der große Katechismus. In: Bekenntnisschriften, a. a. O., S. 560.

186 Ⓦ Hermann GUNKEL: Genesis. In: Göttinger Handkommentar zum Alten Testament. Bd. I/1. V & R, 1931.

Ⓦ Martin DIBELIUS: Die Formgeschichte des Evangeliums. Mohr, Tübingen, 1919.

Ⓦ Rudolf BULTMANN: Die Geschichte der synoptischen Tradition. V&R, 1921.

187 Ⓦ Klaus BERGER: Formgeschichte des Neuen Testaments. Quelle & Meyer, Heidelberg, 1984.

188 M. DIBELIUS, 6. Aufl, 1971, S. III.

189 »Es gehört zum Wesen der Ermahnung, daß sie mir mit der Autorität dessen entgegentritt, der mir in der Beurteilung der Situation voraus ist; andernfalls höre ich sie nicht als Ermahnung, sondern als eine allenfalls bedenkenswerte Stellungnahme.« Ⓦ Ingo BALDERMANN: Biblische Didaktik. Die sprachliche Form als Leitfaden unterrichtlicher Texterschließung am Beispiel synoptischer Erzählungen. Furche, Hamburg, 3. Aufl., 1966, S. 44.

190 Vgl. K. BERGER, a. a. O., S. 25 ff.

191 Vgl. O. KAISER, Theologie, a. a. O., S. 78ff.: Ein Gebet führt wohl zu Gott, ist aber kein Wort Gottes ... Religionsgeschichtlich ist ein Wort Gottes zunächst ein in seinem Namen und Auftrag ... vermitteltes Wort.«

Leider führt der Autor dieses »zunächst« dann nicht mit einem »sodann« weiter. Er hebt nur ab auf die Bibel im ganzen, die als Wort Gottes bezeichnet werde, geht aber nicht weiter auf andere literarische Gattungen außer dem Gebet ein.

192 So z. B. Kaiser HADRIAN im Gespräch mit Rabban GAMALIEL II. Vgl. P. BILLERBECK, a. a. O., S. 895.

193 Es hat einige Zeit gedauert, bis in der Ökumenischen Bewe-

gung dazu die Formel von der »Versöhnten Verschiedenheit« gefunden wurde.

194 Vgl. dazu Gerd LÜDEMANN: Der große Betrug. Zu Klampen, Lüneburg, 1998, 3. Aufl., 1999. In diesem Buch, das für Laien geschrieben ist, sagt sich Lüdemann vom Christentum los, seltsamerweise in einem »Brief an Jesus«, von dem er doch annimmt, daß er ihn nicht lesen kann, weil er nicht lebt: es »... muß religiös Schluß sein mit uns beiden ...« (S. 18)

Lüdemann will in diesem Buch echte und unechte Texte unterscheiden. Er gibt dafür Beispiele.

Für die »Echtheit« von Jesusworten und -taten nennt Lüdemann auf S. 24 f. in Kürze fünf Kriterien, die er dann später im Buch genauer entfalten will:

K.1: Anstößigkeitskriterium. Was den ersten Christen ärgerlich. war, wurde »umgebogen, vollständig verschwiegen oder von ›Jesus‹ selbst zurückgewiesen«.

K.2: Differenzkriterium. Wenn Texte nicht von der nachösterlichen Gemeinde abgeleitet werden können, sind sie echt.

K.3: Wachstumskriterium. Je mehr Überlagerungen von einem Text entfernt werden können, um so echter sieht er aus.

K.4: Seltenheitskriterium. Wenn es nur wenige oder keine Parallelen im zeitgenössischen Judentum gibt, dürfte ein Text echt sein.

K.5: Kohärenzkriterium. Wenn sich »eine nahtlose Zuordnung zu sicherem Jesusgut« ergibt, ist ein Text echt.

Eine solche Liste wirkt auf den ersten Blick imposant, weil sie objektive Maßstäbe anzubieten scheint. Aber (wie so oft bei Lüdemann) Vorsicht vor dem zweiten Blick! Zu seinem 1. Kriterium (Anstößigkeit) nennt Lüdemann vorweg als Beispiel die Geschichte von der Taufe Jesu durch Johannes. Auf der für die ausführliche Behandlung angegebenen Seite ordnet er allerdings den Text dem 2. Kriterium (Differenz) zu. Zu seinem 3. Kriterium (Wachstum) nennt Lüdemann in der Kurzfassung als Beispiel die Radikalismen der Bergpredigt. Auf der dort angegebenen Seite der Langfassung ordnet er den Text allerdings dem 4. und 5. Kriterium (Seltenheit und Kohärenz) zu. Das ist doch mindestens didaktisch sehr ungeschickt. Oder ist das Buch einfach zu schnell auf den Markt geworfen?

Nun ist es sicher denkbar, daß mehrere Kriterien auf eine Geschichte angewendet werden können. Aber das sollte man dann auch ansagen. Daß Lüdemann dies nicht tut, provoziert natürlich die Vermutung, daß die logische Differenzierung der Kriterien problematisch ist. Signalisiert nicht jede »Anstößigkeit« eine »Differenz«? Und führt nicht jedes »Wachstum« zu einer »Differenz«? Und wieso beweist der statistische Befund der »Seltenheit« eine

Echtheit? Gibt es nicht auch selten dämliche Fehler der Überlieferung?

Dem kleinen Buch über den großen Betrug ließ Lüdemann nun noch ein dickes Buch mit derselben kleinlichen Tendenz folgen, in dem er seine Thesen zu den Kriterien der Echtheit wörtlich zitiert. (Jesus nach 2000 Jahren, a. a. O., S.11 ff.) Er ergänzt die Liste um das Kriterium der breiten Bezeugung, ist aber vorsichtiger in der Zuordnung der Texte zu den Kriterien.

Der Autor will in diesem Buch alle Worte und Taten der Jesustradition (auch außerhalb des Kanon) auf ihre Echtheit prüfen. Dazu liefert er Mini-Auslegungen, die fast immer in einen Schlußabsatz münden mit der Überschrift »Historisches«. Gemeint ist die Frage, ob zu beweisen ist, daß die Worte gesagt und die Taten getan sind. Der häufigste Satz heißt dabei: »Der geschichtliche Ertrag ist gleich Null.« Aber sein Geschichtsbegriff ist im höchsten Grade platt. Geschichtlich ist, was passiert ist. So hält er denn auch die philologisch-historische Methode für eine Schwester der Naturwissenschaft (S. 8).

Bei Lichte besehen läuft doch die ganze Echtheitserörterung bei Lüdemann darauf hinaus, daß er nur solche Worte oder Taten Jesu echt sein lassen will, die nicht auch von anderen stammen könnten. Und das halte ich für einen Hyperkritizismus, der eine Gegenkritik nötig macht. Ich stelle den alten Grundsatz dagegen, daß im Zweifel immer die Anklage, nicht aber die Verteidigung begründet werden muß. Wer also einen Text für unecht hält, muß das beweisen. Die Beweislast liegt nicht bei dem, der eine Geschichte oder ein Wort (von wem auch immer) für echt halten will. Als Zeugen dafür rufe ich Gerd Lüdemann selber auf. Wenn ich, aus seinen Büchern alles das, was ich schon woanders gelesen habe, aussortieren würde, bliebe nicht mehr viel über. Außer den Beleidigungen von Theologieprofessoren und Kirchenoberen, die natürlich nach dem Anstößigkeitskriterium sein Eigengut bleiben müssen.

195 Stimmig ist eine Legende nicht dann, wenn sie nach heutiger naturwissenschaftlicher Kenntnis hätte passiert sein können (darin war man in der Antike ja nicht so besorgt), sondern wenn die Tendenz oder die Hauptaussage der Erzählung zu der Hauptperson und ihrer Botschaft »stimmt«. Eine stimmige Legende entsteht durch diszipliniertes Hineindenken und Hineinfühlen in den Geist ihrer Hauptgestalt.

196 Vgl. Kapitel 7.

197 Leider sind die Definitionen der Legende bei Martin DIBELIUS und Rudolf BULTMANN ausgesprochen unpräzise und wenig praktikabel.

198 Es geht mir darum, die Legende als menschliche Sprachform, durch die Gott mich ansprechen kann, zurückzugewinnen. Was wäre das für eine armselige Vorstellung von Gott, nach der er nur in solchen Texten zu uns reden könnte, deren historische Echtheit (im Sinne von Passiertheit) zuvor von einem professoralen Gremium beglaubigt worden wäre. »*Der Wind bläst, wo er will .. So ist es bei jedem, der aus dem Geist geboren ist*« (Joh 3,8).

Aber es gibt auch den Ungeist, der alles durcheinanderbringt. Und darum müßten selbstverständlich Kriterien erarbeitet werden, die erklären, wann z. B. eine Legende oder ein Gebet tauglich oder stimmig ist. Man müßte vor allem die weltanschaulichen Voraussetzungen einer Stilform prüfen.

Es gibt auch Gattungen der Literatur, deren Verwendung den biblischen Glauben an Gott verraten würden. Ich nenne den Mythos, der in seiner klassischen Ausprägung eine Verwandtschaft von Gottheiten und Menschen voraussetzt (Vgl. G. ISERMANN, Revitalisierung, a. a. O., S. 20 f.) oder eine Mirakelgeschichte, die eine Manipulierbarkeit Gottes mit magischen Mitteln unterstellt.

199 Vgl. auch das Weihnachtslied von Detlev BLOCK:

1 Womit hat es angefangen? / Nicht mit Hirten auf dem Felde, / nicht mit Engeln, die da sangen; / mit dem Mann aus Nazareth.

4 Und im österlichen Lichte / gaben sie die Kunde weiter / und erzählten die Geschichte / der Geburt von Bethlehem.

5 Hirten, die die Hände falten, / Weise, die der Stern geleitet, / wurden Bilder und Gestalten / ihrer Freude an dem Kind.

(EG, Ausgabe für Bayern und Thüringen, Nr. 606).

200 Immerhin konnte ich meine Erfahrungen als Schulpfarrer dabei rekapitulieren.

201 Z. Zt. Liebigstraße 17, D-30163 Hannover.

202 Nun hat Professor Gerd LÜDEMANN, den ich in diesen Anmerkungen am häufigsten kritisiert habe und dessen Entwicklung ich sehr bedauere, öfter seine theologischen Positionen geändert. So zeigte er sich zuletzt (in einem Referat am 6.2.1999 in Hannover) als ein Befürworter gnostischer Weltdeutung. So kann es sein, daß manche seiner früheren Aussagen nicht mehr gelten sollen. Aber da seine Bücher und seine Interviews weiterhin beachtet werden, schien es mir notwendig, ihnen zu widersprechen, wenn Falsches darin steht. Aber selbstverständlich soll er sagen können, was er will und wie er es will.

Register der Fachwörter

Ätiologie eine Geschichte, die einen Sachverhalt volkstümlich erzählend erklären will
affinitiv annähernd (→ definitiv)
Agende ein Buch, in dem der Ablauf und die erforderlichen Texte eines Gottesdienstes abgedruckt sind
Allegorie kunstvoller Vergleich, bei dem jedes Detail einer Geschichte einen tieferen zweiten Sinn hat
anthropomorph menschenförmig (Gott wie einen Menschen darstellend)
anthropozentrisch den Menschen in den Mittelpunkt stellend
apodiktisch unbedingt und allgemein fordernd (Gesetzesart)
Apokalypse Enthüllung (1. E. über den Weltuntergang; 2. der Weltuntergang; 3. ein Buch darüber)
Apokryphen (wörtlich: die verborgenen) Schriften, die nicht in einen → Kanon aufgenommen wurden
Apóphthegma eine Geschichte, in der ein Ausspruch eines berühmten Menschen in einer Rahmenhandlung weitergegeben wird
Apostel wörtlich: Abgesandter; Amt mit unterschiedlichen Definitionen in der Urkirche
Apostolische Väter Gruppe von Autoren, die nach der Zeit der Apostel wirkten und frühkatholische Tendenzen vertraten
argumentatio ad hominem Gedankengang, mit dem ein bestimmter Mensch oder eine bestimmte Gruppe überzeugt werden soll
Atheismus (a = nicht; theos = Gott) Ablehnung Gottes; A-Theismus (in dieser Schreibweise) speziell für Ablehnung des → Theismus
black box wörtlich: schwarzer Kasten; Teil eines Geschehens, das nicht durchschaut werden kann, aber dessen Folgen zu beobachten sind
Cherubim Engel mit Wächterfunktion
Christus wörtlich: der Gesalbte (z. B. der König) → Messias
corpus Paulinum Sammlung der Schriften des Paulus
creatio ex nihilo Schöpfung aus dem Nichts
credo ich glaube
Credo Glaubensbekenntnis einer Gruppe

D Abkürzung für Deuteronomium (5. Buch Mose)
definitiv genau und endgültig bestimmt (→ affinitiv)
Deismus (deus = Gott) Glaube an Gott als Macher der Welt, der ein Eingreifen Gottes nach der Schöpfung verneint → Atheismus; → Monotheismus; → Pantheismus; → Polytheismus; → Theismus
Dekalog (wörtlich: zehn Worte) Sammlung der Gebote vom Sinai
Deuteronomium (wörtlich: zweites Gesetz) 5. Buch Mose
Dialektik widersprüchliches Denken und Reden, dessen Widersprüche sich ausschließen, aber dennoch behauptet werden müssen
Dialektische Theologie theologische »Schule« nach dem Ersten Weltkrieg, die mit → Dialektik die Theologie erneuern wollte
Diaspora (wörtlich: Zerstreuung) Leben als Minderheit
Dogma 1. Meinung; 2. (ev.) gemeinsamer Ausdruck eines Glaubens 3. (kath.) vom Papst definierter Glaubenssatz
Doketismus Theorie, nach der Jesus nur scheinbar Mensch war
Doxologie Lobpreis (als Gebetsschluß)
E Abkürzung für Elohist
Eden Name des Paradiesgartens
Elohist Name für eine Traditionsschicht des → Pentateuch
Engel Bote (Gottes), Personifizierung der Botschaft
Enkratismus frühchristliche Sekte, die Sexualität ablehnte
Epitomē (wörtlich: Abkürzung) Kurzfassung (→ solida declaratio)
Erzengel (wörtlich: führender Bote) Oberengel
Es'chatologie Lehre vom Letzten (Tage)
Esotērik Innerlichkeit, Glaube mit Geheimlehren
Essēner jüdischer Orden z. Zt. Jesu, der am Toten Meer ein Kloster hatte
Euphemismus freundliche Umschreibung
Evangelium (wörtlich: gute Botschaft) 1. Verkündigung der Vergebung; 2. Schrift vom Leben, Sterben und Auferstehen Jesu
Exegese Auslegung (nach wissenschaftlichen Regeln) der Bibel
Exeget Ausleger (→ Exegese)
Exodus 1. Auszug (Israels aus Ägypten); Rettung, 2. Name des 2. Buches Mose
Formkritik Methode der → Exegese, die Gesetzmäßigkeiten einer literarischen Form untersucht (→ Textkritik, → Literarkritik)
Fundamentalismus Glaubenshaltung, nach der die Fundamente einer Gruppenüberzeugung nicht kritisiert werden dürfen (→ Kreationismus)
Génesis (wörtlich: Entstehung) Name des 1. Buches Mose
genitivus objectivus Verbindung zweier Substantive, bei denen,

würden sie in einen Satz verwandelt, das Wort im Genitiv zum Objekt des Satzes würde

Gnṓsis (wörtlich: Erkenntnis) hellenistisch-orientalische Mischreligion z. Zt. der frühen Christenheit

Gral eine Schale mit dem Blut Christi, am Kreuz aufgefangen, mit magischer Wirkung

Häresie Irrlehre

HERR Wiedergabe des Wortes »Jahwe« in der Lutherbibel (→ Kyrios)

Hybris Hochmut (gegen Gott)

immaculata conceptio unbefleckte Empfängnis; kath. Lehre, nach der Maria von ihrer Mutter ohne Makel der Erbsünde empfangen ist

Immanuel (wörtlich: Gott mit uns) Titel Jesu

Inkarnation (wörtlich: Fleischwerdung) Menschwerdung Gottes in Jesus

INRI Abkürzung von »Jesus Nazarenus Rex Judaeorum« (Jesus von Nazareth, König der Juden); Inschrift am Kreuz

inspiriert von Gottes Geist erfüllt (→ Verbalinspiration)

J Abkürzung für Jahwist

Jahwist Name für eine Traditionsschicht des → Pentateuch

Jesus Latinisierung von »Jeschúa« (wörtlich: Jahwe ist Heil)

jom kippúr Versöhnungstag; jüdisches Fest

Kanon (wörtlich: Richtschnur) Sammlung heiliger Schriften, die das Maß des Glaubens darstellen

kasuistisch Einzelfälle regelnd (Gesetzesart)

konfessionell das gemeinsame Bekenntnis betreffend

konfessorisch das persönliche Bekennen betreffend

Kontext Zusammenhang (bei der → Exegese zu beachten)

kontradiktorisch sich gegenseitig ausschließend

Kosmos (menschliche) Welt

Kreationismus Theorie, nach der die Welt entsprechend der priesterschriftlichen Schöpfungsgeschichte in sechs Tagen entstand; → Fundamentalismus

Kyrios Herr, griechischer Hoheitstitel Jesu

Legende Erzählung über eine historische Persönlichkeit, deren Details so nicht geschehen sein müssen, die aber die Bedeutung dieser Person (richtig?) herausstellt

Literarkritik Methode der → Exegese, die das literarische Werden eines bestimmten Textes untersucht (→ Textkritik, → Formkritik)

Logos Wort, als »Schöpfungswort« ein Hoheitstitel Jesu

LXX siebzig, Abkürzung für → Septuaginta

Magie Zauberkraft; Aberglaube, nach dem bestimmte Handlungen außerhalb der Kausalität und ohne Gott Wirkungen erzielen

magnus consénsus große Übereinstimmung (in Glaubensfragen), die unabhängig von Mehrheiten in Gremien Geltung hat

mea res agitur »meine Sache wird verhandelt«, Ausdruck existentieller Betroffenheit

Messias (wörtlich: Gesalbter) Hoheitstitel Jesu, → Christus

Metapher Bildrede

Metropolít Bischofstitel für den Leiter einer größeren Region

Mischna (wörtlich: das zu Wiederholende) Sammlung der religiösen Tradition nach Abschluß des Alten Testaments; Lehrbuch des Rabbinismus; Grundstock des Talmud

Monotheismus Glaube, daß nur ein Gott sei; → Atheismus; → Deismus; → Pantheismus; → Polytheismus; → Theismus

Mystik (myein = Augen schließen) Versenkung; Glaube an die Identität Gottes und der Seele

Mythos Göttergeschichte (polytheistisch)

noli me tangere »Rühr mich nicht an«, Ausdruck für Jesu Hoheit

Ökumene (wörtlich: die bewohnte Welt) Ausdruck für die weltweite Verbundenheit der christlichen Konfessionen

P Abkürzung für die Priesterschrift

Pantheismus Glaube, daß das All (oder alles) Gott sei; → Atheismus; → Deismus; → Monotheismus; → Polytheismus; → Theismus,

Pantheon 1. Tempel für alle Gottheiten (des Polytheismus); 2. Gesamtheit der Gottheiten

parallelismus membrorum (wörtlich: Parallelität der Glieder) kunstvoller Satzbau, bei dem die Satzteile mit anderen Vokabeln wiederholt werden (mit derselben oder gegenteiliger Tendenz)

Passa jüdisches Fest im Frühjahr zum Gedenken an den → Exodus

Pentateúch (wörtlich: Fünfbuch) die fünf Bücher Mose

Pharisäer (wörtlich: die Abgesonderten) jüdische Sondergemeinschaft zur Zeit Jesu mit strenger Lebensführung

Pi'el hebräische grammatische Bezeichnung für ein Genus eines Verbs

plural deliberationis Mehrzahl der Erwägung

plural maiestaticus Mehrzahl der Großspurigkeit

Polytheismus Glaube an eine Vielzahl von Gottheiten; → Atheismus; → Deismus; → Monotheismus; → Pantheismus; → Theismus

Präexistenz Leben vor der Menschwerdung (bei Gott)

Presbyter (wörtlich: Ältester) Leitungsamt in der frühen Kirche

Priesterschrift Name für eine Traditionsschicht des → Pentateúch

prima causa erste Ursache (des Seins)
Prolog (wörtlich: Vorrede) Eingangsteil eines Buches
Prṓtevangelium (wörtlich: erstes Evangelium) Name für 1. Mose 3,15, wo erstmals Jesu Sieg über den Satan angesagt sein soll
Psalm Lied
Pseudepigraphon (wörtlich; falsch Überschriebenes) Schrift mit falschem Autorennamen
Qal hebräische grammatische Bezeichnung für ein Genus eines Verbs
R Abkürzung für Redaktor(en)
Redaktor Bearbeiter einer Traditionsschicht des → Pentateúch bzw. des ganzen Werkes
Revision Überprüfung (z. B. der Bibelübersetzung Luthers)
Sabbat wöchentlicher jüdischer Ruhetag (Samstag als siebter Tag der Woche)
sacrifícium intelléctūs Opfer des Verstandes
Schma Jisraḗl (wörtlich: Höre, Israel) tägliches jüdisches Gebet
semper virgo (wörtlich: immer Jungfrau) kath. Dogma, wonach Maria Jungfrau war vor, bei und nach der Geburt Jesu
Septuaginta (wörtlich: 70) griechische Übersetzung des Alten Testaments (angeblich von 72 Dolmetschern)
sola scriptura sacra (wörtlich: allein die heilige Schrift) reformatorisches Kriterium der Theologie
solida declaratio (wörtlich: ausführliche Erklärung) Hauptteil der sog. Konkordienformel von 1577 (→ Epitomḗ)
Supranaturalismus Theorie, nach der Gott durch Wunder punktuell die Kausalität des Weltgeschehens unterbricht (→ Fundamentalismus)
Synagṓge jüdisches Versammlungshaus
Synópse (wörtlich: Zusammenschau) spaltenweiser Paralleldruck der drei ersten Evangelien (die deshalb Synoptiker heißen)
Synhedrium höchstes jüdisches Gericht z. Zt. Jesu
Synkretismus Religionsvermischung
Tabú etwas unheimlich mit Macht Erfülltes, das man meiden muß
Textkritik Methode der → Exegese, bei der unter den Abschriften eines Textes die älteste Fassung gesucht wird (→ Literarkritik, → Formkritik)
Theismus (theos = Gott) Glaube an einen personalen Gott; → Atheismus; → Deismus; → Monotheismus; → Pantheismus; → Polytheismus
Thorá (wörtlich: Weisung) die fünf Bücher Mose
Tohuwabóhu Durcheinander vor der Schöpfung
transzendent jenseitig

Verbalinspiration Theorie, nach der Gott jedes Wort der Bibel inspiriert hat, die dadurch unfehlbar wäre (→ Fundamentalismus)

Vision (wörtlich: Schauung) Sehen von außersinnlichen Phänomenen

Voodoo mittelamerikanische Mischreligion mit magischen Handlungen

Vulgata anerkannte lateinische Bibelübersetzung

Register der Bibelstellen

(S = Seite, A = Anmerkung)

Register der Namen

(S = Seite, A= Anmerkung)

Register der Abkürzungen

A.:	Auflage
Anm.:	Anmerkung(en)
ATD:	Altes Testament Deutsch, V & R
D:	Deuteronomium
E:	Elohist
EG:	Evangelisches Gesangbuch
epd:	Evangelischer Pressedienst (Nachrichtenagentur)
f.:	folgende(r) Seite (Vers)
FRL:	Forschungen zur Religion und Literatur des Alten und Neuen Testaments, V & R
GVH:	Gütersloher Verlagshaus Gerd Mohn
J:	Jahwist
KEK:	Kritisch-Exegetischer Kommentar über das Neue Testament (Begründet von Heinrich A. W. Meyer)
LVH:	Lutherisches Verlagshaus, Hannover
NTD:	Neues Testament Deutsch, V & R
NV:	Neukirchener Verlag, Neukirchen-Vluyn
P:	Priesterschrift
par:	und Parallelstellen
QD:	Quaestiones disputatae, Herder-Verlag, Freiburg
RV:	Radius-Verlag, Stuttgart
TW:	Theologische Wissenschaft, Kohlhammer-Verlag, Stuttgart
UTB:	Uni-Taschenbücher
V:	Vorlagen, LVH
VELKD:	Vereinigte Evangelisch-Lutherische Kirche Deutschlands
V & R:	Verlag Vandenhoeck & Ruprecht, Göttingen
Ⓦ:	wissenschaftliches Buch
WA:	Weimarer Ausgabe der Schriften Martin Luthers
WBG:	Wissenschaftliche Buchgesellschaft, Darmstadt

Biblisch-Theologische Schwerpunkte

17: Gisela Kittel
Befreit aus dem Rachen des Todes
Tod und Todesüberwindung im Alten und Neuen Testament
1999. 207 Seiten, kart.
ISBN 3-525-61364-4

16: Gerald Kruhöffer
Der Mensch – das Bild Gottes
1998. 207 Seiten, kart.
ISBN 3-525-61361-X

15: Gunda Schneider-Flume
Glaubenserfahrung in den Psalmen
Leben in der Geschichte mit Gott
1998. 172 Seiten, kart.
ISBN 3-525-61360-1

14: Reinhard Feldmeier (Hg.)
„Salz der Erde"
Zugänge zur Bergpredigt
1998. 265 Seiten mit 6 Abb., kart.
ISBN 3-525-61358-X

13: Werner H. Ritter / Reinhard Feldmeier / Wolfgang Schoberth / Günter Altner
Der Allmächtige
Annäherungen an ein umstrittenes Gottesprädikat
2. Auflage 1997. 152 Seiten, kart.
ISBN 3-525-61352-0

12: Roland Biewald (Hg.)
Einblicke Religion
Ein Studienbuch
1996. 271 Seiten mit 5 Abb., kart.
ISBN 3-525-61294-X

11: Herbert Ulonska
Streiten mit Jesus
Konfliktgeschichten in den Evangelien
1995. 208 Seiten, kart.
ISBN 3-525-61347-4

10: Hans Schwarz
Im Fangnetz des Bösen
Sünde – Übel – Schuld
1993. 202 Seiten, kart.
ISBN 3-525-61291-5

9: Hermann Mahnke
Lesen und Verstehen II
Die biblische Botschaft im Überblick. Neues Testament
1992. XVIII, 273 Seiten mit 14 Abb., kart.
ISBN 3-525-61290-7

8: Hermann Mahnke
Lesen und Verstehen I
Die biblische Botschaft im Überblick. Altes Testament
1992. XVIII, 285 Seiten mit 18 Abb., kart.
ISBN 3-525-61289-3

7: Rainer Lachmann
Grundsymbole christlichen Glaubens
Eine Annäherung
1992. 117 Seiten, kart.
ISBN 3-525-61288-5

Die Bibel verstehen

Karl-Wilhelm Niebuhr (Hg.)

Grundinformation Neues Testament

Eine bibelkundlich-theologische Einführung

In Zusammenarbeit mit Michael Bachmann, Reinhard Feldmeier, Friedrich Wilhelm Horn und Matthias Rein.
UTB 2108 M. 2000. 419 Seiten mit 8 Abbildungen, kart.
ISBN 3-8252-2108-3

Ein Arbeitsbuch zu den Schriften des Neuen Testaments: bibelkundliche Erschließung, exegetische Hinweise, theologische Schwerpunkte, Hinweise zur Wirkungsgeschichte und gegenwärtigen Bedeutung für jede Schrift des Kanons.

Durch vorangestellte Thesen, eingefügte Übersichten sowie typographisch hervorgehobene zusätzliche Informationen wird der Text didaktisch erschlossen. Überblickskapitel, ein Verzeichnis der wichtigsten Studienliteratur, Glossar und biblisches Personenverzeichnis ergänzen den dargebotenen Stoff und ermöglichen eine vertiefende Weiterarbeit.

Eduard Schweizer

Jesus, das Gleichnis Gottes

Was wissen wir wirklich vom Leben Jesu?

Kleine Vandenhoeck-Reihe 1572.
2. Auflage 1996. 120 Seiten, kart.
ISBN 3-525-33596-2

Den immer zahlreicher werdenden Spekulationen über das Leben Jesu stellt der bekannte Züricher Neutestamentler eine solide historische Bestandsaufnahme gegenüber. In Auseinandersetzung mit neueren Rekonstruktionen wird dabei grundsätzlich bedacht, welch hohen Anspruch Jesus in seiner gesamten Verkündigung, aber auch in seinen Heilungen und Tischgemeinschaften erhoben hat, welche Sicht seiner Person sich daraus ergibt, wie sein Tod in diese Sicht eingebettet ist und wie man historisch und systematisch verantwortbar von seiner Auferstehung reden kann.